PERSIAN EMPIRE

于卫青 著

伊朗高原的文明之巅

中国国际广播出版社

古波斯人雕像

居鲁士大帝

贝希斯敦山

波斯帝国文物鹰头狮身兽金臂环

《贝希斯敦铭文》的一部分

温泉关战役中的斯巴达勇士

袄教徒埋葬尸体的地方

波斯士兵

亚历山大大帝头像

波斯"万人不死队"浮雕像

前　言

岁月悠悠，往事如烟。当人们回首历史，重新审视数千年来人类发展进步的足迹的时候，不由对人类所创造的辉煌文明赞叹不已。作为万物之灵长的人类，在这浩瀚宇宙中的小小星球上创造着奇迹，传承着文明，改变着自身和环境，谱写着最华美的篇章。

读史可以明智。在漫长的历史画卷中，世界帝国的兴衰应该是最引人瞩目的内容了。鉴于往事，有资于治道。世界帝国的兴衰史就是人类历史发展的一面最具有借鉴意义的镜子。人们可以从它们的兴衰成败中吸取教训，总结经验，少走弯路，少犯错误，基于过去，把握未来。

在古代世界诸帝国中，波斯帝国尤为突出。它是世界历史上第一个横跨亚非欧三大洲的世界性大帝国，是世界帝国的领头雁。人类之所以为人类，在于能够创造文明。自古以来，以国家、民族为单位的人类都对人类文明做出了自己的贡献。无论这个国家或民族处于什么时代，现在是否存在，产生过多大的影响，可以说，人类今天的文明进步是世界上所有已经消亡或依然存在的国家与民族共同努力的结果。

波斯帝国正是以其鲜明的文明特征彪炳史册的。波斯帝国发祥于伊朗高原西南部。这里曾经是原始人类生活的摇篮之一。公元前3000

年前后，当地居民埃兰人就在伊朗现在的胡泽斯坦地区建立了城邦国家。公元前7世纪，波斯人崛起于西亚，并逐渐与埃兰人融合在一起。波斯人属雅利安人的一支，他们和印度雅利安人原本是一个共同体，被称为印欧语系东支印度—伊朗语部落或雅利安人部落。公元前3000年前后，他们由中亚地区或南俄草原南迁到伊朗高原。公元前1500年前后，共同体瓦解。部分南迁到南亚次大陆的印度，是为印度雅利安人；部分留居、分散在伊朗高原，是为伊朗雅利安人。从此，他们走上了各自的发展道路。公元前678年，伊朗雅利安人建立了第一个国家——米底王国。米底王国曾盛极一时，统一内部各部落，时常出兵两河流域，甚至消灭了一度强大的亚述帝国。公元前550年，阿契美尼德王朝将米底王国取而代之，历史上称之为波斯帝国。

随着波斯帝国诸王的不断开疆拓土，波斯成为当时世界上疆域最辽阔的国家。它的领土东到印度河流域，西到色雷斯半岛，南达印度洋和埃及，北及里海和黑海沿岸，几乎囊括两河流域、印度河流域、尼罗河流域三大古文明中心。波斯帝国创造了辉煌灿烂的物质文明、精神文明和制度文明，帝国境内各地区的政治、经济、文化得到不同程度的发展。波斯帝国在古代西亚和古代世界都起了极为重要的作用。

文明是世界帝国的基本特征，文明交往的历史进程反映了世界帝国兴衰的历史全貌。波斯帝国的兴衰是人类文明交往的一大典型历史个案。宏观考察文明交往，波斯帝国正处在原始社会的点状交往向奴隶制文明的区域交往的过渡时期，但无论在程度上还是在范围上，它都达到了这一时期文明交往的顶峰。

波斯人原本属于印欧语系伊朗—印度语雅利安人，居住在中亚大草原上，过着游牧生活。公元前 2000 年，他们开始南迁，最后到了伊朗高原西南部，在那里居住生活，封邦建国。这一历程充分体现了文明交往的迁徙性。

疆域辽阔的波斯帝国是通过一系列的扩张战争建立起来的。战争交往是古代世界最主要的交往形式。战争的破坏性固然不小，但它对突破各文明古国相对闭塞状态的作用也是不可替代的。强有力的武力征服是波斯帝国得以建立和延续的基础。否则，此起彼伏的各地叛乱和起义可能很快使帝国土崩瓦解，又恢复到小国林立、一盘散沙的局面，也就不可能创造出辉煌的波斯文明了。

在波斯帝国的历史上，历时半个世纪的希波战争可以说是最蔚为壮观的战争交往了。希波战争的根本原因是波斯帝国的帝国统治和希腊诸城邦的商业殖民的根本对立。波斯帝国的君主们志在域外，气吞八荒。大流士一世自称全部大陆的君主，薛西斯一世下决心把"波斯的领土和苍天相接"。这种雄心在广大范围内与希腊的商业利益相冲突。利益因素和利害关系是文明交往的根源。利益冲突引发的战争交往的目的也在于利益的重新分配和调整。当时，凡黑海沿岸、小亚细亚沿海地区，尽是希腊的商业殖民地或自由城邦。波斯帝国武力之所及，悉数纳入臣属范围，构成统治与被统治、剥削与被剥削的关系。希腊人，特别是雅典人和斯巴达人，拒绝屈服。一场大战，终不可免。

希波战争促进了希腊和波斯帝国各自的内部交往，也促进了双方的多方面交往，尤其是双方的文化交往，深刻影响了各自的历史发展进程。在希波战争中，波斯成为向希腊传播东方文化的主力：它不仅把自己的文化向西方输送，而且把其吸纳来的东方文化也向西方输送。希波战争促进了希腊城邦两大同盟的形成，也把波斯帝国境内的民族几乎全部卷入了战争。正如希罗多德所描述的："亚细亚的哪个民族不曾被薛西斯一世率领去打希腊呢？除去那些巨川大河之外，哪一条河的水不是给他的人喝得不够用了呢？有人把船只供应给他，有人参加了他的陆军，有人提供了骑兵，有人提供了随军运送马匹的船只以及军中的服务人员，有人提供了作桥梁用的战船，还有人提供了粮食。"这一描述是波斯帝国因战争而促发内部交往的场景写照。

战争的胜负往往是人们最关注的，人们总是力图发现这一结果的原因和规律。各民族、国家之间的相互关系，取决于每一个民族、国家的生产力、分工和内部交往的发展程度。希波战争典型地说明了这一文明交往的规律。希波战争结束还不到100年，希腊城邦由于长期内战不休，实力大减，再也没有与波斯抗衡的实力。波斯没有大动干戈就由原来的大输家变成了大赢家，成为希腊诸城邦命运的仲裁者。希波关系这种变化进一步说明了文明交往的规律：一个民族、国家的进步总是和它自身交往的发展同步进行的。

宗教是帝国文明的核心和文化的基础，波斯帝国即是以祆教为其特征的。宗教与地缘、传统、文化、风俗习惯等存在着密切的天然联系，文明交往在宗教演变上显得尤为突出。琐罗亚斯德创立祆教的过程充分体现了文明交往的实践性和开放性，而祆教的传播和影响则充分展示了文明交往的迁徙性和互动性。无论从语言学角度推断祆教的产生，还是研究古代波斯东西部同属祆教信仰存在的差别的问题；无论探讨波斯帝国诸王的宗教宽容政策，还是考证祆教的早期发展史，文明交往论都给予我们富有价值的启示，指导我们得出比较科学的结论。

辉煌的制度文明是波斯帝国的又一显著特征。如果说，波斯帝国的诸王以武力削平内乱，为帝国内部交往创造了条件的话，那么，通过大流士一世的改革，行省制度、驿道制度、军事制度等一系列制度的建立、健全和实施，维系了庞大帝国的有效运作。驿道制度的建立为帝国内部的政治、经济、文化、军事交往提供了有利的条件。行省制度的确立加强了中央和地方的政治联系。赋税和铸币制度加强了各地之间的经济联系，有利于商业的发展，从而促进了帝国内部的经济交往，有益于帝国统治的巩固。波斯帝国的军事制度使其拥有一支强大的军队，维护了帝国内部有秩序的和平交往，并在对外交往中占据了很大的主动性。

事有始终，物有盛衰，文明自身也是如此。文明交往的实践性、开放性、多样性、互动性和迁徙性制约着文明交往的进程，决定了某种文明的兴衰。一种文明发展到一定的程度后往往失去了其初期的开放性、互动性，也就失去了进一步发展的外在动力，丧失其内在的活力，从而失去了应对外来挑战的能力，逐渐走向衰亡。阿诺德·汤因比指出：一个处于生长阶段的文明对于不断出现的新挑战永远能够进行胜利的应战，而一个处于解体阶段的文明则不再能进行这样的应战。这是一种文明在对外交往过程中的反映，是文明在开放和互动中得以发展，在封闭和僵化中逐渐衰亡的恰当说明。

本书根据波斯帝国历史交往的发展历程来叙述它的兴衰过程。全书从结构上分为四章。首先，溯其渊源，叙述它的发端和帝国建立的过程。其次，明其强盛，概述帝国的文治武功和经济文化及其他方面的成就。再次，言其由盛转衰的转折，描绘帝国规模最大、影响最深的对外军事交往——希波战争。最后，示其衰亡，叙述其持续不休的内乱纷争及被亚历山大征服的过程。本书旨在以文学性的语言形象生动地把波斯帝国鲜活的历史奉献给读者。在勾勒波斯帝国辉煌文明的同时，叙述了刀光剑影的宫廷政变、你死我活的夺位之争、空前惨烈的战场厮杀……

鲁迅先生称赞《史记》是"史家之绝唱，无韵之离骚"，此当是我们后学应该努力的方向。著者在撰写中多有所悟，不揣浅陋，一并奉献给读者，仅供参考。本书在写作过程中，广泛参考，吸收了国内外专家学者的研究成果，在此深表谢忱。

斯书之成，因缘具足。首先感谢我的导师彭树智教授。先生之道德学问，仰之弥高，钻之弥深。先生言传身教，启我深思，促我奋进。师恩如海，常驻我心。唯有勤勉，以报先生。我的贤妻王延丽女士不仅承担了大部分家务，而且整理了部分资料，校对了全部书稿。对她的一贯支持，在此深表谢意。

书不尽言，言不尽意。学力不逮，必存瑕疵。敬请读者指正。

目录

第一章 追根溯源：波斯帝国的兴起
- 一、发端：波斯文明的源头　　001
- 二、初兴：波斯文明的兴起　　012
- 三、成长：波斯文明的发展　　024
- 四、成熟：波斯帝国的建立　　033

第二章 蒸蒸日上：波斯帝国的强盛
- 一、东征西讨：居鲁士大帝的文韬武略　　046
- 二、子承父业：冈比西斯一世的统治　　065
- 三、后院起火：高墨塔政变　　077
- 四、登峰造极：大流士一世的文治武功　　092
- 五、欣欣向荣：空前繁盛的社会经济　　124
- 六、宗教信仰：影响深远的祆教文化　　133

第三章 由盛而衰：延续半世纪的希波战争
- 一、希腊：垂涎已久的佳肴　　157
- 二、米利都起义：希波战争的导火索　　165
- 三、出兵希腊：必欲夺之而后快　　181
- 四、再度出征：波斯卷土重来　　192
- 五、怎一个"惨"字了得：两大著名战役　　218
- 六、一蹶不振：希波战争的延续与结局　　244

第四章　日暮途穷：波斯帝国的衰亡

　　一、祸起萧墙：帝国内部的混战　　266

　　二、支离破碎：帝国的逐步解体　　275

　　三、《长征记》：小居鲁士夺位之争　　280

　　四、寿终正寝：帝国走向灭亡　　295

参考文献　　327
波斯帝国诸王列表　　329

第一章
追根溯源：波斯帝国的兴起

一、发端：波斯文明的源头

（一）伊朗高原：并不优越的地理环境

地球演化到具备一定的条件时，才产生了人类。自然环境绝不仅是充当人类舞台上无动于衷的背景。从一开始，地理环境的位置、地质构造、土壤资源、气候等自然因素就以明确可辨的形式塑造着人类活动的进程。尽管随着人类的进步和历史的发展，地理环境的影响似乎削弱或消除了，但实际上其影响仍在以更微妙、更间接的方式起作用。作为人类赖以生存的前提条件和物质基础，它决定性地影响着某一环境中人群的生存方式、生活方式、文化传统和群体性格。而环境和谋生手段的差异导致了不同族群之间内部和外部不同的交往模式。正如尼罗河哺育了古埃及文明、黄河哺育了华夏文明一样，特定的自然地理环境也产生了与之相对应的特定的文明种类。所以，我们需要先把视野转向孕育了波斯文明的伊朗高原。

从自然地理上讲，伊朗高原自小亚细亚东部和高加索一直延伸到南亚次大陆的旁遮普平原西部的兴都库什山脉，包括今天阿富汗的绝大部分和巴基斯坦的很大部分。伊朗高原的大致范围是东起兴都库什山脉，西至扎格罗斯山脉，北抵阿拉斯河、里海、科佩特山链、阿姆河以南的帕罗帕米苏斯山，南到印度洋和波斯湾。伊朗高原的形状像一只碗，有高耸的周边，围绕着比较低但绝对高度并不低的不整齐的内部。周边由许多山链组成，其中西部和北部的山链地势高耸，面积广大。南部和东部的山链较窄，平均高度也低，多被低盆地切断。

按其自然特征，伊朗高原可划分为五个地区：第一，扎格罗斯地区。它由自西北地带向东南、沿两河流域河谷延伸平行的山岭地区组成。西北地带降雨量较多，形成了众多发育良好的河流与河谷地区。这些河流大多发源于扎格罗斯山，汇入底格里斯河。在南部，卡伦河冲积形成了伊朗最大的冲积平原——胡泽斯坦平原。在地理上，它既是美索不达米亚平原的一部分，又是伊朗高原的延续部分。伊朗历史上最早形成的国家埃兰就在这里。埃兰的东面是向东倾斜的山岭地区，包括今天的法尔斯等地。扎格罗斯地区物产丰富，森林、矿产资源富足，自古就是两河流域统治者垂涎的对象，屡遭侵略。第二，内陆荒漠盆地。它位于扎格罗斯山以东、厄尔布尔士山以南和大盐滩之间。该地区境内的哈马丹地区古称米底，米底王国即产生于此。该地区现在干旱少雨，境内遍布盐滩、沙丘，交通不便，人烟稀少。第三，里海沿岸地区。这是一条狭长地带，厄尔布尔士山将其与伊朗其他地区隔开。由于地近里海，且受地形影响，这里气候温和湿润，人口稠密，农产品丰富，蚕桑业发达。第四，古代的帕提亚地区，大体上相当于现在的呼罗珊地区。其北面为科佩特山麓，西为里海地区，东面是东伊朗地区，南濒大漠。这里大部分地区是干燥的草原和沙漠。北部的山麓北坡，雨水充沛，农牧业发达。南坡的阿特腊克河谷是当地重要的交通要道，古代的丝绸之路就通过这一地区。第五，东伊朗地区。该地区西接伊朗中部沙漠，东到印度河谷，北以阿姆河谷为界。该地区的帕罗帕米苏斯山脉自东向西，将伊朗和中亚分隔开来。其北部是古代的马尔吉亚那、巴克特里亚、索格狄亚那和花剌子模地区。古时，此处农牧业发达，城市繁荣，号为"千城之国"。帕罗帕米苏斯山脉东部是犍陀罗地区。其西部的赫里河，北流至中亚草原。帕罗帕米苏斯山脉的西部支脉附近是古代的阿利亚地区，其西部和南部还有其他山链。河流自东北流向西南，注入中央沙漠边缘的沼泽和绿洲。这条河流的下游是德兰吉亚那和阿拉科西亚地区。与之毗邻的是印度河谷地区，其中喀布尔地区最为重要。在东伊朗的南部地区，加德罗西亚和卡曼尼亚与印度河谷相连，这里曾是古代印度河流域文化与两河流域文化交流的重要通道。经过数千年的沧桑巨变，东伊朗地区现已分属于土库曼、乌兹别克、吉尔吉斯、阿富汗、巴基斯坦等国。但是，在古代，这一地区曾长期作为伊朗的一部分，并且对伊朗的历史文化做出了重要贡献。

这样一来，广阔平坦的荒漠、高大复杂的山系、封闭的盆地、沿海平原的湖泊、海洋，相互紧邻，一并构成伊朗高原的基本地貌。降雨量不足且在季节上高度集中，地形使水分集中在高原周边，核心部分是寸草不生的荒芜之地。然而，就是这算不上优越的环境孕育了较早的文明。

（二）早期人类：来自远古的文明遗址

根据有限的考古材料，可以大体上勾勒出伊朗早期人类活动的轮廓。早期人类化石在世界上所有地方都是罕见的，中东地区也不例外。伊朗本土还没有发现旧石器早期的人类活动的痕迹。但其边境地区出土过舍利和阿舍利文化类型的工具，时间在40万年至20万年前。根据伊朗本土的考古资料，自旧石器时代中期起，人类已广泛活动在伊朗境内。伊朗西部的雷扎耶湖、中部的大盐滩、西南的法尔斯和其他地区，都发现了属于这一时期的典型的穆斯特文化石器和尼安德特人生活的遗址。欧洲的穆斯特文化年代上限为10万年前，下限为5.5万年至3.5万年。伊朗现有旧石器时代中期的遗物基本上都是穆斯特文化晚期的遗物。洛雷斯坦和扎格罗斯山西部的岩洞中发掘的原始人类的遗物，经放射性碳元素测定，大约都在5万年前。这一时期，在地质学上正处于最后一次间冰期的末期和最后一次冰川期的初期之间，伊朗北部山区冰川作用加强，雪线下降，气候比现在湿润得多。山区森林茂密，草原植被繁盛，多种多样的动物活跃在这里，繁衍生息。所以，伊朗及其附近地区，都发现了尼安德特人居住的遗址。

在伊朗各地穆斯特文化遗址中，以克尔曼沙赫以东50千米处的贝希斯敦遗址最为著名。著名的《贝希斯敦铭文》就刻在当地的山崖上。1949年，考古学家在贝希斯敦山崖的山洞中发现了原始人的化石：一块尺骨的碎片和一颗人类的门齿。这些化石被命名为"贝希斯敦人"。与此同时，考古学家还在山洞中发现旧石器中期的石工具——石片和石叶，制造工艺已经比较发达。此外，考古学家在山洞中还发现了大量动物化石，主要是野马和鹿。这表明当时这一地区环境适宜，林木丰茂，水草富足，有利于鹿和野马的生长，也表明贝希斯敦人有长期的狩猎传统。

这一时期的社会组织是原始公社。人类最初的交往活动是伴随着人类的生活、生产活动而产生的。围猎可以说是最早的交往形式之一。因为就狩猎经济而言，围猎是一种最经济的方式。如果没有原始人之间的团结协作，猎取大动物是不可能的。当时，尼安德特人已经组建了比较发达的原始公社，进行集体性的狩猎活动。除了这种以血缘关系组成的原始公社之外，大概还存在由若干公社组成的公社联合体。它们包括一些具有共同的传统、共同的生活习惯，甚至还有共同血缘关系的公社。这种联合体被称作"前部落"，广泛存在于扎格罗斯山地区。

旧石器时代晚期，现代意义上的人取代了尼安德特人。从这时开始，人类社会加速发展起来。社会和经济发展的速度加快了，出现了许多新制的工具。狩猎方式有了很大改进，捕鱼业也有所发展，并形成了氏族部落制度。

根据考古发现，我们基本上可以描绘出伊朗东部旧石器时代晚期最后阶段到新石器时代开始之前人类活动的场景。大约10 000年前，里海水位开始下降，沿岸的岩洞已经干燥得可以供人类居住，但水位仍然在岩洞附近潮起潮落地徘徊。这时，里海平原是一派草原风光，附近山区则森林茂密。生活在这里的原始居民便到水边捕捉鱼类、海豹，到森林里猎取鹿和其他小动物，或者到草原上追逐羚羊，不得已时还捕捉田鼠充饥。所以，这些居民被考古学家命名为"猎海豹者"、"食田鼠者"和"猎羚羊者"。"猎羚羊"是当地攫取经济的最后阶段。

大约与"猎羚羊者"同一时期，当地居民开始驯化动物，饲养家畜。在出土的公元前7000年至公元前6000年的文化层，发现的全是家畜（绵羊、山羊、猪、牛）遗骸，还有不少是刚刚出生的小动物的骨骸。这表明当时正在进行驯养工作。在公元前5500年的文化层，小动物的骨骸占到了一半，这表明畜牧业已经产生了。同时，考古学家还发现了燧石镰刀和粗糙的陶器。公元前5000年前后，当地出现了新石器时代的工具（石斧等），标志着新石器时代的开始。公元前5000年的文化层还出土了彩陶。

所有这些考古发现表明，旧石器晚期以后，人类活动广泛分布在从扎格罗斯山、里海沿岸，直到兴都库什山的广大地区。而里海沿岸则是人类活动的走廊。里海沿岸的新石器文化，对整个伊朗，乃至西亚，甚至欧洲，都有重大影响。

旧石器时代晚期，伊朗各地发展的不平衡性和地方性特点越来越明显。包括伊朗在内的西亚地区的情况具有广泛的代表性。当地的石器加工和金属冶炼很早就出现了一系列革新。在同等水平的条件下，当地与其他地区相比，经济部门和社会关系都产生了更深刻、更迅速的发展。

这一时期，有些地区已经处于由攫取经济时代向生产经济时代过渡的阶段，这一过渡早于亚欧大陆其他地区。这是因为：其一，气候条件的变化，促进了这个过渡阶段较早出现。大约10 000年前，伊朗及邻近的地区变得炎热干燥，适宜于农牧业的发展。其二，比较好的生物条件，有可供栽培的植物和适宜驯养的动物。其三，比较好的文化条件，当地居民经过长时期的经验积累，已经做好先期准备。

根据考古材料判断，大约10 000年前，扎格罗斯山区居民就已经采集禾本科的植物种子作为食物。这最初可能只是采集经济的一种，和野果一样充当人们的食物。但是，在漫长的采集经济发展史上，人们发现并掌握了野生植物的生长规律，并逐渐学会了管理野生植物并使之重新生长，取得好收成的方法。人们最早栽培的禾本科植物是当地山区生长的野生大麦和小麦。同时，在这些地区的中石器时期的遗址中，人们还发现了许多的碾谷器、杵和臼，原始农业就这样逐渐产生了。

大约与此同时，也产生了原始畜牧业。当地人最早驯养的动物是狗，其次是山羊、绵羊、猪、牛等动物。在扎格罗斯地区，农业和畜牧业是同时产生、发展起来的。这种发展结果使当时形成了复杂的综合经济。随着农业和畜牧业的产生，由获取现成的天然产物向人类通过自身劳动增加天然产物的生产方式的过渡完成了。

与此同时，人类开始了由游荡不定的迁徙生活向定居生活过渡，出现了许多村落。早期的村落是一些不设防的村落，大概是住在洞穴中的公社居民的季节性居住点。后来，由于农牧业生产发展的需要，许多村落的生活固定下来，面积加大，人口增多。这也是当时农牧业经济发展到一定程度的表现。

在伊朗，这个时期的村落遗址主要集中在伊朗西南地区和东北地区。伊朗西南地区早期村落的遗址，大致可分为三个文化群：一是克尔曼沙赫文化群，包括阿西阿布小丘、甘季列达小丘、古兰小丘，还有洛雷斯坦的阿卜杜勒·侯赛因小丘。二是胡泽斯坦文化群，主要包括北部德赫洛兰平原的萨布斯小丘和阿里库什小丘，还有南部的苏萨遗址。三是卡善地区的锡亚尔克小丘。这些小丘是上千年前人类活动的遗迹。由于几千年前黏土房屋的周期性毁坏和重建，一层压一层，这些早期的村落遗址留下了厚厚的文化层，以"生活丘"的形式耸立在平原上，有时达十几米，甚至更高。这就是我们说的"小丘"。发掘这些生活丘是确定整个地区的考古年代及文化更替情况的基础。

阿西阿布小丘发现了一个浸湿的地穴式房基，据估计其年代为公元前 10 000 年至公元前 9000 年。遗址中发现的石器大都是扎格罗斯地区典型的旧石器，但是也有新石器时代磨制的大型粗糙石器。其经济形式基本属于农业和畜牧业经济，但仍保留着大量的狩猎经济和采集经济的残余。

甘季列达小丘出现了早期的黏土建筑物和生砖建筑物，年代为公元前 8000 年至公元前 7000 年。建筑的底层发现有黏土墙，是用平凸砖建造的。还有的用泥和灰泥交互建造，然后两面涂泥。居室有灶，也是用黏土和砖建成的。这里发现了西亚最早的制陶地点，也发现了一些窑中焙烧过的质量很好的小陶器。

公元前 8000 年至公元前 7000 年，胡泽斯坦也出现了类似的村落。德赫洛兰平原发现了阿里库什小丘，其居民是从扎格罗斯山移居此地。阿里库什早期的工具近似阿西阿布小丘的工具。从当地有人居住开始，栽培大麦、小麦，驯养山羊。公元前 2000 年至公元前 6000 年开始出现陶器，已经培育的禾本科植物有六行裸大麦和小麦。这种大麦是人工长期选种培育而成的，与当地原始的野生大麦外形不同。当地驯养的家畜有绵羊和山羊。石器有燧石镰刀、碾谷器、杵、臼、石锄等。

根据各地出土的文物推断，早期农牧业村落大致相当于氏族公社晚期。氏族公社是当时的社会组织形式。这一时期的氏族公社由许多小家庭或对偶家庭组成。他们分散居住在大屋的小居室或只有一个房间的小屋内，每户五六人，有灶和储藏室。每个家庭分开储藏谷物，操持自己小家的衣食工具。但这种小家庭不是自给自足的独立经济单位。许多艰巨复杂的工作还是依靠全公社的力量来完成的。氏族的土地所有制是社会经济的基础,生产出来的部分产品分配给各个家庭。从当时的住宅、家具、生产工具和墓葬形式基本相同来看,早期的农牧业村落应当处于原始共产主义阶段,还没有发生贫富两极分化。

早期农牧业者的思想意识形态与狩猎者和采集者是相同的,他们的宗教观念和宗教仪式正在逐渐形成之中。甘季列达遗址中发现了一个宗教祭祀的场所,其中绵羊头骨碎片下抹了泥。这一时期,神像出现了,其中大多数是女神的塑像,其塑像的手法近似于旧石器时代早期女性塑像的风格。甘季列达、萨拉布和其他早期村落遗址还发现了动物的塑像,还有些是兽形的神像或图腾。旧石器中期,原始人就出现了非常模糊不清的原始宗教观念。而在旧石器晚期,已经形成了相当定型的宗教信仰,以及与之相联系的宗教仪式。这一时期,伊朗居民的宗教观念已经相当成熟。

(三)迁徙运动:不可估量的交往效应

交往随着人类而诞生,它是人类存在和发展的方式,它不断消灭人类的孤立封闭状态,逐步加强社会联系和整体化进程。对于尚未步入文明行列的伊朗原始居民来说,尽管生产力发展水平还相当低下,社会分工尚处在最初的阶段,但交往已经初步显示出它的巨大威力和作用。

首先,最早的部落迁徙运动传播了生产生活技术和文化,成果相当丰硕。公元前 6000 年前后,农业和畜牧业经济在伊朗境内广泛传播开来。这是农牧业部落迁徙并导致各地居民和农牧业部落长期接触的结果。当时,由于自然环境的变化,许多地方已经不利于狩猎者和采集者居住,但被已经学会建筑黏土住宅的农民和牧人开辟出来了。公元前5000年至公元前4500年,伊朗的库姆、加兹温、德黑兰、卡善等地区的村落数目急剧增加,类似的文化还传播到东北地区。起源于土库曼的阿姆河文明传到了里海沿岸地区和厄尔布尔士山麓。后来,又有些部落由西南地区迁入了阿姆河流域的一些地区,而本地居民也接受了这些部落的文化与经济成就,如冶金、锄耕农业和纺织技术,等等。通过考古发掘可以看出,伊朗西北的最早居民可能是由南方迁来的,其文化和伊朗扎格罗斯地区和伊拉克西北地区类似。

农牧业部落的迁徙,对伊朗古代历史产生了重要影响,对伊朗及邻近地区居民的民族特征形成产生了巨大作用。根据公元前3000年至公元前1000年的埃兰文献,我们发现埃兰语和达罗毗荼语极为相似,而这种语言现在流行于印度南部。公元前4000年至公元前3000年,埃兰人已经居住在胡泽斯坦、法尔斯和克尔曼地区。由此我们可以推知,原始埃兰人和达罗毗荼人的接触,可能是在公元前4000年之前。伊朗高原南部的居民可能是埃兰人和达罗毗荼人的类群。迁徙的结果则是埃兰人融入波斯人,达罗毗荼人则成为印度人的一部分。

迁徙必然引发交往,而交往的结果则是物质文明和精神文明的传承、保留、创新和发展。随着农牧业的传播,牲畜的种类、栽培植物的品种更加丰富,农业生产工具得以改进,出现了原始的人工灌溉方法。家庭手工业也发展起来了。扎格罗斯山区的纺织业传遍了各地,制陶业越来越专业化。公元前5000年,某些地区出现了专门的制陶场,开始出现高温陶窑。这些技术与冶金业的出现有关。伊朗个别地区从公元前6000年就已进入铜石并用时代。最初的铜器是锻造的，但从公元前5000年开始，就出现了浇铸的产品，制造这些产品的工匠已经掌握了很高的浇铸技术和金属加工方法。公元前5000年至公元前4000年，伊朗已经开发了许多铜矿。

农牧业部落的迁徙传播了先进的农业、畜牧业和手工业技术。而这些行业的进步又促进了更大范围的经济文化交往。因为生产力的提高和发展，剩余产品日益增多，社会分工更加精细。部落之间的交换始于旧石器晚期，随着农牧业公社的分离越来越广泛，这些交换不但可以满足早期农耕社会自然经济的需要，而且可以为当时的居民提供更可靠、更丰富的生活来源。

尽管这一时期的交往尚处在最原始的阶段，交往手段极为落后，但当时人们的交往程度和范围比我们想象的要大得多。阿里库什遗址发现了公元前6000多年前的锻铜串珠。它既是当时扎格罗斯山区已经出现冶铜和铜加工技术的明证，也是当时各地产品交换的经济交往的产物。当时参与交换的产品主要有食盐、赭石、黑曜石、农牧产品。这种商业经济交往遍及西亚各地，从小亚细亚、两河流域、伊朗高原，甚至远达中亚地区。呼罗珊的铜矿石已经销售到了土库曼地区。有些氏族公社专门从事绿松石、天青石的采掘、贩卖和中介贸易。公元前5000年的雅亚居民就已经学会滑石加工技术。他们从邻近地区获得滑石，加工产品。这种产品后来成为两河流域到印度河谷广大地区的畅销货物。陶器也是当时用于广泛交换的商品，塔里伊布里斯的居民除了使用本地的陶器之外，还使用进口的优质陶器。

二、初兴：波斯文明的兴起

（一）历史怪象：突然消逝的原始文明

历史的脚步如此匆匆，人类社会从一开始就以加速度的形式前进着，文明的大门也终于被叩开了。人类社会的进步最终依赖于生产力的提高和人们之间的相互交往，这集中体现在社会经济的发展程度上。

公元前4000年前后，伊朗各地的社会经济有了巨大的进步。制陶业在这个时期有了明显进步。最初只有泥塑的器皿，后来出现了用盘筑法制造的陶器，然后又有了高速旋转的陶轮制作的陶器。陶轮的使用标志着制陶专业化的完成，以及制陶业发展的普遍性。在伊朗的许多地区，陶轮和冶金业的出现不晚于两河流域。这一时期金属制品的数量和品种都有所增加，银、金、铝和其他金属得到广泛使用，青铜器也出现了。

社会生产力的发展促使社会大分工，而社会大分工后专业化的生产又提高了劳动生产率。劳动生产率提高的直接结果是剩余产品的出现。这为贫富分化和私有制的产生创造了条件。考古发现这一时期广泛流行印章的使用，先是压模印章，后来出现圆柱形印章。印章的使用标志着私有财产已经出现了。从这一时期墓葬中的殉葬品可以看出，这种贫富分化现象正在加剧。从伊朗东南部、洛雷斯坦和其他地区发掘的公元前3000年至公元前2000年的墓葬来看，不仅殉葬品丰富，葬仪也大有不同。这可能是墓主社会地位不同的缘故。当地还发现规模巨大、建置独立的首领宫殿或贵族住宅。遇焚的宫殿废墟中发现了许多用金银和青金石制成的珍贵艺术品。

经济上的贫富分化必然导致社会地位的变化，这两种变化是同时发生的。作为公社的最高统治者，原来只是公社的代表，现在却是权力最大、经济最富裕的人。氏族公社的其他成员在经济上开始依附于这些首领。在此之前，公社的财物一部分储藏在公库里。在完全平等的原始共产主义时代，公库的财物实际上是集体的财产。但随着首领和富人的出现，他们逐步篡夺了公社的各项大权，把公社的集体财物归为己有。这种现象不断为新的考古发掘所证实。

在哈马丹与坎加瓦尔之间，发现了公元前3000多年的戈丁特佩遗址。其丘顶有一个用墙围起来的区域，中间有一个院子，四周有两座纪念性建筑物、仓库和住宅。公元前4000年至公元前3000年的雅亚遗址，也发现了一个类似的建筑物，里面有许多大房间和仓库。这两处遗址的建筑物中都发现了用于发放实物的圆柱形印章。

某些黏土或高水罐瓶塞上还发现了其他印章，表示收到了某种财物。令人惊奇的是，这两处发现了泥板文书。戈丁特佩的泥板只有数字，而雅亚遗址的泥板还有图画文字。这两处遗址还发现了一些空白泥板，表明这些泥板文书是在当地做成的。泥板文书的出现表明这一地区的经济、文化已经发展到了一个新阶段。公元前3000年至公元前2000年，伊朗部分地区显然已经接近阶级社会的边缘。

公元前4000年至公元前3000年，伊朗各地出现了大型的居民点。这些居民点的特点是有大型中心建筑、宫殿和神庙。在这些建筑物和个别家庭中，堆积了大量财富，手工业相当发达，商贸联系也比较密切。这种居民点即使比较小，也是发达的经济中心。这些居民尚未使用文字，或者刚刚开始使用文字，它们属于"原始城市"或"城市"文明，至于是否步入了阶级社会，现在还不能确定。

历史是一部充满谜团的书。历史的客观规律使我们能够对普遍的历史现象了然于胸，但也有一些特殊的现象让人百思不得其解。就像玛雅文明的销声匿迹一样，发端于伊朗高原的原始文明突然衰落下来。

从公元前3000多年前开始，法尔斯的居民点一反常态，其数量不是逐渐增加而是开始减少。公元前3000年至公年前2000年，伊朗许多大型居民点或者是面积缩小了，或者是不复存在。即使存在时间比较长的居民点也发生了这种变化。先是文化技术水平降低，而后是变得完全荒芜。公元前2000年前后，许多古代的文明中心已不复存在。有些居民点或面积急剧缩小，或人口普遍减少。即使保存下来的，其文化技术水平也明显下降。这时印度河谷竟不复有城市存在。伊朗高原上的原始文明就此中断。

造成这一现象的原因，现在尚不完全清楚。有些学者认为雅利安人从中亚东北部的入侵、移居伊朗和印度破坏了当地文明，打断了其自然发展的进程。但雅利安人迁徙到伊朗高原的时间不早于公元前2000年，而这些古代中心开始衰落的时间要比这早得多。也有学者指出，伊朗高原上的居民点增加到了一定数目，社会经济也发展到一定阶段后，自然条件发生了某些变化。根据当时的生产力发展水平，这些居民点无法满足社会进步和人口增长的需要，造成了社会经济危机，于是发生了居民的局部或大规模迁徙。考古资料表明，农牧业部落的居民曾由卑路支斯坦移居到印度河谷。极其落后的生产力水平，极其有限的原始交往没能抵御住大自然的淘汰。无论如何，这些古代中心衰落下来了，他们所取得的文明成就随着迁徙而传播异地，终于融入其他文明。

（二）埃兰古国：盛极一时的"神之国家"

当伊朗高原的原始文明的光芒暗淡下来的时候，我们从伊朗高原的边缘地区看到了伊朗文明的曙光。伊朗有文献记载最早步入文明社会的是埃兰古国。埃兰位于现在的胡泽斯坦地区。古代埃兰，其东部、北部到扎格罗斯山，西邻巴比伦尼亚，南靠波斯湾。境内的苏萨平原是伊朗最大的冲积平原。它由发源于扎格罗斯山的卡尔黑河—卡仑河和幼发拉底河—底格里斯河共同冲积而成。在地理上，它既是伊朗高原的延续，又是美索不达米亚平原的一部分。这里气候宜人，土地肥沃，水源丰富，自古盛产粮食和水果。埃兰东部山区有丰富的矿产、森林资源，地势险要，是一道天然屏障。

"埃兰"的得名来源于古希伯来人的《圣经》，沿用至今。苏美尔人称其为"尼姆"（意为"高地"）。古代埃兰人自封国号为"神之国家"。根据古代文献的记载，埃兰地区还有许多城邦，最重要的有阿万、苏萨、西马什、安善等。

埃兰的边界无法确定。因为政治形势的变幻莫测和对外战争的胜负无常，埃兰国家的边界一直处在变动之中。其鼎盛时期势力东达波斯波利斯，东北伸至大盐滩地区，西接巴比伦，西北与亚述接壤，而其影响则远及中亚、印度河流域和阿拉伯半岛。

古代埃兰的主要居民是埃兰人。现在还不能确定他们的人种类别，一般认为是原始洛雷斯坦人，还有两河流域迁移来的闪族居民。

埃兰人的语言也不能明了其语种属性，学者发现它与古达罗毗荼语相似。人们推测，古达罗毗荼居民和埃兰居民在人种语言上相同或接近，其活动范围曾遍及从卡尔黑河谷到印度河谷的广大地区。

由于地缘上邻近，埃兰人与两河流域的居民交往非常频繁和便利，埃兰文字也深受两河流域的影响。埃兰人最早使用象形文字，一直用到公元前3000年。其文字符号与两河流域公元前4000年的象形文字有些类似。埃兰文字是由其自创还是来源于两河流域，现在还无法下结论。公元前3000年，埃兰出现了线形文字，它是由象形文字发展而来的，与两河流域的苏美尔文字有着某种共同的起源。公元前2000多年前，埃兰就全部采用了两河流域的楔形文字。楔形文字的主要传播者是定居埃兰的阿卡德人（平原地区的埃兰人大概都会使用埃兰语和阿卡德语），这也促进了楔形文字在埃兰的迅速传播。迁徙中的民族交往，必然伴随着文化交往，这也是一个明证。埃兰的楔形文字一直使用到阿契美尼德王朝时期。

从考古发掘来看，埃兰地区早在旧石器时代就有人居住。公元前6000年前后，当地居民开始了农业定居生活。公元前4500年至公元前3500年，在当地遗址发现了石器和红铜器，品种繁多。当时制陶技术已相当高超，所制彩陶多以手工制成，但造型雅致，构思奇特。这一时期，当地居民仍然处于原始社会时期。公元前3500年至公元前2750年，通过出土的文物看，制陶业和金属制造业有了进一步发展，有专门的器范用以浇铸铜器。这一时期还出现了圆柱形印章、象形文字泥板和早期的纪念性建筑物。这表明阶级社会已经形成，只是还处在早期阶段。约公元前3000年前后，出土文物中有铜工具和铜武器，以及各类青铜器皿，还有黄金。陶器上用黑色或红色颜料绘有鸟、鱼、牛、羊等动物，已经出现了立式的织机。这一时期已经有了大型的建筑和仓库，还有许多雪花石雕像和金属雕像，它们属于早期埃兰诸王之物。商业活动遍及南亚次大陆、两河流域，甚至远及中亚地区。无疑，这个时候埃兰地区已完全步入阶级社会了。

由于缺乏足够的资料，埃兰早期的社会状况、社会结构还不大清晰。我们从两河流域有限的文献中查找出埃兰时断时续的历史。一般认为，埃兰类似于苏美尔城邦，其生产方式与生产力发展水平相适应，具有早期奴隶制的特征。

古埃兰最早的立国时间在公元前 2700 年前后。埃兰的历史可以划分为三个明显的阶段：古埃兰时期（约公元前 2700 年—前 1600 年）、中埃兰时期（约公元前 1406 年—前 1100 年）、新埃兰时期（约公元前 800 年—前 600 年）。各个时期之间都有长期的间隔，史书无记载，被称为"黑暗时期"。

埃兰有文字记载的历史从开始就和两河流域密不可分。正是在和两河流域长时期的战争交往与和平交往中，埃兰的历史才得以传承和记载下来。如果没有与两河流域的文明交往，埃兰文明或许湮没无闻，只剩下不会说话的出土文物供人参考了。由于和两河流域的临近和自身的富饶，埃兰很早就成为两河流域诸城邦掠夺的对象。反过来，埃兰也经常侵略和掠夺两河流域的城邦。除这种战争交往外，埃兰与两河流域也存在广泛的和平交往：居民迁徙、语言文字流通、商业贸易频繁往来，等等。交往促进了埃兰的进步和发展，促使它很早就进入了阶级社会。

据《苏美尔王表》记载，早在公元前 2700 年前后，基什第一王朝国王恩梅巴拉吉西就曾侵入埃兰，把埃兰国的武器作为战利品运走。《苏美尔王表》记载："洪水涤荡大地之后，王权自天而降，基什成为王权的所在地……恩梅巴拉吉西，他击败埃兰国的武力，作为王，统治了九百年……"公元前 2600 年前后，埃兰的阿万第一王朝击败两河流域的城邦乌尔，称霸苏美尔地区。公元前 2550 年，阿万第二王朝建立，两河流域的拉迦什国王安那吐姆击败乌尔等城邦，称霸苏美尔地区。他的铭文说："埃兰王国惊恐地注视着伟大的安那吐姆，他打败了整个埃兰……高傲的埃兰被安那吐姆打倒在地，埃兰在其山区被打败了……"但西塔在位时，埃兰国势强盛，甚至阿卡德王纳拉姆辛也不得不派使者往埃兰首都苏萨订立同盟条约，以抵御古提人的进攻。条约用埃兰文写成，规定如果阿卡德发生战争，埃兰必须予以援助。作为交换，阿卡德王必须以其王后（埃兰公主）所生之子为王位继承人。

公元前 2200 年前后，埃兰建立起统一的联邦国家，摆脱了外族统治。阿万第二王朝灭亡后，埃兰又兴起了西马什王朝。其最初臣服于拉迦什，后又被乌尔第三王朝征服。公元前 2004 年，西马什王攻灭乌尔第三王朝，将其首都夷为废墟，埃兰重新获得独立。公元前 1860 年左右，西马什王朝为来自安善的埃帕尔提王朝所取代。该王朝曾一度为古巴比伦王国所征服，旋又重新获得独立。公元前 16 世纪，埃帕尔提王朝为加喜特人攻灭。此后两个世纪，历史上没有任何有关埃兰的资料。古埃兰无声无息地结束了。

中埃兰时期从安善王朝的崛起开始。安善王朝多次入侵巴比伦地区，后为亚述王所灭，时在公元前 13 世纪末。苏萨王朝随之崛起。该王朝利用亚述衰落之机，大举进攻两河流域。国王舒特鲁克－纳洪特（约公元前1185年—前1155年）灭掉了加喜特人的巴比伦王国，把著名的《汉谟拉比法典》石柱和其他许多珍贵文物掠到苏萨。苏萨国王希尔哈克·印舒希纳克（约公元前1150年—前1120年）在位期间，埃兰占领了两河流域的许多重镇和扎格罗斯山以东地区，一跃成为当时的军事强国之一。但好景不长，公元前12世纪末，埃兰被巴比伦国王尼布甲尼撒一世所灭。此后，埃兰又进入一个没有记载的"黑暗时期"。

公元前8世纪，埃兰重见历史记载，是为新埃兰时期的开始。公元前8世纪至公元前7世纪，对于近东历史来说是"亚述世纪"。最先开始大规模扩张的是提格拉-比利萨三世（公元前744年—前727年），武功烈烈，兼并南邻。继而萨尔贡二世（公元前722年—前705年）扫平西方和南方，击溃北敌。亚述的军队捷报频传于除小亚细亚外的整个西亚地区。此时，埃兰深感威胁日益严重，又不敢贸然直接与亚述对抗。于是，它在亚述的附庸国挑起叛乱，并以援助的方式来支持亚述的敌国。所以，萨尔贡二世及其后继者一直与埃兰对抗。埃兰支持巴比伦人、迦勒底人、叙利亚的阿拉伯人与亚述对抗。但亚述的萨尔贡王朝国势正隆，埃兰人胜少败多。公元前646年，亚述王阿淑尔巴尼帕在降服了叙利亚沙漠的阿拉伯人、镇压了巴比伦的叛乱之后，再次把矛头指向埃兰。这次战役对埃兰来说是毁灭性的打击。亚述全面地摧毁了埃兰12个地区、14座王城和无数村镇。苏萨城被洗劫一空，19个埃兰神也被劫至亚述。亚述王夸口说："我让野驴、黄羊、各种野兽像住在家里一样自由自在地在这里生活。"从此，埃兰灭亡。在经历亚述、新巴比伦和米底王国的短暂统治之后，埃兰成为阿契美尼德王朝的一个重要行省。苏萨作为波斯帝国的行政首都或西亚的重要城市存在了上千年之久。

（三）埃兰文明：伊朗文明的曙光

"滚滚长江东逝水，浪花淘尽英雄。"历史就是这样公正无情。多少王侯将相，就像历史上的匆匆过客，很快被人遗忘，但只有人们所创造的物质、精神和制度文明被后世继承下来。我们只能从这些继承下来的文明中认识先人的丰功伟业。所以，王朝兴亡、英雄成败的过程本身并不重要，重要的是他们对后世的影响。人们力图探知历史的真实存在，意在探知古国在此基础上产生的真实影响。政治制度、社会经济、文化现状往往是人们悉心研究的重要内容，因为这些与人类的现实生活息息相关。

古代埃兰的政治制度非常复杂。古埃兰时期没有形成真正的统一国家，各邦统治者或自称国王，或被称为总督，十分混乱。这一时期的特点：一是盛行三头政治。最高统治者称国王、伊萨库、萨卡纳库，代表着世俗、宗教和军事三重权力。这三个职位有时候是由一人兼任的。西马什王朝和埃帕尔提王朝也大致相同。二是实行母系继承制。相关资料表明，国王、伊萨库和萨卡纳库在母系方面有亲属关系，王位继承制实行兄终弟及和传甥制（传位于姐妹之子）。只有特殊情况下，才出现传位于子的现象。在阿万王朝时期，凡与王族在母系方面有亲属关系者都可以参加竞选，角逐王位。因此，王族旁派支系也有当选为王的可能。王室为防止大权旁落，就实行兄妹为婚的内婚制。

自新埃兰时期开始，父系王位继承制度确立起来。父位子继或辅之以传位于侄。这种继承制断绝了王室其他支系成为国王的梦想，自然引起王室旁系贵族的不满，导致了整个埃兰分裂为许多独立的小国，他们纷纷称王称霸，目无中央，势必成一盘散沙。即使外敌当前，他们再也无法团结起来。亚述统治者坐山观虎斗，利用埃兰统治者内部争权夺利的机会，最终灭掉了埃兰。

从社会经济状况看，古代埃兰基本属于两河流域的"神庙城市"类型。社会经济的基础是农业。在苏萨平原上，成片的大麦、芝麻、豌豆、小麦长势旺盛，椰枣树林到处可见。为了储藏丰收后的粮食，埃兰建立了许多大型的仓库。古代埃兰的商业活动非常活跃，它与伊朗高原、两河流域和印度都有密切往来。根据古代苏美尔的史诗记载，公元前3000年前后，两河流域乌鲁克城邦的统治者为了修建神庙，曾要求埃兰阿拉塔城邦统治者为其提供建筑材料。后者提出以粮食交换。经过一番周折，乌鲁克城邦终于用大量谷物换到了贵金属和矿物，而阿拉塔城邦人民"吃饱了"，达到了互通有无、两全其美的目的。在两河流域和埃兰的双边贸易中，金属锡占有特殊地位。因为锡是普遍使用的金属，是制造青铜器的重要原料，而两河流域锡矿产资源匮乏。当时，哈蒙湖北边和赫尔曼德盆地各有一座重要的大锡矿。埃兰借此向两河流域出口大量的锡。此外，中亚、印度也途经埃兰和两河流域发生经济交往。

根据文献记载推测，埃兰最早存在农村公社。古代埃兰农村公社的土地最初也定期进行分配，实行土地公有、集体耕作和民主管理。后来，农村公社瓦解，为家庭公社所代替，但农村公社的管理机构仍然存在，并成为国家机构的基层组织，负责替国家、神庙征收赋税、杂役，处理当地事务。这种管理机构仍然带有原始民主制的性质。公社管理机构的人员由定期选举产生。除一般事务由管理者（长老）处理外，比较重大的事务必须召开公民大会，集体讨论解决。农村公社所做出的处理结果,即使国王也不得随意废除。后来出现的家庭公社,一方面保留了原来土地公有、集体耕作的特征,另一方面又是独立的经济单位。以苏萨为例,它的家庭公社有两种类型:一种由具有血缘关系的众多大小家庭组成的公社。这类家庭公社保留的原农村公社的传统较多。家长对家庭公社的财产拥有实际的所有权,可按自己的意愿把财产作为遗产赠予自己的家属。家庭公社成员在分配共有财产时,不论性别、年龄,一律平等。家长去世后,母亲能够在维持家庭公社免遭瓦解方面起一定的作用。这种以血缘关系为基础建立起来的家庭可能因为分配比较平均而能够长期存在。另一种家庭公社由彼此没有血缘关系的若干个体家庭组成,按照合伙契约组成新的家庭公社。参加合伙的各方必须签订合伙契约,规定好各自的权利、义务,以及对违约者的处罚措施。这种契约需要由若干证人、当事人签字画押方能生效。建立这种家庭公社的主要目的在于联合个体家庭的劳动力。这种家庭公社建立在经济利益基础上,没有血缘关系的束缚。所以,这种家庭公社的维系非常脆弱。它实行土地公有,集体耕种,产品归各家各户。时间一长,必然会出现财产不平均和贫富分化,最终导致公社的瓦解。于是,比较单薄的个体家庭又通过契约组建新的家庭公社。这种家庭公社不断瓦解,也不断产生。

从文明交往的角度看,这种契约型家庭公社的出现具有重要意义。日本近代启蒙思想家福泽谕吉说过:"交往活动是人类的天性,如果与世隔绝,就不能产生才智。只有家庭相聚,还不能算人与人之间的交往。所以只有在社会上互相往来,人与人互相接触,才能扩大这种交往……"而这种家庭公社打破了血缘关系的局限,真正建立在生产力发展和分工的基础上,是典型的内部经济、社会交往,也是社会经济发展到一定程度的反映。根据埃兰文书记载,有的家庭公社拥有奴隶。但埃兰的奴隶有自己的房屋、家庭和财产,处境不错。总的看来,埃兰的自然经济一直占统治地位,国内的自由民占绝对优势,这也正是它能够长期抵御两河流域强国进攻的原因。

埃兰的王室经济和神庙经济很早就出现了。公元前3000年前后,埃兰的象形文字文书、圆柱形印章和其他资料证明,当时的苏萨、安善等地存在王室和神庙的大农庄。埃兰王室经济分成农业和手工业两个部分。王室土地是全国最肥沃的土地,占据着灌溉便利的平原地区。王室土地分为王室直领地和服役份地两部分,二者都交给王室服役人员使用。这种土地可以由服役者的后代作为遗产继承,只是所有权仍归王室。王室土地的管理者称为"苏卡尔",他们有权决定分配给服役者土地的数量。埃兰的服役者可以用纳银代替徭役。服役份地也可以出卖转让,与其相关的权利义务也随之转让。买地者无论是不是王室服役者,土地仍受王权控制。

埃兰神庙是思想控制的工具,是国内重要的政治力量,也是埃兰最大的地主。神庙经济是埃兰经济的重要形态之一。埃兰神庙农庄原来在农村公社的土地之内,由公社成员耕种。农村公社瓦解后,神庙农庄从中独立出来,产生了自己的管理机构和劳动力。神庙农庄的土地来源有三种:王室、公社和私人的捐献。个别农村公社的家庭带着土地和财产投靠神庙以求得庇护,破产农民的土地作为抵押品给了神庙。神庙土地不能出卖和转让,面积越来越大。神庙土地主要由神庙奴隶耕种。这些奴隶来源于战俘、捐赠及家生奴隶。神庙通过借贷,迫使贫困的家庭公社为其提供劳力,以抵偿贷款的利息。每年农忙季节,家庭公社的成员还有义务无偿为神庙劳动一个月,称为"神的土地上的一个月"。此外，神庙接受大量捐献，还从事高利贷经营和商业活动。神庙经济与王权盛衰关系密切。如果战争失利，神庙会首先遭劫。随着埃兰的灭亡，其神庙经济也寿终正寝了。

对于伊朗文明而言，古代埃兰文明起了沟通东西、承上启下的作用。首先，埃兰文明保留了两河流域的影响。埃兰宗教为多神教，居民信奉的神既有本地的，也有两河流域的。埃兰的语言文字、建筑雕刻、司法历法都深受两河流域影响。所以，《苏美尔王表》把埃兰视为两河流域的国家。但埃兰在某些方面与两河流域有明显的区别，主要是其母系势力比较强大，在相当长的历史时期内实行母系王位继承制。埃兰的财产继承不分性别，一律平等。其社会内部盛行兄妹通婚。

无论从两河流域所学来的，还是埃兰自己的传统，均为后来的波斯人所继承或借鉴。埃兰人融入波斯人，把楔形文字介绍给波斯人，帮助波斯人创制了古波斯楔形文字、司法和历法。大量埃兰人在波斯帝国管理机构协助波斯人处理政务，埃兰人的兄妹通婚制对波斯人也产生重要影响。不仅如此，埃兰作为古代东西方各文明交往的中介，通过广泛的商贸经济文化交往，在遥远的印度河流域、中亚和两河流域之间架起了沟通的桥梁。

三、成长：波斯文明的发展

（一）波斯人：化外之域的游牧人

我们繁衍生息的亚欧大陆在地理结构上是一个不可分割的整体。

自古以来，它就是人类活动的最为理想的舞台。古希腊人说，亚欧大陆是地球宽阔的胸膛，哺育了人类的重要文明。古代的亚洲是世界文明的摇篮和发祥地，两河流域、印度河流域和黄河流域孕育了人类三大文明。然而，人们往往忽略活动在亚欧大陆大草原上的游牧民族。在远古时期最初的人类文明交往中，他们扮演了最重要、最积极的角色，尽管他们被称为来自化外之域的野蛮人。

人类从来就是大地的儿子，是大地养育了他们，是环境决定了他们。特定的自然环境造就了他们特定的生理特征、风俗习惯和生活方式。在东起大兴安岭西至布达佩斯和西伯利亚森林之间，亚欧大陆的中北部伸展着一片广阔的草原地区。从旧石器时代起，就有人类在那里活动。除了一些孤立的小块土地外，那里的地理条件不允许农业生产发展，居民永远被限制在游牧或畜牧的生活之中。他们逐水草而居，驯养家畜，放牧着牛、马、羊。但是上天不会永远赐给他们肥美的水草，总有一天水要干涸，草要枯萎，牲畜要死亡，居民便面临生存的威胁。在这样的条件下，游牧民族不断迁徙，向农业区域侵犯掠夺就成为一种自然法则。当他们游徙到农田的边缘，看到农业区域居民丰富的收获、豪华的神庙、安逸的生活、灿烂的文明时，他们要么怯懦地借贷，要么屠杀性地掠夺。定居民和游牧民的冲突也因此延绵不断。

尽管他们在物质文明、精神文明上相当落后，但广阔无际的大草原为他们的活动提供了极大的空间，游牧生活使他们在军事上保持着极大的优势。他们忽然铁骑南下，忽然又引兵远遁，来无影，去无踪，弄得中国的秦始皇企图通过修筑长城把他们挡在农业区域之外。正因为他们极大的灵活性和迁徙性，他们在远古文明交往中扮演了各文明之间媒介的角色。游牧民族本身也在迁徙中发生变化。他们征服了农业定居民，但很快被那里的文明所征服、陶醉和融合，乃至他们很快又自命为农业定居文明的捍卫者，第一个站起来抵御其他野蛮民族的新的侵扰。

波斯民族就经历了这样的历程。印欧语系诸部族起初繁衍生息在里海和咸海以北那一片弧形的大草原上。公元前4000年至公元前3000年，印欧共同体开始瓦解，印欧语系部落开始向外迁徙。一支向西迁移到欧洲，繁衍为希腊人和色雷斯人，以及后来的意大利人、高卢人、日耳曼诸部族和斯拉夫人。另一支向南迁徙到伊朗高原和印度，征服了当地的土著居民而定居下来，成为伊朗人和印度人。

定居在东方的印欧语系印度—伊朗人部落通常称为雅利安部落。因为他们自称雅利安人。雅利安人的自称最早见于大流士一世的铭文，他自称雅利安人。现在的伊朗人就是雅利安人的转译。国名"伊朗"，意为"雅利安人的国家"。公元前2500年前后，印度—伊朗人还是一个部落共同体。他们在语言、文化、宗教、风俗等方面有许多共同或相似之处。公元前1500年前后，这个部落共同体开始解体。一些部落南迁到了印度河流域，而另一些部落则留在伊朗高原。留在伊朗高原的成为伊朗人，南迁印度的成为印度人，从此各自走上了自己的发展道路。在雅利安人的迁徙过程中，有许多土著人被同化、融入雅利安人部落。伊朗人部落进入伊朗高原是一个缓慢、持续、经历了数百年的过程，但最迟到公元前1000年前后，伊朗部落已经遍布黑海北部沿岸地区、中亚和伊朗高原。

按俄国学者的说法，伊朗部落分为东西两大支。东伊朗部落大约于公元前1500年前后，从河中地区沿捷詹河和赫里河谷地向南迁徙，进入伊朗高原。还有一部分留居南俄草原，并没有南迁。而伊朗部落（包括米底、波斯等部落）约于公元前1000年前后，从南俄草原经过高加索地区或里海两侧直接进入伊朗高原。根据祆教经典《阿维斯陀》的记载推断，东伊朗部落开始南迁之时，处于原始社会末期，业已形成宗法奴隶制关系。他们已经掌握冶铁、犁耕、养马、驾车等技术，属于发达的农牧民，但仍带有农牧部落的流动性。居民根据职业分为三个等级：祭司、武士和农牧民。祭司主要为神职人员，负责沟通人神之间的关系，维护宗教伦理和法律，充当统治者的谋士，或担任青年人的导师。米底和波斯人的祭司称为穆护。在那个攻伐不断的时代，武士阶层最为重要。他们拥有很大的权力和大量的财富，实际地位在祭司之上，首领和国王均出自这一阶层。作为第三等级的农牧民在经济上可以独立自主，可以和武士、祭司一起参加公社的宗教组织和活动，属于被剥削的对象。但在阶级社会早期，农牧民保持了自由民和普通奴隶主的许多权利。手工业阶层出现得比较晚，他们完全是为公社和首领服务的。他们遭人鄙视，被认为从事低贱的职业。伊朗人部落长期以来虽有奴隶存在，但一直不发达，基本上是宗法制的家内奴隶制。

公元前8世纪后期，伊朗人在许多地区都成为多数。伊朗部落进入伊朗高原初期，并不是武力征服，而是和平迁徙。他们最先依附于当地原有居民所建立的国家，如埃兰、乌拉尔图、亚述等。当伊朗人建立自己的国家之后，当地的土著居民也开始使用伊朗语并为伊朗人所同化，尽管这是一个长期而又复杂的过程。在伊朗历史上，米底王国和阿契美尼德王朝对伊朗语言、文化的传播和伊朗民族的形成起到了极为重要的作用。从伊朗部落迁入和土著居民和平交往看，伊朗人的社会经济文化已经达到了相当高的程度，而且对原始的当地居民产生了极大的吸引力，尽管他们也向土著居民学习了许多东西。

（二）米底：伊朗人的第一个王国

在迁居伊朗高原的伊朗人中，首先建立国家的是米底人。米底人原是不同部族构成的部落联盟，后来所建立的国家称为米底。米底之名最早见诸史册是公元前843年亚述国王萨尔马纳塞尔三世的文书。据这块泥板文书记载，这位国王曾侵入帕苏阿地区（原意为"边境"），使其27个首领向他称臣纳贡，其中包括米底。当时，亚述国王已经深入米底内地，居住在盐渍沙漠和哈马丹之间的是西部米底人。东部米底人活动在里海东南地区，这里在古代是东西交通要道，商人常在这里进行贸易。祆教经典《阿维斯陀》美化了米底祖先居住的地方。过去的记忆总是美好的，因为人们不会再回到过去。质朴而精力充沛的米底人进入伊朗西部后，很快就在平原和山坡上过起了欣欣向荣的农耕生活。

哈马丹意为"四方交会之地"，这里是一个风景秀丽、土地肥沃、灌溉便利的山谷。米底王国就诞生在这里。当时，米底人处在各个部落散居各处的一盘散沙状态。各地米底人相互争斗，无法无天。西亚强国亚述因此多次袭击米底，掳掠财富和人口，并将大批米底手工业者强行迁至亚述。乌拉尔图的国王也对米底进行过侵略性远征。此外，米底还得抵御来自东方的一些游牧部落的进攻。内忧外患促进了米底各部落之间的团结和部落联盟的形成。

米底国家的创立者戴奥凯斯，本是一个部落首领的儿子，异常聪明而又野心勃勃。他为了取得僭主（以非法手段取得政权、实行独裁统治的人，起初无贬义，有时与"王者"并称）的地位便力所能及地做些沽名钓誉之事。他努力在本部落忠诚而热心地主持公道，本部落的人因其正直的行为而推举他仲裁一切争端。功夫不负有心人。戴奥凯斯很快声名远扬，他不仅得到本部落人们的赞赏，而且其他部落的人也知道只有公正无私的戴奥凯斯才能伸张正义，解除他们长期以来受到不公正审判的痛苦。戴奥凯斯很会把握时机。当他感到自己得到一切人的信赖时，便宣布说他不愿做仲裁者了。因为他整天耗费时日调解邻人的事情，对他自己毫无益处。结果，各部落马上乱了套，掠夺与不法行为比以前更猖獗了。于是，米底各部落便聚在一起，开会讨论："如果这样下去，我们就待不下去了。让我们自立一个国王吧。这样，这个地方治理得好，我们才能各安其业，不至于无法无天的事把大家弄得家破人亡。"会议的结果是，大家一致认为戴奥凯斯是米底国王的最佳人选，并一致推举、拥戴他为国王。戴奥凯斯如愿以偿，但他要做一个有名有实的国王。他要求国人给他修建一所与国王身份相称的宫殿，并拨给他一支保护他个人安全的亲卫队。米底人求贤若渴，一一照办。戴奥凯斯登位以后，大摆排场，强迫米底人为他修筑了一座城池。这就是今天的哈马丹。根据希罗多德的说法，哈马丹的城墙共有7道。最外围的城墙是白色的，第二道是黑色的，第三道是紫色的，第四道是蓝色的，第五道是橙色的，第六道是用银包着的，最里面的城墙则是用黄金包着的。这些说法让人难以置信。在古典作家的笔下，东方就是人间的天堂，黄金遍地，财宝无数，到处流着酒、奶和蜜汁……

一切修建停当，戴奥凯斯的架子也端了起来。他规定，任何人都不能直接觐见国王，一切事项要通过报信来办理，禁止臣民看到国王。他还规定，任何人在国王面前都不得嬉皮笑脸或吐唾沫，否则就被认为一件可耻的冒犯事件而受到惩罚。戴奥凯斯这样做，一则为保卫自己的安全，二则增强神秘感，让熟知他的人以为戴奥凯斯和先前判若两人。王位坐定后，戴奥凯斯依然勤于政务。所有的诉讼案件都交到国王那里，由他据其内容秉公御批后再送还当事人。全国各地都有国王的密探。若有人横暴不法、作奸犯科，就会被召到国王那里，受到相应的惩罚。这样，戴奥凯斯统一并统治了米底民族各部落。米底人的立国传说反映了由原始社会的民主制向阶级社会的君主专制过渡的历史景况，这一历程也是人类社会交往的必然结果。

公元前675年，戴奥凯斯驾崩，其子普拉欧尔特斯登上王位。这位国王雄心更大，他不满足于统治区区米底，于是把军队开进同种同族的波斯人居住的地区，使波斯人变成了米底人的臣民。公元前653年，他挥师西亚，征服了一个又一个民族。最后，他的军队和西亚霸主亚述短兵相接。盟友斯基泰人背叛和临阵倒戈，米底腹背受敌，结果战争失败，普拉欧尔特斯阵亡，其子库阿克萨雷斯继承王位。库阿克萨雷斯更是好战分子，他进行军事改革，把过去非常紊乱的军事组织划分为长矛兵、弓箭兵、骑兵等兵种，创建了以骑兵为主的常备军，尤其是汲取了游牧民族斯基泰人机动灵活的战术经验，使米底军队的威力大增。好景不长。同年，斯基泰人首领马地奥斯就率军征服了米底王国，库阿克萨雷斯被迫向马地奥斯俯首称臣，这种状况持续了28年。公元前625年，库阿克萨雷斯利用狡计设宴灌醉马地奥斯并擒而杀之，米底重获独立。

当时，形势发展也有利于米底。公元前630年，亚述各派发生内战，亚述帝国面临瓦解。公元前626年，巴比伦爆发起义，亚述人任命的巴比伦尼亚南部总督乘机宣布独立，建立了迦勒底王朝。公元前624年，米底国王库阿克撒列斯击败斯基泰人，将其彻底赶出米底。为报杀父之仇，他挥师亚述。大军攻至亚述都城尼尼微，但久攻不克，转而攻向阿苏尔城。米底军队破城之后，大开杀戒，居民被斩杀殆尽，城市变为一片废墟。正在此时，巴比伦的迦勒底王赶到，米底人和巴比伦人结盟，誓灭亚述。为巩固同盟关系，两国大搞和亲，巴比伦太子尼布甲尼撒迎娶了米底王国公主。据说，尼布甲尼撒为了取悦来自米底的爱妃，表达对她炽热的爱情，特意为她在巴比伦王宫的西北角建造了著名的"空中花园"。"空中花园"据说是一座多层塔式建筑。每层内部都有砖拱、石板做成的斜坡式阶梯通向上一层。建筑物内部以芦苇为心，外部堆积厚厚的泥土。花草树木都种植在表面的泥土中。每天，奴隶用提水机、皮桶从幼发拉底河提水到花园灌溉。远远望去，鲜花争奇斗艳，竞相开放。草木郁葱滴翠，十分繁茂，宛如一座花山，煞是好看。正因为如此，"空中花园"被列为世界七大奇迹之一。公元前612年，米底和巴比伦再次出兵亚述。围城三个月之后，亚述都城尼尼微被攻破，亚述国王战死，军士非死即逃，尼尼微也成为一片废墟。百余年后，人们就不清楚尼尼微在什么地方了。

消灭亚述后，米底军队继续向西挺进，先后占领了乌拉尔图、卡帕多奇亚。公元前598年，米底又挥戈指向小亚细亚的强国吕底亚。双方鏖战了5年，也没有分出胜负。公元前584年5月28日，双方正在激战时，当地出现日食。太阳突然消失，大地一片黑暗。双方将士被这一现象吓得惊慌失措，忘记了战斗和敌人的存在。好在太阳不久又出现了。双方认为此乃上天警示，战争不为诸神所喜。米底和吕底亚决定休战，并缔结和约，规定以哈里斯河为两国的界线。

为表示亲善，两国和亲，米底王子娶吕底亚公主为妃，从此米底王国再无战事。这时，米底已成为西亚最强大的国家之一。其疆域东到阿姆河和卡拉库姆沙漠，北达亚美尼亚和阿塞拜疆，西以哈里斯河为界，西南与巴比伦相邻，南达波斯湾。米底尽管版图辽阔，但其国家组织相当脆弱。国内尚有不少不承认米底宗主权的独立地区和部落。他们不断加强自己的势力，一有机会就力图摆脱米底国王的控制，和国王貌合神离，各打自己的算盘。公元前584年，库阿克萨雷斯去世，其子阿司杜阿该斯继位。新国王承先王之威烈，出兵征服了原臣服于巴比伦的埃兰王国。米底和巴比伦同盟破裂，双方积极准备战争。不料，米底后院起火，它的属国波斯在居鲁士二世的率领下发动了大规模起义，不久便摆脱了米底统治而独立。面对波斯蒸蒸日上的态势，米底国王力图尽快剿灭之，岂知他的军队里出了"第五纵队"，以宗室成员、军队司令哈尔帕哥斯为首的米底贵族与居鲁士暗通消息，里应外合，推翻了阿司杜阿该斯的统治。至此米底王国灭亡，为居鲁士所建立的新王朝所取代。

米底王国如历史舞台上的匆匆过客，很快衰落，但其历史地位非常重要。它是伊朗语雅利安人建立的第一个国家，是波斯帝国登台亮相的前奏和序曲。米底人的征服活动加速了古代伊朗境内各个民族和部落之间的交往同化过程，对伊朗民族文化的形成做出了重要贡献。米底人对整个人类文明的发展没有做出多大贡献，但对波斯人而言，米底文化极为重要。雅利安语言、祆教、多妻制，以羊皮纸和笔代替泥板书写工具，建筑中廊柱的大规模运用，勤俭持家、勇敢作战的道德观念，统治帝国所必需的法律，等等，都是米底人传给波斯人的。犹太人先知但以理对米底和波斯的法律沿袭评论说："米底人和波斯人的法是不可更改的。"总而言之，米底的历史和文化为波斯人直接继承下来。米底被征服后，在形式上仍保留了米底王国。波斯帝国将哈马丹作为波斯帝国的首都之一，米底在行省的地位仅次于波斯。部分米底贵族长期保留了各种特权，米底的国家制度为波斯人所承袭。米底文化在历史交往中汇入了波斯文明。

四、成熟：波斯帝国的建立

（一）换子事件：居鲁士的离奇身世

波斯人同米底人都属迁入伊朗高原的西伊朗语雅利安人。在亚述人眼中，米底人比波斯人分布更广，势力更大。古代西亚文献记载也往往把波斯人称为米底人。波斯人在亚述、乌拉尔图和马纳王国的逼迫下，由伊朗西北部地区逐渐向南迁移。大约公元前8世纪，波斯人迁入埃兰的安善地区，并臣属于埃兰。当时，波斯人共有10个部落，其中6个是游牧部落，4个是农业部落。这些部落中以帕萨尔迦德部落最为尊贵，阿契美尼德氏族就属这一部落。这些部落结成了部落联盟，称为"雅利安"，首领是阿契美尼德家族的阿契美尼斯（约公元前700年—前675年）。他是见诸史册的第一位波斯人首领。其子泰斯帕斯（约公元前675年—前640年）时开始称安善王，并征服了法尔斯地区。泰斯帕斯临终前，又把国土一分为二：长子居鲁士一世（约公元前640年—前600年）居安善地区，号为安善王。次子阿里亚拉姆涅斯（约公元前640年—前615年）得法尔斯地区，号称波斯王。但波斯王位由阿里亚拉姆涅斯传至其子阿尔萨米斯时，两地又合而为一，统一归居鲁士二世统治。阿尔萨米斯就是大流士一世的祖父。

公元前640年前后，安善王居鲁士一世将其长子阿鲁库送到亚述都城尼尼微作为质子，表示臣服于亚述。居鲁士一世去世后，其子冈比西斯（约公元前600年—前559年）继位，史称冈比西斯一世。这时，安善臣服于米底。冈比西斯一世利用亚述衰落之机，大肆发展自己的势力，并侵占了埃兰的领土。冈比西斯一世之妻，乃是米底王阿司杜阿该斯之女，名叫芒达妮，他俩的儿子便是波斯帝国的建立者居鲁士二世，史称居鲁士大帝。

米底国王传到阿司杜阿该斯时，国势正盛，统治着伊朗高原、亚述等辽阔地区。根据史书记载，有一天夜里，阿司杜阿该斯做了一个怪梦，他梦见自己的女儿芒达妮撒的尿竟然成为滔滔洪水，不仅涨满了都城，而且泛滥了整个西亚。国王从梦中惊醒，越想越不是滋味，再也无法入眠。在当时的条件下，人们普遍相信梦兆。天明之后，国王急忙把会解梦的宫廷祭司召来，让他好好解一解这个梦。宫廷祭司一听，大惊失色，连说不祥，说公主将来会危及江山社稷，然后又玄而又玄地解释了一番，让这位米底国王听得心惊肉跳。从此以后，阿司杜阿该斯便对女儿芒达妮产生了戒备之心。芒达妮公主成年婚配之时，国王对那个噩梦记忆犹新，害怕梦真的应验，就没有把她许配给门当户对的米底人，而把她嫁给了他认为性情温和、恭顺老实的波斯人冈比西斯一世。居鲁士一世是米底的忠诚属臣。在米底王看来，冈比西斯比中等身份的米底人的地位还要低得多，绝无什么篡权之危险。

芒达妮公主出嫁不到一年，阿司杜阿该斯又梦见了芒达妮。这一次，他梦见女儿的肚子里长出了葡萄藤，枝叶繁茂，直至遮盖了整个西亚。国王醒来，心中疑惑，又把解梦的祭司召来询问。祭司预言说，公主的后代将取代他成为国王。这一解释把米底国王惊出一身冷汗，赶忙派人把女儿从波斯接了回来。果不其然，芒达妮已有孕在身，行将分娩。阿司杜阿该斯下达密令，派人对公主严加监视，一旦公主生下孩子，马上弄死，以除后患。时间不长，公主就生下一个男婴。这个婴孩和所有初生儿没有什么两样。从他的啼哭声里，米底人也听不出他将要龙飞九五的气势。但阿司杜阿该斯还是把他最信任的王室总管哈尔帕哥斯召来，吩咐道："哈尔帕哥斯，我请你对我托付给你的这件事情切勿疏忽大意，也不要为别人而出卖主人的利益。不然的话，你将会自食其果。把芒达妮生的这个孩子带到你家里，就在那里把他杀死。然后，随你怎样把他埋掉好了。"哈尔帕哥斯自然恭顺地连声称是，并答应保证办妥此事。

接着，哈尔帕哥斯把刚生下不久的婴儿带回了家。芒达妮失去了儿子，自然悲恸欲绝。哈尔帕哥斯回家后，就把国王交代的事向妻子详细通报了一番。说完，他长吁短叹，心事重重。妻子问他："你打算怎么办呢？"哈尔帕哥斯在米底宫廷混事多年，自然晓得个中利害。他对妻子说："纵使国王神魂颠倒，比现在更疯狂，我也不会照他的吩咐干杀人的勾当。首先，我和他们有亲属关系，杀死一个无辜的亲属，当然不合适。再者，国王阿司杜阿该斯年迈无子，将来若传位于芒达妮公主，我若杀了她儿子，那我还活得了吗？可是，就目前的状况来说，为了自己的安全，我也得把这孩子弄死。不过，这事须由国王自己手下的人干，而不是经我的手。"说罢，哈尔帕哥斯命人把国王庄园的一个名叫米特拉达提斯的奴隶召来。作为王室总管，他知道，这个奴隶住在靠近黑海的山区牧场，那里荒无人烟，常有野兽出没。米特拉达提斯闻讯急忙赶来。哈尔帕哥斯假传圣旨，下命令道："国王命令你把这个孩子丢到山中最荒僻的地方，让他尽快死掉。国王传谕说，如果你不杀死这个孩子，想方设法保全了他的性命，那你就死无葬身之地。我是受命来监督你完成这一任务的。"奴隶听罢，表示遵命，抱起孩子，立即顺原路返回家里。因为他知道，妻子怀胎十月，正赶上这几天生孩子。

这个奴隶的妻子名叫斯巴哥（意为"狼"），自打丈夫突然被王室总管召去，她一直担惊受怕，担心发生什么不测。看到丈夫又安然无恙地回来时，她没等他讲话便先问为什么哈尔帕哥斯这样匆匆忙忙地把他召去。他说："你想都想不到的。我一到哈尔帕哥斯家，就听到一阵哭声。进去后，我就看到了一个身穿锦绣、佩带金饰的婴儿躺在那里挣扎哭叫，就是篮子里的这个孩子。"他指着篮子，把蒙在上面的布揭开。篮内的婴儿正在酣睡，红扑扑的小脸，煞是可爱。斯巴哥轻轻把婴儿抱起来，搂在怀里，仔细端详着，只有母亲才会有那种慈爱和温柔。奴隶接着说道："哈尔帕哥斯见到我后，便命令我把这个孩子抱走，放到山中野兽最多的地方。他还告诉我，是国王下令要我这么做的。我不按他说的做，便有杀身之祸。我就把孩子抱来了。但是我心中一直充满疑惑：这个孩子衣饰华美，到底是谁家的孩子？在路上，引我出城的仆人告诉我，这个孩子的母亲原来是芒达妮公主，孩子的父亲是波斯的冈比西斯，是国王下令杀死他的。"说到这儿，奴隶才突然想起来，轻声问妻子他们自己的孩子怎么样了。斯巴哥悲从心来，放声大哭。原来，他们的孩子一生下来就死掉了。斯巴哥恳求丈夫，不要扔掉这个可爱又可怜的孩子。奴隶一时颇是为难，对妻子说："我没有任何别的办法。哈尔帕哥斯会派密探来打探消息，我不从命的话，就性命难保。"斯巴哥急中生智，爱这个孩子心切，想出一个主意："我刚生的孩子是死胎，把他放到山里，把这个孩子留下抚养。你就不会因对主人不忠而受到惩处，我们也能留下这个孩子，而我们死掉的孩子也会得到王子般的葬礼。"奴隶一听，倒也觉得两全其美，就立刻照办。

他把芒达妮公主的孩子交给妻子，给死婴换上那个孩子的华美衣饰，放到来时的篮子里，然后放到了山里最荒凉的地方。第三天，奴隶找人在那里看着死婴，他自己直奔哈尔帕哥斯府上，要他派他最亲信的卫兵去验看了这具尸体之后，就盛敛埋葬了死婴。而后来叫居鲁士的孩子，就被奴隶的妻子抚养起来，只是他们给这孩子起了一个别的名字。

光阴似箭，日月如梭，转眼间10年过去了。居鲁士已经成为活泼可爱的小孩子了。一件偶然的事情，使居鲁士暴露了自己的真实身份。有一天，他和村里的孩子一起玩耍，被他们选为国王。他还真的开始向这些孩子发号施令起来。他让一些孩子给他修造房屋，让另一些孩子做他的亲卫队，让其中一个孩子做国王耳目，让另一个孩子当传令官。10岁的孩童，安排起来倒是煞有介事。

一起玩游戏的孩子中，有个米底没落贵族的孩子，不服气奴隶的儿子做国王，拒不服从居鲁士的命令。居鲁士俨然一副国王派头，下令"卫兵"将其揍了一顿，以示惩罚。这个孩子被"释放"之后，哭着回家告状了。其父听罢，火冒三丈，气愤难平。但居鲁士的"父亲"是国王的奴隶，这个没落贵族不敢直接把他怎么样。盛怒之下，他带着儿子进宫告状，控诉他儿子在奴隶之子那里遭到的粗暴对待。阿司杜阿该斯闻听，欲为那个没落贵族出这口恶气，以维护贵族的身份。等居鲁士和"父亲"一到，国王便冲着居鲁士怒斥道："你这贱人的儿子，竟敢打贵族的儿子。你可知罪吗？"但是，居鲁士镇静自若、落落大方地朗声答道："陛下，他这是罪有应得。我们一块儿玩耍时，大家都选我做国王，他也表示赞成。所有的孩子都按我的吩咐做，只有他不把我放在眼里，不服从派遣。因此，他最后受到了处分。如果因为这个要我受罚的话，请陛下随意处治。"

看到这个孩子言谈举止与奴隶身份相差甚远，眉宇间也有几分和自己相像，这个孩子的年龄也和自己命人处死的外孙相差不多，国王暗自生疑。他劝慰了那个没落贵族及其满腹委屈的儿子几句，就打发他们走了，又令侍从把居鲁士引入内室，开始单独审问奴隶这个孩子的真实来历。起初，奴隶一口咬定小孩儿是他的亲生骨肉，他的母亲还在家里呢。国王见软的不行，马上示意左右把奴隶抓了起来，严刑拷打，让他从实招来。奴隶哪里受得了，便从开头讲起，原原本本地把事情的来龙去脉交代了一遍，最后请求国王宽恕他。

阿司杜阿该斯听到真相之后，对奴隶倒不很介意，但对哈尔帕哥斯却十分生气。他马上派人把哈尔帕哥斯召来。哈尔帕哥斯进宫，一见到在场的奴隶，就知道涉及国王外孙的事情，不敢隐瞒真相，忙随着国王的问话把事情的经过交代得一清二楚。哈尔帕哥斯肯定地说，他曾派最亲信的侍卫检查过孩子的尸体，并把他埋掉了。等到国王把奴隶的"调包计"说给哈尔帕哥斯后，这位王室总管惊得目瞪口呆，深恐自己违了王命，办事不力，要大祸临头了。国王对哈尔帕哥斯所作所为的愤怒深藏不露，倒是宽慰般地说："对这个孩子的处置使我感到非常痛苦，而女儿的责怪又让我感到心情十分沉重。现在，庆幸命运有了转机，这个孩子保全了性命。你回家把你的儿子送来，我要和这个孩子、你儿子一块儿进餐，并向诸神奉献牺牲。"哈尔帕哥斯本来已经心提到嗓子眼，唯恐国王翻脸，把他拿下大狱，甚至开刀问斩。听到国王这番话，他转忧为喜，悬到嗓子眼儿的心也落到了肚子里。他回到家，把自己十三岁的独子叫来，嘱咐他到宫里去，一切听从国王吩咐。然后，他满心欢喜地把事情的经过告诉了妻子，不曾想这次违命竟变为有利的事情。他不但没受到惩罚，反而受邀庆贺此事，真是诸神护佑。

他哪里想到，他儿子一进宫就被国王杀死，肢体被割成碎块。御厨烤了其中的一些，又煮了一些。晚宴开始前，宾客络绎而至。国王和其他宾客面前摆的是大量羊肉。只有哈尔帕哥斯面前摆的是他儿子的肉。他儿子的头、手和脚放在一边的篮子里，用布盖着。酒足饭饱之后，国王便问大总管感觉如何。哈尔帕哥斯连声说好吃，表示十分满意。国王这才告诉哈尔帕哥斯真相，并揭开布让他看篮子里血淋淋的人头和手脚。哈尔帕哥斯强忍悲愤，既没有被吓倒，也没有失去自制力。他忍着内心如刀绞般的痛，沉着应对。当国王问他方才所吃的是什么兽类的肉时，哈尔帕哥斯回答，他对国王所做的任何事情都感到满意。酒席散罢，他把剩下的肉收起来带回了家，这才敢偷偷地痛哭。他咬牙切齿发下重誓："此仇不报，誓不为人！"随后，他把儿子的遗骨妥善埋葬。

阿司杜阿该斯在惩罚哈尔帕哥斯之后，又回头考虑如何处置大难不死的小外孙居鲁士。他又把以前解梦的祭司召来。祭司在听到事情的经过后，对国王进言道："如果这个孩子还活着并没有什么预谋成为国王的话，陛下就应当欢喜，而不必为这个孩子担心害怕了。因为他不会第二次成为国王。即便他在游戏中当过国王，那也是应验了您的梦兆。至于这个孩子，我们的意见是，不要留他在您身边，把他送到他亲生父母那里去。"国王心生欢喜，马上派人把居鲁士护送到了波斯。

居鲁士回到波斯时，父母惊喜而亲切地接待了他。他们原以为这个孩子生下来就死于非命了。于是，他们就问孩子是如何得救的。居鲁士说，直到那时，他对这件事一无所知。从米底回来的路上，才有人把他的全部不幸遭遇告诉他。他对养父母赞不绝口，尤其是他的养母斯巴哥。他父母听到这个名字，为了让波斯人相信居鲁士得救是因为特别的神意，他们宣传说，居鲁士被遗弃后，曾受到母狼抚养。

（二）扬眉吐气：里应外合灭米底

在波斯优裕的家庭环境中，居鲁士渐渐长大，他一表人才，是同辈中最神武、最有声望的青年贵族。而哈尔帕哥斯从来没有忘记国王的杀子之仇。但像他这样一介臣下，如果没有得力的外援，绝无成功之望，反倒会引来灭门之祸。所以，他表面上依然对国王特别恭顺，而暗地里一直在积蓄力量，密谋把国王推翻。一方面，他与冈比西斯一家过往甚密，与居鲁士结成忘年交；另一方面，他暗地里联络那些受过国王屈辱对待的米底权贵，并说服他们拥戴居鲁士，废黜国王阿司杜阿该斯。

一切准备好之后，哈尔帕哥斯便想通知居鲁士，让他尽快起事。由于米底和波斯之间的道路受到国王密探的监视，哈尔帕哥斯写了一封密信,把它放在一只割开肚子的兔子里,再把它照旧缝好。然后,他把这只兔子交给他最忠实的奴隶,让他打扮成带着猎网的猎人,到波斯给居鲁士送野兔,并嘱咐他要让居鲁士亲手验看,而且不许别人在场。

居鲁士接到哈尔帕哥斯的密信以后,便考虑如何着手把波斯人发动起来造反。于是,居鲁士凭其贵族身份把波斯10个部落的青壮年召集起来,宣读他自己伪造的纸卷,说国王阿司杜阿该斯任命他为波斯人的将军。他当场下命令,让波斯人都回家把镰刀带来。当全体波斯人遵照他们所接到的命令,拿着镰刀集合起来时,居鲁士带领他们来到一大块长满荆棘的土地上,命令他们在一天之内把这块土地开垦出来。他们如期完成,自然也累得精疲力竭,躺到地上不想再动了。居鲁士又下达了第二道命令,让他们第二天沐浴后到他家里去。居鲁士这时把家里所有的绵羊、山羊、牛赶了过来,让人屠宰了。第二天,波斯人来到居鲁士处,坐在草地上尽情饮宴,着实享受了一顿前所未有的美餐。许多人真心感谢上天待己之不薄。宴会接近尾声时,居鲁士见时机已成熟,就站起来高声问道:"今天的感受和昨天的感受相比,你们最喜欢哪个?"大家都由衷地说,二者差别太大了,昨天带给他们的一切都是痛苦,而今天带给他们的一切又都是快乐。居鲁士乘机借题发挥,坦白了自己的心事:"如果你们愿意听我的话,你们就可以享受类似的无尽幸福,否则你们就会受昨天那样的无尽痛苦。波斯人在任何方面都不比米底人差,为什么要遭受他们奴役?你们应该毫不犹豫地站起来反抗阿司杜阿该斯,争取独立、自由和幸福。"

波斯人早就对米底人的统治心存不满了。在米底王国,波斯人虽说和米底人同根同种，但处于二等公民的地位。波斯人每年都要向米底国王交纳赋税，而米底人则享有免税特权。更让人愤愤难平的是，波斯人若在大街上遇到米底人，一时无法躲开，则须吻其面颊，以示地位低。如果身份相同，他们则不讲话，而是互相吻对方的嘴唇。如果二人身份相差甚远，波斯人就要拜俯在米底人面前。凡此种种，波斯人早就憋了一肚子火。现在既然有了领袖，他们自然乐于听从。他们决定铤而走险，跟随居鲁士大干一场。

阿司杜阿该斯听到居鲁士的所作所为后，即刻调动米底军队，力图扑灭这场叛乱。他毫不犹豫地让哈尔帕哥斯担任三军统帅，他只知道哈尔帕哥斯多年来始终毕恭毕敬，全然忘记了杀其儿子的残酷惩罚，也全然不觉哈尔帕哥斯内心深处的仇恨。战事结果可想而知。哈尔帕哥斯率领军队和波斯人两军交锋之际，只有一部分未曾参与密谋的米底人奋力作战。哈尔帕哥斯一干人竟然公开在阵前与波斯人会师了，而大部分米底人都故作害怕的样子临阵脱逃了。

阿司杜阿该斯闻讯怒不可遏。他立刻派人把解梦的祭司杀了。他重新集结军队，亲自挂帅，与波斯人决一死战。这次仍然是米底军队大败，连他本人也沦为外孙居鲁士的俘虏。哈尔帕哥斯来到国王跟前，再也不点头哈腰，而是非常神气地将其嘲弄一番，总算出了一口恶气。国王听罢，一面后悔自己看走了眼，一面义正词严地斥责哈尔帕哥斯因为个人恩怨竟然不顾民族大义，让做奴隶的波斯人翻身成为主人。说归说，宽厚的居鲁士并没有把外祖父如何，而是奉养在宫中，终其天年。而哈尔帕哥斯依然得到居鲁士的信任，成为波斯帝国的开国元勋。

公元前550年，居鲁士率领波斯军队攻入米底首都哈马丹，将掠到的黄金、白银和其他财宝作为战利品运回波斯。从此以后，伊朗阿契美尼德王朝代替了米底王国。该王朝是由波斯人建立的，史称波斯帝国。经过几代国王开疆拓土，波斯帝国成为人类历史上第一个横跨亚非欧三大洲的大帝国。

（三）民族基因：波斯崛起的条件

历史就是这样，貌似偶然的事件背后蕴含着许多必然的因素。波斯民族能够在诸多民族中脱颖而出，一跃而成为众多民族的统治者，也必然有其合理因素。

首先，波斯民族历经苦难，在困境中奋进崛起，形成了质朴、尚武、诚实的优良传统。自迁入伊朗高原以来，波斯人先是在亚述、乌拉尔图和马纳的逼迫下，由西北迁向西南，居于安善地区。他们先臣属埃兰，后又受米底人的统治，几乎没有扬眉吐气的好日子。但波斯人卧薪尝胆，励精图治，为美好的未来做着准备。波斯人重视教育，他们教给自己儿子的只有三件事：骑马、射箭、说老实话。他们认为，不能做的事情，也是绝对不许讲的，而说谎是世界上最不光彩的事情。诚实莫过于波斯人。子嗣众多在波斯人看来是男性仅次于勇武的一大美德。他们认为人多力量大，每年国王都把礼物送给子嗣最多的人。

其次，波斯人非常重视和善于交往，善于在交往中学习其他民族的长处。他们有一种观念：最尊重离他们最近的民族，认为这个民族仅次于他们自己。离得越远，尊重的程度也就越差。他们认为自己在一切方面比所有其他民族都要优越得多，离他们越近，就越优越。离他们最远的，肯定是最差的人类。这种观念是交往的结果。只有在交往中，才能相互了解和沟通，才能发现对方的优势和长处。这种观念培养了波斯人的自尊心和自信心，但没有导致他们夜郎自大。波斯人特别善于向其他民族学习，他们认为米底人的衣服漂亮，就穿米底样式的衣服。他们看到埃及的铠甲坚固优良，作战时就穿埃及样式的铠甲。总之，只要他们认为是美好的事物，立刻拿过来变成自己的东西。

此外，波斯人还有许多良好的风俗习惯。他们信奉祆教，但不供奉神像，不修建神庙，不设祭坛，认为搞这些名堂的人是愚蠢的。他们集体观念很强，祭祀时不允许奉献牺牲的人只为自己祈祷，而应该为国王和全体波斯人祈福，因为个人必然在全体波斯人当中。他们特别讲究洁净，不许当着别人的面呕吐或小便。波斯人如果得了癞病，就不能进城或跟其他人交往。外邦人得了癞病就得离开本地。他们对河非常尊重：他们不会向河里小便、吐唾沫或者在河里洗手，也不允许任何人这样做。他们认为负债是极不光彩的事情之一，因为负债的人不得不说些谎话。他们的孩子在5岁以前不能见到父亲，而只能和母亲生活在一起。因为孩子一旦夭折，父亲便不会有亡子之痛了。波斯人的刑罚并不严酷，即便国王也不能因为某人犯了一个错误而把他处死，任何人都不能以不予治疗的方式来惩罚下人的罪过。波斯人也很重孝道，没有人杀死自己的父母，他们认为这是无法置信的事情。如果此事发生了，他们就确信干这事的肯定是私生子或假儿子。正是这些优良的传统美德给波斯人打上了深深的印记。波斯文明在诸多民族文明中独树一帜，熠熠生辉。

波斯帝国的建立，标志着伊朗历史新纪元的开端。从此以后，波斯在文化上、地理上、政治上都形成了一个持续独立的国家民族实体,历经沧桑却未曾中断地传承下来。

回首此前伊朗的历史,或许给人们许多启迪和思考:适宜的自然环境为早期人类的活动提供了必要的前提条件。从远古时期,伊朗就散布着原始人的零星活动。尽管生产力发展水平相当低下,但人们已经发生了相当广泛的交往:交换物品,交流思想,传播技术。然而,早期的原始文明突然衰落了。通过现代考古技术,那些遗址才告诉我们曾经存在的文明。年代越久远,失落的东西就越多。我们所能看到的,只是影影绰绰的远景。

在伊朗高原的边缘,两河流域的近旁,因交往而得以发展,因交往而得以记载的埃兰文明给我们提供了相对更多的资料。交往越发达越容易摆脱地域的限制。埃兰得天独厚的地理位置,使它担当起了伊朗高原与两河流域文明交往中介的角色,埃兰本身也创造了灿烂的文明。当伊朗高原其他原始文明衰落之际,它则发展壮大起来,成为伊朗文明史上不可或缺的一页。

波斯人迁入伊朗高原时,还是相当落后的蛮族。他们在亚述等族的逼迫下向西北地区、西南地区迁徙。他们一旦在法尔斯、安善站稳脚跟,便以他们原有的质朴和勇敢,加以开放的胸襟和善于向他人学习的精神,很快崛起。波斯人乘米底之余烈,吸埃兰之精华,以高昂的精神建立了一个崭新的国家。不是历史格外垂青波斯人,而是波斯人树立了开放、宽容、自觉、进取的理性精神,符合文明交往发展的规律。

察源知流,见微知著。波斯人借此建立了功盖当世、垂范青史的伟业。

第二章
蒸蒸日上：波斯帝国的强盛

一、东征西讨：居鲁士大帝的文韬武略

（一）吕底亚：来自小亚细亚的报复

居鲁士推翻了米底王朝的统治，取而代之。这引起小亚细亚强国吕底亚的极端重视和高度警惕。吕底亚本是小亚细亚的小国，都城是萨第斯。由于地缘关系，吕底亚人与小亚细亚的希腊移民有着广泛密切的交往。到第五代国王克罗伊斯时，吕底亚已成为小亚细业的强国。克罗伊斯是第一个征服了小亚细亚所有希腊人的吕底亚国王。他征服了哈里斯河以西的大部分地区，迫使一些希腊人向他纳贡，并且和另外一些希腊人结成了联盟。

吕底亚与米底王国以哈里斯河为界，吕底亚国王与米底国王还有着传统的密切关系。米底国王库阿克萨雷斯在位时，一支游牧的斯基泰人因本部发生骚乱而遁入米底境内，米底国王把他们作为请求庇护的人予以妥善安置。为表示对斯基泰人的重视，库阿克萨雷斯还把一些孩子委托给他们，以便向他们学习语言和射术。斯基泰人经常打

猎，把野味献给米底国王。可是，他们有一天竟什么也没猎到。脾气暴躁的米底国王非常粗暴地对斯基泰人进行了惩罚。斯基泰人对此怀恨在心，暗地里把库阿克萨雷斯托付给他们的一个米底孩子大卸十八块，把他的肉块像野兽的肉一样烹调好，当作野味给库阿克萨雷斯送去了。随后，这伙斯基泰人便投奔吕底亚国王了。米底国王和他的客人把烹调的"野味"吃完以后，才知道事情的真相，一时怒发冲冠，率兵点将杀向吕底亚，要求把这帮斯基泰人引渡回来，吕底亚国王拒绝了。于是，双方为此大战了5年。

在第六个年头的一次会战中，发生了日食，米底人和吕底亚人深感恐惧。双方停止战争，达成和平协议。为了加深友谊，确保和平协议生效，吕底亚国王把自己的女儿嫁给了米底国王的太子。他们在结盟时，举行了严肃隆重的仪式，分别在各自肩臂上割伤一块，相互吮吸了对方的血。所以，吕底亚国王克罗伊斯是米底国王阿司杜阿该斯的岳父，两国是血盟友邦。对于米底王国，克罗伊斯时刻想着为女婿报仇，阻止居鲁士进一步强大。国之大事，在兵与卜。克罗伊斯在国家大事的重大决策上，决定求助于神的启示。于是，他派人到各地著名的神庙献祭问卜，请示他是否可以进攻波斯人。克罗伊斯为了检验各地的神谕是否灵验，指示使者们：从他们动身的那一天算起，到第一百天的时候，他们再去请示神谕。问它们吕底亚的国王此刻正在做什么。据说，在著名的德尔斐神庙，吕底亚使者一进去，神谕祭司就说了几句六步格诗：

　　我能数沙，我能测海；
　　我懂得沉默并了解人的心思。

> 硬壳龟的香味触动了我的心，它和羊羔肉一同在青铜锅里煮着。
> 下面铺着青铜，上面盖着青铜。

当使者陆续回来后，克罗伊斯翻阅了所有记下神谕的文卷。他只对德尔斐的神谕最满意、最信服。因为在约定那天，他亲手拿来一只乌龟和一只羊羔，把它们切成碎块，一起放在青铜锅里煮，上面还盖了一个青铜盖子。

克罗伊斯相信了德尔斐神庙的神谕，决定进行大规模奉献以取悦那里的神。他向所有的吕底亚人下令，要求他们倾其财物向神奉献。他奉献了3000头牲畜用于祭祀，焚烧了堆积如山的金银丝衣等祭品。他还熔化了大量黄金，制成117条金条和一尊重达10塔兰特（按古代两河流域的度量衡，1塔兰特约为30.3公斤，按古希腊的度量衡约为26公斤）的纯金狮像，连同其他的金银礼品，一并送给了德尔斐神庙。为表示虔诚，克罗伊斯把妻子的项链和腰带都献纳了。投之以桃，报之以李。德尔斐神庙把请示神谕的优先权、免税权、在祭日中占首席的特权都给了克罗伊斯和吕底亚人。

克罗伊斯诚心已表，就遣使向德尔斐神庙请示，卜问他是否可以与波斯人作战；如果可以，他是否可以寻求同盟军。德尔斐的神谕预言说，如果克罗伊斯进攻波斯人，他就可以灭掉一个大帝国，并忠告他在希腊人中找一个最强的同盟。克罗伊斯接到的神谕说：

> 一旦有一匹骡子变成米底国王的时候，
> 那时你这两腿瘦弱的吕底亚人就要沿着沿岸多石的海尔漠斯河逃跑了。

> 快快逃跑吧，也不要不好意思做一个卑怯的人物吧。

克罗伊斯听到这个神谕，欣喜若狂。他认定一匹骡子是绝不可能成为米底国王的。于是，他开始筹划进攻波斯。经过仔细调查和谨慎考虑，克罗伊斯认为斯巴达人是当时希腊最强大的民族，因为他们已经征服了伯罗奔尼撒半岛的大部分地区，完全可以与之结盟，于是派遣使者到斯巴达去了。斯巴达人热情地欢迎使者的到来，并与吕底亚缔结了同盟。这是因为克罗伊斯有恩惠施于斯巴达人。斯巴达人曾派人到吕底亚首都购买黄金，以装点阿波罗神像。克罗伊斯闻讯后，把足数的黄金作为礼品送给了斯巴达人。斯巴达人一直记着这份情谊。再者，克罗伊斯在全体希腊人中，特地选择他们做盟友，使斯巴达人感到特别骄傲，表示乐于听从吕底亚国王的命令。

克罗伊斯自认为准备停当后，便率军杀向卡帕多奇亚。这是叙利亚人居住的地方，原是米底王国的臣属。克罗伊斯为出师有名，打出了为米底国王报仇复国的旗号。其实，他是想把卡帕多奇亚并入吕底亚的版图，并进一步打垮居鲁士和他的军队。克罗伊斯出师之前，吕底亚智者桑达尼斯曾直言进谏说："国王啊，您所要进攻的波斯人一无所有。他们以皮制衣，以水代酒，土地荒瘠贫苦，没有任何美好华贵的东西。您即使把他们征服了，也得不到什么。万一不胜，您的损失可无法估量啊！"克罗伊斯正陶醉在预想的胜利之中，哪里能听得进去？

克罗伊斯率军渡过哈里斯河，进入卡帕多奇亚。入境后，吕底亚军队便大肆放纵起来，他们攻占城市，蹂躏土地，掠民为奴，侵占他人家园，把与他们无冤无仇的叙利亚人弄得苦不堪言，民情激愤。这时，居鲁士也集结了一支军队前来迎战。沿途居民听闻吕底亚军队的暴虐行径，纷纷加入居鲁士的军队。双方在普特里亚相遇，马上展开激烈的战斗。双方伤亡都非常惨重。夜幕降临，仍未分胜负。双方各自收兵，回营扎寨。

克罗伊斯回营之后，便萌生了一个新的想法。他的将士数量比居鲁士的少，一仗之后，胜败未分，再打也占不了多大便宜。第二天，居鲁士没来进攻。克罗伊斯决定回师萨第斯，打算按照协定取得盟友埃及人、巴比伦人和斯巴达人的帮助。等这些援军一到，他再重新组织向波斯进攻。可是，克罗伊斯不懂兵贵神速，一回到萨第斯，就派使者去求援兵，但让他们5个月后到萨第斯集合。克罗伊斯似乎忘记了大兵压境的居鲁士，竟把手下不属于本族的雇佣兵全部遣散了。

居鲁士打探到这一消息之后，决定在克罗伊斯重新集结军队之前进攻到萨第斯。居鲁士的行动完全出乎克罗伊斯的意料。他认为在胜负未分的情况下，居鲁士不会主动向他进攻。大敌当前，吕底亚人只得仓促应战。不过，在小亚细亚，吕底亚人是非常勇武好战的民族。他们善于在马上作战，马术枪术都非常高妙，打败他们也绝非易事。

两军在萨第斯城前的平原上摆开了战场。看到吕底亚人所列的阵势，想到他们马队的威力，居鲁士也不由心里发怵。这时，随军的米底人哈尔帕哥斯献上一计。他建议把所有运输军粮物资的骆驼集中起来，货物卸下，然后让士兵打扮成骑兵骑上去，走在最前面，其后跟步兵，步兵之后是真正的骑兵。这样做的原因在于：马是害怕骆驼的，看到骆驼或嗅到骆驼的气味就受不了，以此来破坏吕底亚骑兵队的威力。两军一接触，吕底亚的骑兵队的马见到骆驼、闻其气味便回身逃窜。吕底亚人的优势一下化为乌有。事已至此，勇敢的吕底亚人便跳下了马来徒步和波斯人作战。双拳难敌四手，恶虎还怕群狼。吕底亚人终于抵挡不住，败回城内，坚守不出，同时派人去盟国请求紧急支援。

萨第斯城池坚固，居鲁士的大军围攻了14天，仍未攻下。居鲁士正在一筹莫展，他的手下将领叙洛伊阿戴斯前来献计。原来，萨第斯的一段城墙对着的特莫洛斯山，非常陡峭。吕底亚人在此处防守薄弱，认为波斯人绝对爬不上来。但前一天，叙洛伊阿戴斯看到一个吕底亚人从绝壁上下来拾取从城墙上掉下来的铜盔。于是，他建议夜间由此处偷袭。是夜，叙洛伊阿戴斯带着一支突击队从悬崖处偷偷地爬了下去。等到哨兵发现他们，早就为时已晚。城门被打开，波斯人一拥而入。萨第斯就这样被攻克了，全城遭到洗劫。

攻占城池前，居鲁士晓谕全军，一定要生擒克罗伊斯。但波斯人没几个认识克罗伊斯。再说，克罗伊斯有个哑巴儿子，但其他方面都很好。克罗伊斯曾为治疗他的儿子想尽办法，最后去希腊的德尔斐神庙请示神谕，神谕说：

生而为吕底亚的众民之王，你这非常愚蠢的克罗伊斯啊！
不要希望和请示在你的宫廷里听到你儿子的声音吧；
你的儿子若像先前一样的哑巴那会好得多；
你第一次听到他讲话时，那将是不幸的一天。

城池被攻陷之际，一个波斯人挺枪向克罗伊斯冲过来。受到失败的沉重打击，克罗伊斯心灰意冷，彻底绝望，早已置生死于不顾，根本不理会谁来要他的命。情急之下，他的哑巴儿子竟大喊一声："请不要杀克罗伊斯！"从此以后，他的儿子就会讲话了。

就这样，统治吕底亚14年、坚守萨第斯14天的克罗伊斯被波斯人俘虏了。盛怒的居鲁士命人架起大堆柴火，把克罗伊斯弄到上面，要将其烧死。面对即将来临的死亡，克罗伊斯想起了先前和梭伦的谈话，不由长叹一声，连呼梭伦的名字。

希腊和小亚细亚地缘毗邻，小亚细亚沿海有许多希腊人的殖民城邦臣服于吕底亚。吕底亚人和希腊交往很为广泛频繁。希腊本土雅典的著名政治家、哲学家、曾进行过举世闻名的"梭伦改革"的执政官梭伦，任满后周游列国，也来到了繁荣富强、如日中天的萨第斯。克罗伊斯久闻其名，热情接待，并引导客人参观了他富丽堂皇、应有尽有的宝库。之后，他得意地问梭伦："您智慧高超，见多识广，迄今为止，您所遇到的人谁最幸福？"他原以为梭伦会说他是世界上最幸福的人。但梭伦告诉他，雅典人泰洛斯最幸福。因为他生逢其时，城邦强盛。他家道厚实，儿女满堂，享尽人生的安乐。最后，他为国捐躯，战死在沙场，又获得了国葬的殊荣。

克罗伊斯又急切地问，除泰洛斯之外，谁最幸福。他想这回该轮到自己了吧。但梭伦说，阿戈斯的克利奥比斯和比顿兄弟俩最幸福。他们生活在富裕的家庭，体格健壮，曾在奥林匹克运动会上获奖。他们的孝行名扬于天下。有一次，神庙举行祭典，他们的母亲一定要乘牛车去参加，可牛还在田里干活呢，于是兄弟俩把车架在肩上，把母亲拉了45斯塔迪昂（约合8325米）的路程送到了神庙。全体来朝拜的人都亲眼看见了这一切。献祭并参加圣餐后，兄弟俩就睡在神殿里，再也没有醒来。阿戈斯人认为他俩是极为优秀的人物，就为他们立了像，尊放到神庙里。

克罗伊斯见还轮不到自己,大为恼火。你梭伦怎么不把我的幸福放在眼里,难道我还不如普通人?梭伦意味深长地说:"漫长的人生容易使人体验到很不喜欢的东西。天有不测风云,人有旦夕祸福。一个人只有幸福地结束了生命,才算得上幸福。不管什么事情,都要看到它的结尾。没有一个人十全十美,他们拥有某种东西,也会缺少某种东西。拥有最多的,只有保持到最后,安乐地寿终正寝,才可谓之幸福。而实际上,神往往只叫人看到幸福的影子,然后把他推向毁灭的道路。"

克罗伊斯听罢,心里颇不以为然,认为梭伦是忽视眼前幸事的大傻瓜。而今,克罗伊斯面对着国亡家破的结局,看到眼前即将燃起并吞噬自己生命的烈火,不禁感慨万千,连呼梭伦的名字。

居鲁士不懂克罗伊斯说的是什么,忙问翻译。翻译急忙来到克罗伊斯近前,询问缘由。人之将死,其言也善。克罗伊斯叙说了与梭伦的这番对话,并表示宁愿付出更大的代价,让所有国王受到教益。居鲁士听罢,颇受启发,命人赶紧把火堆上的克罗伊斯解救下来。

克罗伊斯定下心神,四周眺望,看到波斯人正在劫掠吕底亚人的城市,不禁感到揪心般的疼痛。他问居鲁士:"国王啊,那边的大群人在忙忙碌碌地做什么?"居鲁士说:"他们正在掠夺你的城市并拿走你的财富。"克罗伊斯说:"这不是我的城市,也不是我的财富。他们正在掠夺您的财富啊!"居鲁士闻听,大为震动,急命停止抢夺,发榜安民。

居鲁士对克罗伊斯的忠告非常赞赏,问他希望得到什么赠品。克罗伊斯说,正因为神谕的鼓励,他才向波斯人开启战端,结果落了个如此下场。他想去责问德尔斐神庙,希腊的神对这一结果是不是感到可耻，是不是惯于干这种忘恩负义的事情。不久，德尔斐神庙传回话来，说克罗伊斯没有任何权利抱怨神谕。神谕告诉他攻打波斯人会摧毁一个大帝国的时候，如果他确实想知道神的意旨，就应该再派人来问一下这里指哪一个帝国，是居鲁士的，还是他自己的。况且，神谕中的骡子是指居鲁士，居鲁士的父母属于不同的种族，不同的身份。克罗伊斯听后，无话可说，只得怪自己命运不好。居鲁士对克罗伊斯照顾备至，经常让他侍立左右，出谋划策。

居鲁士征服吕底亚后，将其设置为萨第斯和达斯基列亚行省。他留下波斯驻军后，班师回到了哈马丹。居鲁士刚刚离开萨第斯，他所任命的保管吕底亚人所有财富的帕克杜耶斯便公然鼓动吕底亚人叛乱。他用手中的大量黄金招募了一支军队，把萨第斯的波斯驻军围了起来。居鲁士闻讯，委派他的将领米底人玛扎列斯回师吕底亚。未经交战，叛乱者即闻风而逃。玛扎列斯宣布了居鲁士的命令：任何吕底亚人均不得保存任何武器。要求他们在外衣下穿紧身衣，下身要穿半长筒靴子，教他们孩子弹琴或经营小买卖谋生，这样就改变了吕底亚人的生活方式。从此，他们安居乐业，再未反叛过波斯人。

不久，玛扎列斯病死，居鲁士任命米底人哈尔帕哥斯为统帅。哈尔帕哥斯率军横扫小亚细亚的希腊诸城邦，征服了爱奥尼亚人、卡里亚人、卡乌诺斯人和吕西亚人。与此同时，居鲁士率军东征，征服了东伊朗和中亚地区。他征服了德兰吉亚那、马尔吉亚那、花剌子模、索格底亚那、巴克特里亚、阿里亚、格德罗西亚、粟特、萨塔吉底亚、阿拉科西亚和犍陀罗地区。波斯帝国的东界已经达到印度北部、兴都库什山南部和锡尔河流域。居鲁士在边境修筑了7座城堡，连成一道防线。现在塔吉克斯坦共和国境内的"居鲁士城"，就系当时所筑。200多年后，中亚的斯基泰人曾固守此城，抵御万里东征的亚历山大。

（二）巴比伦：束手待宰的羔羊

经过一番东征西讨之后，居鲁士便把目标转向了眼皮子底下的巴比伦。而此时巴比伦王国正处于内乱状态。公元前562年，巴比伦国王尼布甲尼撒二世死后，国内两大部落迦勒底人和阿拉米人之间爆发了激烈冲突。势力强大的巴比伦祭司集团也频频干政，接连废黜了三位不合己意的国王。公元前556年，尼布甲尼撒二世的女婿——年已65岁的纳波尼德用武力夺得政权，登上王位。纳波尼德出身于阿拉米部落，其父是哈兰月神庙的祭司，他与巴比伦的祭司集团素无瓜葛，甚至大相异趣。纳波尼德称王以后，立即着手进行宗教改革。他信奉阿拉米部落的月神，为之重修庙宇，强迫加沙、埃及边境、地中海沿岸、叙利亚直到波斯湾的百姓为此纳税和服劳役，严重冷落了巴比伦的主神彼勒。巴比伦祭司对此大为不满。他还将巴比伦其他城邦的神像移到巴比伦城，以便得到诸神的保佑。但崇拜别的神就是背弃彼勒，巴比伦祭司对之简直忍无可忍；各城邦祭司因此收入大减，对纳波尼德也是恨之入骨；各城邦居民因其粗暴地蹂躏他们的宗教感情，加重他们的负担而极端不满；各地贵族对于纳波尼德企图加强中央权力，削弱他们的特权也满腹牢骚。纳波尼德很快众叛亲离，四面楚歌。

巴比伦城是坚不可摧、固若金汤的城市。城外有宽阔的护城河，城墙是用开掘护城河时挖出的土烧成的大砖砌成的。筑城者把烧热的沥青当混凝土使用，每隔30层砖加上一层苇席。城市是正方形，周长为480斯塔迪昂（约合89千米）。城墙的四面有100座城门，包括门柱和门楣全是青铜所铸，城墙有内外两重，城墙上建有箭楼和城楼，中间可以跑4匹马拉的战车。然而，再坚固的城池也挽救不了离心离德的巴比伦王的命运。

公元前539年春，居鲁士进军两河流域，巴比伦的古提总督乌格巴鲁投向了波斯军队。居鲁士一路上势如破竹，很快来到金德斯河畔。该河是底格里斯河的支流，也是进攻巴比伦的必经之处。但这条河水流湍急，居鲁士的一匹白马被水流卷走。豪气冲天的居鲁士对这条河流十分愤怒，宣布要打垮这条河的威力。大军停止前进。居鲁士把军队分成两部分，命令军队沿河两岸挖掘180道壕沟来分泄金德斯河的水。居鲁士的威吓实现了，但波斯军队为此付出了一个夏季时间的代价。

渡过金德斯河，波斯大军直逼巴比伦城下。经过一场大战之后，巴比伦人退回城内，坚守不出。他们早已准备了够吃好几年的粮食，根本不把居鲁士的围城放在心上。正在居鲁士无计可施之际，早就对国王心怀不满的巴比伦祭司集团打开城门，手持象征和平的橄榄枝欢迎居鲁士入城。亡国之君纳波尼德被俘后被送往波斯，依然过着养尊处优的生活。

（三）仁政治国：万世帝王之师表

居鲁士是世界历史上口碑最好的古代君主。希罗多德称他为"慈祥的父亲"，色诺芬视他为做人的楷模。亚历山大征服波斯后，亲往居鲁士王陵凭吊。可见，居鲁士的品格让人何等景仰。这也是与他政治上的远见卓识和宽容大度的政策分不开的。征服巴比伦后，居鲁士如同对待吕底亚王克罗伊斯一样,对巴比伦贵族一律优礼宽待。他决不以外来征服者的姿态出现,而是以本土的合法统治者自居。居鲁士的圆柱铭文说:

> 我,居鲁士,世界之王,伟大的王,强有力的王,巴比伦王,苏美尔阿卡德王,天下四方之王。

居鲁士严禁军队烧杀抢掠,明令保护社会安定,维护正常的生产生活秩序。居鲁士尊重被征服地区的宗教和传统,非常善于利用宗教传统的力量来巩固自己的统治。他保护巴比伦彼勒神庙的宗教庆典活动,把以前纳波尼德从各城邦集中来的诸神送回了原地,并派其子冈比西斯二世向彼勒献祭,无微不至地维护巴比伦祭司集团的利益。所以,巴比伦的祭司集团不仅大开城门,把征服者请进来,而且为居鲁士树碑立传,大肆颂扬居鲁士,称他为彼勒所选定的国王,巴比伦人民的救星。巴比伦神庙的铭文记载说:

> 彼勒对所有已经变为一片瓦砾的居住区,对形同枯槁的苏美尔阿卡德人大发慈悲。他在各地到处寻找,在万民中仔细寻找,终于找到了一位真正的王,他亲手挑选的,完全符合心意的人,安善王居鲁士。他促使他进军他的城市巴比伦。
>
> 以他的朋友和同伴的资格前往巴比伦。他的浩荡大军像大江之水川流不息。他使他不经过任何战斗就进入巴比伦城。巴比伦、苏美尔和阿卡德所有的人民、国王和统治者都匍匐在他的跟前,吻他的脚。他们面带喜悦,欢迎他的统治。这君主力能起死

回生，拯救他们于水深火热之中。他们由衷地赞美他，颂扬他的名字。

居鲁士不同于亚述、巴比伦的诸王，他没有实行大规模破坏、杀戮或强制迁徙的政策。他把巴比伦王强制迁走的居民都遣返回故乡。其中，最著名的是，他把尼布甲尼撒二世掠夺到巴比伦来的所有犹太人一律遣返回耶路撒冷，让他们建立一个自治的神权国家。这就是历史上所说的释放"巴比伦之囚"。他还允许他们重修圣殿。《圣经》中保留了居鲁士遣返犹太人的古希伯来文诏令：

> 波斯王居鲁士元年，主实现了他借先知耶利米之口所说的话。他促使居鲁士下诏通告全国："波斯王居鲁士诏令如下：天上的神，主已经立我为全世界的统治者，又责成我为他修建犹太耶路撒冷圣殿。愿神与你们大家，他的子民同在。你们应当去耶路撒冷，重建以色列的神、耶路撒冷的神、主的圣殿。如果他离散的子民需要帮助回国，他们的邻居应该给他们如下帮助：他们应当给他们白银、黄金、一群牲畜以及献给耶路撒冷圣殿的祭品。"

阿拉米文本诏令如下：

> 居鲁士王元年，居鲁士王下诏重建耶路撒冷圣殿作为献祭之处。圣殿要高27米，宽27米。墙要用三层石料，再用一层木料建成。所有的经费都应当出自王库。还是尼布甲尼撒王焚毁耶路

撒冷圣殿的原地方。

当时，被遣返回乡的还有腓尼基人、埃兰人等民族。弱小的犹太人自从被掳至巴比伦那天起，就企盼着有朝一日重返家园，修复圣殿。犹太人始终保持着自己的传统，预言耶和华将派遣救世主弥赛亚来拯救犹太人。居鲁士让犹太人实现了重返家园、恢复故国的梦想，他们真是喜从天降。千百年来，犹太人一直把居鲁士作为犹太人的救世主"弥赛亚"世代传颂。

居鲁士的仁政使他赢得了巨大的威望。原属巴比伦的各城邦纷纷来到巴比伦，纳款来降。腓尼基人把他们的战船交给居鲁士，任由他调遣，波斯水军实力大增。居鲁士把叙利亚、腓尼基和巴勒斯坦并入巴比伦，成立了一个庞大的巴比伦尼亚省。居鲁士安顿完毕后，班师回到首都哈马丹。

（四）草原之争：征服者的陨落

回到首都不久，习惯于征战生活的居鲁士又坐不住了。他又计划征服在里海东岸那片一望无垠的大草原上的中亚游牧部落——马萨格泰人。马萨格泰人属斯基泰人的一支，他们与斯基泰人有着相同的生活方式，甚至衣着都一样。马萨格泰人勇敢剽悍，在马背上能征善战。他们富有黄金和青铜，所有的武器都是青铜做的，所有的铠甲、马具和装饰品都是用黄金做的。他们没有铁和银，也从来不使用铁和银。他们的婚姻还处于初期的对偶婚状态。马萨格泰人的一些习俗，现今在我们看来很野蛮，很血腥。如果一个人活到了很大年纪，等待他的不是寿终正寝地在床上死去，他的族人会全部集合起来，把他连同家畜一同屠杀，然后一块儿煮他和家畜的肉，大摆宴席，隆重庆贺。他们认为这是死者最高的幸福。如果一个人是病死的，他们不会被吃掉，而是会被埋到土里。如果没有人活到被杀的年纪，他们会认为这是不幸的事情。他们从不种植任何作物，但已经驯养家畜，并以捕鱼为生。马萨格泰人崇拜太阳，用马来献祭。他们认为，只有人间最快的马才能配得上诸神中最快的太阳。对付这种原始野蛮、剽悍好战的游牧民族，居鲁士自然凶多吉少。但居鲁士对胜利还是充满信心的。一是他曲折传奇的生活经历，使他相信自己受诸神眷顾，天命在兹，不是凡人。二是他在此前的所有战争中攻无不克，战无不胜。无论出征哪一个国家，那个国家的统治者就一定逃不出他的手掌心。

这时候，马萨格泰的统治者是一个叫托米丽司的女王。她丈夫去世后，她即位为王。为了出师有名，居鲁士决定先礼后兵。他先派人去马萨格泰人那里向女王托米丽司求婚。醉翁之意不在酒，托米丽司知道居鲁士打的是她的江山社稷的主意，干脆对波斯人拒不接见。居鲁士见此计不成，就率大军开抵药杀水（今锡尔河），公开表示要进攻马萨格泰人。为了渡河作战，居鲁士命人在河上架起浮桥，并在浮桥上修筑舫楼。

托米丽司看到一场大战在所难免，便派使者向居鲁士传达她的口信："波斯人的国王啊，不要忙着干你打算干的这件事，因为你不知道这事对你是不是真有好处。请满足于和平治理你自己的王国，并容忍我们治理我们所统治的人。可我知道，你是肯定不会听这个忠告的。因为如果平静无事，你是待不住的。如果非得和我们兵戎相见的话，你也不用费力架桥了。要么我们从药杀水向后退三日的路程，然后你率军渡河到我的国土上来作战；要么你从药杀水后撤三日的路程,让我们渡河去你那边作战。"马萨格泰人驰骋称雄于大草原上,不把居鲁士的大军放在眼里,只想尽快投入战斗,一决胜负。

听到这个建议,居鲁士就把军中的将领、谋士召集起来,商讨对策。所有人都赞成让托米丽司渡河过来打,只有参加这次会议的吕底亚人克罗伊斯不同意这个意见。他富有哲理地说道:"国王陛下,既然诸神把我交到您的手里,我将竭尽全力使您避免任何凶险事情的发生。人贵有自知之明。如果您自以为自己并非凡人,您的军队也是天兵天将的话,那您完全可以不把我的忠告放在眼里。如果您觉得自己还是一介凡人,您统率的军队也是普通常人的话,那就请您记住——人间的万事万物都像在车轮上一样,车轮的转动决定是非成败无不在变动之中。一个人不可能永远幸福下去。就目前这件事情来看,我和您的其他顾问意见不同。如果您同意让马萨格泰人渡河来这边作战,那您冒的风险可就大了。可以肯定,如果马萨格泰人战胜了,他们不会就此善罢甘休,而是向您的帝国的所有地区进军,那您的帝国也就完了。如果您战胜了,战果也不如您渡河作战胜利那样大。因为在那边,您战胜了可以乘胜追击,扫灭其国。在这边战胜了,也只能望河兴叹,给马萨格泰人喘息恢复的机会。且不说这些,如果您战她不胜,从她的领土退下来,无功而返,也不是无法容忍的可耻之事。按我的想法,我们还是渡河过去,一直推进到他们所退的地方,然后再想办法制服他们。我听说,这马萨格泰人原始野蛮,生活艰苦,从来没见过我们生活中使用的好东西,也从来没有吃过我们的美味佳肴。如果我们在营地里给他们备下大量的醇酒美味,留下一部分老弱残兵,我们的精锐部队撤回来。我想,如果他们看到那些美酒珍味,会忘掉一切尽情吃喝的。等他们吃得胀胀的,喝得醉醺醺的时候,我们再出兵击之，大功就告成了。"居鲁士听罢，深以为然，决定采纳克罗伊斯的建议。他派人回复托米丽司，要她后撤，居鲁士本人决定渡河作战。从这件事上，他也看到克罗伊斯足智多谋，忠心耿耿，就把王储冈比西斯托付给克罗伊斯，让他好好辅佐幼主。同时，严命冈比西斯尊敬和厚待克罗伊斯，并把两人送回了波斯首都。居鲁士做了上述安排之后，就率大军渡河了。

居鲁士渡河以后，照克罗伊斯的计策行事。他把军中的老弱残兵留在营地上，自己带着精锐部队退回了药杀水。不久，马萨格泰人大约 1/3 的军队进攻居鲁士的营地，把留守的那部分军队消灭了。他们消灭敌人以后，看到准备好的盛宴，不由分说就坐下来大饮大嚼，开怀畅饮。酒足饭饱之后，这些马萨格泰人毫无戒备地完全进入梦乡。居鲁士率军返回，把那些失去警觉和战斗力的马萨格泰人悉数捉拿，反抗者就地处死。被俘的人中，就有马萨格泰人的统帅、托米丽司的独生子斯帕尔迦披西斯。

托米丽司听到她的儿子及军队的遭遇，就派使者到居鲁士那里，对他说："嗜血无度的居鲁士，不要因为这次胜利而得意忘形。酒是乱性的毒药。你们正是用这种毒物陷害我们，而不是在公开的战争中堂堂正正地通过战斗决一胜负。所以，你胜得并不光彩。现在，我警告你，把我的儿子送还便可以不受惩罚地离开。你已经消灭了我们 1/3 的军队，也应该知足了。如果你不这样做，那我对着马萨格泰人的主人太阳起誓，无论你多么嗜血如渴，我一定叫你把血喝个饱！"

居鲁士自然不会把她的这番狂话放在心上。再说斯帕尔迦披西斯酒醉醒来之后，发现全军覆没，他自己也被波斯人活捉，双手倒绑，不禁羞愧难当。他假装请求波斯人给他松绑，然后趁机伏剑自杀了。

托米丽司听到消息，悲愤至极，倾其全国兵力要和居鲁士决一死战。这场战斗空前惨烈。双方军队先是相互射箭。箭射完了，双方军队就猛冲下去用枪、剑等武器进行殊死拼杀。谁都要取得胜利，谁也不想退却。就这样，双方厮杀了很长一段时间。最后，马萨格泰人获胜，大部分波斯士兵战死在战场上。托米丽司终于为儿子报了仇。她在尸体中找到了居鲁士，把他的头颅割下来，放到了一只盛满人血的革囊里，恶狠狠地说："你曾用奸计害了我儿子，现在你战败了，我们还活着。我兑现了我的誓言，用血泡着你的头，就喝个痛快吧！"

另有史书记载：在双方激战中，居鲁士身负重伤，3天后死于营中。他的尸体被运回波斯，葬于故都帕萨加迪王陵。色诺芬记载，居鲁士终老于床榻之上，临终前折箭为喻，告诫他的两个儿子要团结一心，不得骨肉相残。据亚历山大的部将、随从说，公元前4世纪末，亚历山大东侵波斯时，曾凭吊居鲁士。居鲁士的遗体仍安然静躺在帕萨加迪王陵的金棺之中。居鲁士的陵墓至今仍然屹立在帕萨加迪遗址的荒丘之中，寂然无语。

大江东去，浪淘尽，千古风流人物。斯人早逝，伟业长存。居鲁士的光辉业绩一直为后人赞叹景仰。徘徊在2000多年前的遗址中时，深思的人们会得到什么启示呢？

（五）时势造英雄：文明交往视野下的波斯大帝

人类历史是一部不断突破闭塞状态，不断走向外部世界的交往史。为了生存和发展，人们总是力图把交往扩展到周围地区，乃至其心目中的世界。居鲁士就是人类文明交往史上的一位伟人。

时势造就英雄。从某种程度上讲，时势乃是一个国家或民族的内外部交往的状况。波斯人历尽艰辛，逐渐移居到法尔斯地区。到居鲁士时，他们虽然一直受外人的奴役和压迫，但已经形成了初步的民族认同感，开始以波斯人作为一个整体的利益主体来思考自身的处境。居鲁士应运而生。他把尚没有形成一个紧密整体的10个波斯部落统一起来，形成一股足够强大的力量，推翻了米底人的统治。从此，波斯人不仅成为自己的主人，而且成为诸多民族的主人。仅此一功，足以名垂青史。因为这对波斯民族以后的生存和发展起了至关重要的作用。数千年过去了，我们再去审视当时西亚舞台上活跃着的诸多民族的时候，有哪一个民族一直繁衍生息到今天呢？只有波斯等几个民族。简而言之，居鲁士为波斯民族的形成和发展，为波斯民族在以后历史中的交往地位，都奠定了坚实的基础。

居鲁士是波斯帝国的缔造者、开国之君。在原始点状文明交往向奴隶制区域性文明交往演进的过程中，居鲁士以军事和政权的力量，以最常见的战争交往形式，打破了各地区、各民族、各文明中心的相对闭塞的状态，冲破了地缘因素的局限，首次为疆域辽阔的帝国内部交往创造了条件。在同一个帝国境内，各民族、各地区之间的各方面交往都达到了新的高度，各自得到很大发展，这也应归功于居鲁士。

居鲁士是最得民心的古代君主。波斯人拥戴他自不待言。巴比伦祭司为他歌功颂德，犹太人对他感恩戴德，腓尼基人等对他诚心归服。就连以后的古典作家对他也推崇备至，引为万世帝王之师表，千古做人之楷模。原因何在呢？笔者以为，居鲁士的所作所为顺应了历史发展的潮流，自觉不自觉地符合了文明交往的理性原则。

文明交往是多极主体论。各国家、各民族无论大小强弱，都拥有同样的发展权和地位。居鲁士在征服各民族后，不烧杀抢掠，也不强制移民，只是建立臣属的政治交往关系和纳贡的经济交往关系，承认各民族的发展权和地位。

文明交往论是互动沟通论。在历史交往中，各交往主体间是互相沟通的双向或多向交往过程。作为统治民族的波斯人，心胸开阔，善于向其他民族学习。只要是他们认为最好的东西，就拿过来变成自己的。这对于那些故步自封、夜郎自大的人来说无疑是很大的警示。

文明交往所追求的是国家之间、民族之间的平等和谐，是对自身文明的自信、欣赏，是对其他文明的尊重、宽容，乃至赞赏，是对自身文明和异己文明的深刻理解。居鲁士虽信奉祆教，但他保护巴比伦彼勒神庙，遣返犹太人并下诏重修耶路撒冷圣殿，把集中于巴比伦的诸神送回原地，实行宗教宽容政策，充分体现了他对异己文明的尊重和宽容，也因此赢得了千古美名。

因此，从文明交往看，居鲁士确实是空前绝后的贤明政治家。

二、子承父业：冈比西斯一世的统治

（一）远征埃及：一场欺骗引起的战争

公元前530年8月，居鲁士去世，其子冈比西斯二世即位。居鲁士与王后卡桑达涅生育了两个儿子：长子冈比西斯，次子巴尔狄亚。作为王储，冈比西斯从小就受到各种严格的训练，跟随父王东征西讨，学习行军打仗的本领和治国的经验。公元前538年，冈比西斯被任命为巴比伦王，并参加了巴比伦新年宗教仪式。在仪式上，冈比西斯从彼勒神庙祭司手中接过象征王权的纳布神权标志，成为合法的巴比伦王。冈比西斯继承了父王居鲁士的雄心壮志，一心扩大帝国的版图。

当时统治埃及的是雅赫摩斯。他是塞易斯人，出身平民，一次偶然的机会让他成为国王。原来埃及法老阿普里伊在位时，曾派军攻打西顿，并和推罗的国王发生海战。后来，他又派大军去打库列涅，但吃了惨重的败仗。国人对他极为不满，认为法老故意让他们去送死，以便可以更加安稳地统治其他埃及人。于是，将士哗变，公然反抗法老。阿普里伊闻风，忙派他的亲信雅赫摩斯前去安抚，争取将士们回心转意。雅赫摩斯出身卑微，但在军中口碑甚好。有一次，他到军中劝告将士时，一个埃及人把一顶头盔戴在他头上，说这是法老的标志。就这样，雅赫摩斯被"黄袍加身"，并欣然接受。万般无奈，阿普里伊只得率军平叛。毫无疑问，这种以卵击石的做法等同自取灭亡。阿普里伊兵败被俘，雅赫摩斯对前法老优礼有加，但在国人强烈要求下仍然把前法老处死。

雅赫摩斯非常有智谋。他出身低贱，埃及贵族对他甚为蔑视，不予尊重。他运用智谋让臣民心悦诚服，执礼甚恭。原来，他有一个金盆，经常用来给他的客人洗脚。他把这个金盆打碎，铸成一尊神像，放到城里最适当的场所，于是埃及人便常来顶礼膜拜。雅赫摩斯把臣民召集起来，宣谕他们说，这尊神像是用洗脚盆铸成的。君臣们曾用它洗脚、呕吐或者小便，但现在臣民却尊敬它。于是，他借题发挥说，他以前曾是一介平民，但现在是法老了，他命令臣民要尊敬和重视他。

雅赫摩斯勤于政事，敬奉神灵，和希腊人有着和平的友好交往。

据说，雅赫摩斯统治时期是埃及历史上空前繁荣的时代。尼罗河定期泛滥，灌溉了两岸的良田。良田肥沃，粮食丰收，百姓也安居乐业。就在这时，西亚突然崛起了波斯帝国，对其虎视眈眈。

冈比西斯身边有一个宫廷御医是埃及人。他向冈比西斯吹风说，埃及法老有一个有闭月羞花之貌、沉鱼落雁之容的女儿，应该娶来做妃子。冈比西斯马上派使者去埃及求婚。原来，冈比西斯听说埃及医术高超，曾向埃及法老要一名医生。雅赫摩斯千挑万选，把这个人挑中了，并强制送到波斯。这个医生离家别业，妻离子散，对法老雅赫摩斯怀恨在心。出这个主意的目的在于：他知道雅赫摩斯特别钟爱这个独生女儿，视若掌上明珠，决不情愿她远嫁波斯。如果在波斯的压力下答应了，法老心里肯定不舒服。如果不答应，那他就成了波斯国王的敌人，后果不堪设想。这个医生不仅会治人，还会整人。

雅赫摩斯接见了波斯使臣，听明来意后，心中着实烦恼。他很不情愿把女儿嫁给冈比西斯当侍妾。冈比西斯也不打算娶他的女儿做妻子，只会把她当侍妾而已。但是，面对势力强大的波斯，雅赫摩斯又不敢拒绝冈比西斯的要求。绞尽脑汁，雅赫摩斯想到了一个自认为两全其美、万无一失的办法。前法老有个女儿叫尼太提司，长得亭亭玉立、风情万种，是王族唯一留下来的公主。雅赫摩斯把尼太提司找来，好生一番劝慰，把她按照公主的装束打扮起来，当作自己的女儿送往波斯去了。

纸里毕竟包不住火。不久之后，当冈比西斯和尼太提司亲热拥抱，叫她雅赫摩斯女儿的名字时，尼太提司便把真相全抖了出来。冈比西斯听罢，怒火中烧，当下决定进军埃及。

要出征埃及，必须经过叙利亚和埃及之间干燥无水的西奈沙漠。

为此，冈比西斯采纳了别人的建议，向当地的阿拉伯人请教。阿拉伯人和波斯的使臣结盟之后，立刻想出了下面的办法：他们把水装到皮囊里，再让他们所有的骆驼驮着这些水囊，带到无水的沙漠地带，等候冈比西斯的军队。

公元前525年，冈比西斯在阿拉伯人的帮助下通过了西奈沙漠，来到尼罗河三角洲地区。这时，雅赫摩斯已死，其子普撒美提克继承了法老位。军队经过一场激烈的战斗，埃及人溃败下来。随后，埃及首都孟菲斯城投降，埃及国王普撒美提克被俘。

冈比西斯是位性格暴躁、刚愎自用的人。他一反其父居鲁士仁慈宽容的做法，对被俘的埃及法老不是礼遇，而是羞辱。冈比西斯让普撒美提克同其他埃及人一同坐在城外以示对他的轻蔑。法老的女儿被迫穿上奴隶的衣服和其他贵族的女儿一起去扛着水袋打水。这些从小衣来伸手、饭来张口、手不提篮、肩不挑担的贵族女子哪受过这种苦楚？不禁悲痛难忍，哭声震天。当这些女孩子悲泣着从她们父亲面前走过时，那些昔日的王公贵族也无可奈何，也以悲号相应。一时间，哭声一片。唯独亡国之君普撒美提克没有哭，只是低头不语。接着，国王的儿子和2000多名和他年纪相仿的埃及人被送上刑场，也从他们跟前经过。在生离死别之际，埃及人更是放开喉咙大哭，直哭得日月无光、风云变色，连波斯士兵也为之动容。可普撒美提克依然是心如死灰，面如槁木，毫无反应。这时，他突然看到一个过去经常在一起饮酒作乐，而现在已经沦为乞丐的伙伴，正在向波斯士兵行乞。这时普撒美提克终于有了反应，放声大哭起来，拍打着自己的脑袋呼叫着那个乞丐的名字。旁边的哨兵把这事禀报给冈比西斯。冈比西斯对埃及法老的举动感到特别惊讶，就派人去询问他，他的女儿受苦，他的儿子受死时，他都没反应，为什么现在看到一个乞丐就大放悲声。普撒美提克回答，儿女的遭遇，使他的痛苦已经超过了哭泣的程度。现在看到他昔日的伙伴在行乞，一个失去幸福和财富、步入暮年又去行乞的不幸遭遇的人，引发了他的同情之心。

随军远征埃及的克罗伊斯触景生情，联想到自己，也不禁流下两行心酸的眼泪。在场的波斯人也被感染，同情心被激发出来，也陪着掉下眼泪。冈比西斯也动了恻隐之心，下令把法老的儿子从法场解救出来。可是，为时已晚，那个小伙子第一个被砍了头。

但是，普撒美提克总算保住了性命，从此再也没有受到任何虐待。按照波斯对被征服地区的处置惯例，他还是有希望重新成为埃及法老的。然而，普撒美提克并不安分，而是煽动埃及人起来造反。消息传到冈比西斯那里的时候，普撒美提克便被迫喝鸡冠石酒而死。

冈比西斯对雅赫摩斯的欺骗一直耿耿于怀，尽管他已经死了，也决不放过。在从孟菲斯城向塞易斯城进军的过程中，冈比西斯进入雅赫摩斯的王宫，打开雅赫摩斯的陵墓，把他的木乃伊拖出来，先鞭尸，然后拔掉头发，用棒子击打，用各种办法侮辱尸体。之后，冈比西斯下令把雅赫摩斯的木乃伊烧掉。他这就做了一件犯忌的大事。波斯人信奉祆教，奉火为神，对之特别尊敬。波斯人死后，一般实行天葬，人死后把尸体放到荒野，任由鸟兽吞食，然后把剩下的遗骸收集到石壶中埋藏。用火焚烧尸体，对波斯人来说是万万不可的事情，他们认为火化意味着把尸体给神，这是绝对不允许的。对埃及人来说，自古以来，他们就形成了特别的丧葬习俗。远在新石器时代，埃及人就把死者埋于地下。由于埃及特殊的自然条件，死者的遗体被埋藏后，尸体腐坏的液体被干燥的沙漠所吸收而出现脱水现象，最后变成了干尸。这种古老的埋葬习惯又影响了埃及人的信仰,形成了只要保住尸体,死人的灵魂就可以永远保存在尸体中,永久地生活下去的来世观。从早王朝时期开始,埃及人开始制作木乃伊,并为法老建造存放木乃伊的金字塔。埃及人认为火是一个活的野兽,它吞食能捕捉到的一切东西。它吃饱时,就和它所吃的东西一块儿死掉。所以,冈比西斯的这种做法遭到两个民族传统的反对和恶毒的诅咒。

公元前525年夏季,波斯人占领了埃及全境。随后,利比亚人、昔兰尼人加入,巴尔卡人也自动来降,向冈比西斯进贡了礼物。是年8月,冈比西斯正式号称埃及法老。自此至公元前450年,是波斯第一次统治埃及时期,历史上称为埃及第二十七王朝。战争结束后,冈比西斯下令军队停止抢劫,离开神庙,并且赔偿了神庙的损失,正常的经济生活得以恢复。为赢得埃及人的支持,冈比西斯重用埃及贵族,尊重埃及宗教和风俗,向埃及神祇致敬献礼。但是他的个性及他的癫痫病严重影响了这些政策的实施。

(二)癫狂成性:冲动果然是魔鬼

攻占埃及后,冈比西斯便着手准备下一次的征服计划。这次目标是埃及以南的努比亚和利比亚沙漠中的锡瓦绿洲。据说,努比亚人是当时全人类最魁梧、最漂亮、最长寿的人。按他们的风俗习惯,国人中只有身材最魁梧而又拥有与之相宜体力的人才有资格当选国王。他们吃煮肉,喝奶乳,国土泉水甘美,富有黄金。进攻努比亚之前,冈比西斯派了一批间谍假扮使者去探听努比亚人的虚实。努比亚人的国王知道这些所谓使者的真实来意,让他们捎信给冈比西斯说:"努比亚人的国王忠告波斯人的国王,等波斯人能够像我这样轻易地拉开这样大的一张弓的时候，再以优势兵力来攻打我们吧。"说完，他把这张大弓交给了来访的波斯人。

间谍返回以后，如实地向冈比西斯禀报了努比亚人的情况。冈比西斯听后十分震怒，即刻率兵进军努比亚。这种未经冷静思考而仓促做出的冲动命令害苦了波斯军队。由于没有足够的军粮储备和供应，还未走完1/5的路程，波斯军队就把粮食吃光了，军士们就开始吃军中的马匹、驮兽，直到吃光。在这种情况下，冈比西斯若稍加思考，就应该决定返兵了。但是他一味猛进，驮兽吃光了，就开始吃草。到了沙漠，什么也没有了，就发生了这种事：军队中10个士兵当中抽签选出一个人来让大家吃掉。冈比西斯听到这种事情，害怕自己的军队变成吃人生番，才放弃进攻努比亚，下令撤军。这次出征不仅无功而返，而且损失了许多士兵。本来就脾气暴躁的冈比西斯，更容易发怒了。

冈比西斯出兵努比亚之时，曾专门拨出一支军队由向导带领着从底比斯出发攻打利比亚人。但是，这支军队既没有到达利比亚人那里，也没有返回埃及，就这样莫名其妙地失踪了。按利比亚人的说法：当波斯军队正行进在攻打利比亚人的途中时，一场狂暴的风沙把他们就地埋了起来。

冈比西斯狼狈地回到孟菲斯的时候，正巧该地出现了神牛阿庇斯。埃及人穿上盛装隆重地举行祝祭活动。不明真相而又神经过敏的冈比西斯认定埃及人对他的不幸遭遇感到幸灾乐祸，就把当地的领袖召来，问他们为什么在他损兵折将、无功而返之后，他们竟会有这样的举动。人们告诉他说，每隔很久才会出现一位的神祇现在出现了，所以举国欢庆，以示祝贺。冈比西斯以为这些人在撒谎，竟下令处死了这些人。随后，他又把孟菲斯的祭司召来讯问。当祭司的回答和先前的人一样时，冈比西斯即刻命令他们把神牛带来。神牛被带来了，是一个具有某些特征的小牛犊。埃及人认为，阿庇斯神牛是母牛受到天光的照耀怀孕而生的。它是黑色的，前额有一个四方形的白斑，背上有一个像鹰似的东西，尾巴上的毛是双股的，舌头下面有一个甲虫状的东西。

阿庇斯被牵领进来了。看到所谓的神牛只是一头小牛犊，冈比西斯不由火气更大。不就是一头普通的小牛犊，竟让埃及人为之举国庆贺，对我的遭遇却熟视无睹？冈比西斯丝毫不顾及埃及人的宗教信仰、传统和感情，竟拔出剑向牛犊刺去。剑没有刺中腹部，只是神牛的腿部受伤了。冈比西斯冷笑着对祭司说："你们这群傻瓜，这个一剑刺中、流血不止的动物就是你们的神吗？你们也只配拥有这样的神！"冈比西斯下令把祭司们痛打一顿，取消了任何庆祝活动。由于腿部受伤，神牛很快就死了，祭司们偷偷地把它埋掉了。因为这个缘故，冈比西斯受到了埃及人的敌视和诅咒。

冈比西斯的暴怒、缺乏理智越来越严重，几乎达到了疯狂的地步。冈比西斯的亲弟弟巴尔狄亚本来和他同征埃及，与他并肩浴血奋战。但是，出于嫉妒，冈比西斯把弟弟送回波斯去了。因为在进攻努比亚之前，努比亚人让间谍捎回来的那张弓，除巴尔狄亚能拉开外，没有任何人拉得动。冈比西斯有一次梦见波斯来了一名使者，说巴尔狄亚已经登上王位，而他的头一直触着上天。醒来后，冈比西斯担心他的弟弟当了国王，就派他的亲信普列克撒司佩斯回到波斯，把巴尔狄亚暗杀了。按大流士铭文的说法，在出征埃及之前，巴尔狄亚就遇害了。

冈比西斯情绪一直不稳定。此后不久，他又因一时暴怒杀了他的皇后，那也是自己的亲妹妹。按希罗多德的记载，在这之前，据说波斯还没有娶自己的姐妹为妻的风俗。冈比西斯既然看上了自己的妹妹，但又不合惯例，就把王宫法官召来咨询。法官圆滑地答复说，按波斯的法律，还没有娶自己的姐妹为妻的先例。但是，他们又找到另一条法律：波斯国王可以做他愿意做的任何事情。这样，他们既没有因害怕冈比西斯而破坏法律，也没有因维护法律而丢掉性命。既然君权至上，可以为所欲为，冈比西斯就不顾一切地娶了自己的两个妹妹。他把其中一个带到了埃及。事实上，波斯人的内婚制受埃兰人的影响早已有之。自从冈比西斯杀了巴尔狄亚后，冈比西斯的皇后时常想念自己的另一个亲兄弟，终日长吁短叹，以泪洗面。有一天，夫妇俩坐在桌子旁，皇后拿了一棵莴苣，把它的叶子掰下来，然后问他的丈夫喜欢什么样的莴苣，带叶子的，还是不带叶子的。冈比西斯说他喜欢带叶子的，皇后便说："可是，你把居鲁士一家弄得光光的，和这棵莴苣一样。"冈比西斯听了这话，十分恼怒，对着皇后拳打脚踢。怀孕的皇后因为他的伤害流产而死。

　　冈比西斯疯狂、暴虐、丧失理智的行动愈演愈烈。普列克撒司佩斯是冈比西斯最尊重、最信任的人，担负着传奏官的重要责任，他的儿子也在冈比西斯的宫廷里担任非常尊荣的行觞官职务。但是，伴君如伴虎，对冈比西斯的臣属来说，更是如此。他们稍有不慎，触动了冈比西斯极端过敏的神经就会招来杀身之祸。有一次，冈比西斯问普列克撒司佩斯："波斯人认为我是怎样的一个人，他们都谈论我一些什么话？"普列克撒司佩斯说："陛下，他们称颂您的一切，只是说您嗜酒太过了。"哪怕是一点点过失，冈比西斯也是无法容忍的。他恼怒地说："如果波斯人认为我嗜酒过度，那他们以前说的是谎话？"

原来，在这以前，有一次冈比西斯问他的几位波斯大臣，自己和父王居鲁士比起来，到底如何。这些大臣一致答道，冈比西斯比他的父亲要好，因为他不仅取得了居鲁士的全部领土，还取得了埃及和大海。在场的克罗伊斯提出另一种看法说："在我看来，您比不上您的父亲先王居鲁士大帝。因为您还没有像您父亲那样，有像您这样的儿子。"冈比西斯当时听了心里自然是美滋滋的。现在居然还有人说自己嗜酒，他真是怒不可遏。他说："现在我要判定一下，那些波斯人是说谎话还是真话。现在你的儿子在门外，如果我一箭射去，射中他的心脏，那波斯人就错了。如果我射偏了，那他们就说对了，我丧失了理智。"说罢，冈比西斯弯弓搭箭，向着门外并不知情的男孩儿射去。这一箭正中男孩儿的左心房，男孩儿应声倒地，当即毙命。冈比西斯狂笑道："怎么样？很明显，我很清醒。波斯人丧失了理智。世界上还有谁射得这么准确吗？"普列克撒司佩斯看到冈比西斯已完全丧失理智，害怕自己丢了性命，赶忙回答："陛下，我认为神也不能射得这么准。"

目空一切、怀疑一切的冈比西斯的癫狂越来越严重。有12个波斯知名人士因为微不足道的小过失被冈比西斯抓了起来，被头朝下活埋了。受居鲁士之遗命辅佐冈比西斯的克罗伊斯看在眼里，觉得应该进谏忠言了。他对冈比西斯说："陛下，请您克制少年的盛气和激情。谨慎是真正的智慧，宽容是最大的美德。不要因微不足道的过失而处死国人。否则，波斯人会背叛您的。"哪知道，冈比西斯根本不买他的账，气愤地对他说："你还敢向我说这等话？你治理国家好像蛮有办法，结果亡国了。你向父王建议渡过药杀水作战，结果导致父王战死疆场。看我今天不收拾你！"说着，冈比西斯拿出弓箭来就要射死克罗伊斯。克罗伊斯见状，撒腿跑了出去。冈比西斯命令侍卫把克罗伊斯捉住杀死。但侍卫知道冈比西斯反复无常的脾气，就偷偷地把克罗伊斯藏了起来。后来，冈比西斯说要见克罗伊斯。侍卫们暗自庆幸，冈比西斯想念的克罗伊斯还活着，冈比西斯一方面高兴看到克罗伊斯还活着，另一方面把那些庇护克罗伊斯的侍卫统统杀死了。冈比西斯还做了许多类似的疯狂事情：他在孟菲斯的时候，曾打开那里的古墓检验里面的尸体。当地人认为这种举动打扰了墓主安息，侮辱了墓主及其活着的后人。冈比西斯还随心所欲地进入祭司才能进入的神庙，放肆地戏弄、焚烧神庙中的神像，肆无忌惮地取笑其他民族的风俗。这虽然说不上无恶不作，但也是暴虐至极、荒唐透顶。

（三）意外身亡：自作孽，不可活

正当冈比西斯在埃及胡作非为的时候，波斯本土发生了政治大地震。有个叫高墨塔的祆教祭司，利用他在宫廷工作多年，对其内幕了如指掌的有利条件，假冒自己是冈比西斯国王的弟弟巴尔狄亚，篡位称王。篡位的高墨塔派使者到各地宣布命令，从此以后，波斯帝国的臣民要听命于人在波斯的"巴尔狄亚"的命令了。

冈比西斯听到帝国腹地发生了政变，王弟巴尔狄亚夺取了王位，不由得气急败坏。他马上把普列克撒司佩斯召来，问他是否按自己的命令亲手杀死了巴尔狄亚。普列克撒司佩斯信誓旦旦地说，他的确亲手杀死了巴尔狄亚，并亲自把他埋掉。除非死者复活，自封国王的绝不是王弟巴尔狄亚。篡位者可能是冈比西斯委托掌管家务的祆教祭司。冈比西斯心里明白了，他立即召集军队打回波斯去夺回王位。天作孽，犹可恕；自作孽，不可活。冈比西斯翻身上马的那一刻，他的腰刀的刀鞘扣松开了，锋利的刀刃一下刺到冈比西斯的大腿上。据埃及人说，那个位置刚好是冈比西斯刺到神牛阿庇斯的部位。天气炎热，又没有消毒措施，冈比西斯的伤口很快感染发炎，脓血不止地腐烂起来。冈比西斯自知不起，临终前召集随身的波斯显贵，嘱咐说："我现在不得不把一件我认为最秘密的事告诉你们了。我在埃及的时候，曾梦见波斯来了一个使者，说巴尔狄亚已经登上了王位，而且他的头一直触到天上去。我害怕我的兄弟从我手中把统治权夺走，就派人把他杀害了。现在看来，我是多么愚蠢，没有任何人能够改变自己的命运。我本来以为，从此就可高枕无忧了，但我还是失去了王位。但是自封国王的绝不是巴尔狄亚，而是我的家庭内务总管。我以王族诸神起誓，命令你们，特别是阿契美尼德家族的人，一定要把主权夺回来。无论用策略还是暴力都没关系。如果你们这样做了，我祝愿你们生活富裕，多子多孙，永享自由。如果你们不这样做，那我就诅咒你们事事不顺，最后落到和我一样的下场。"不久，冈比西斯就自取灭亡，呜呼哀哉了。

综观冈比西斯的一生及其 7 年统治，确实是不幸的悲剧人物。他本来乘其父王之余威，纵使不去开疆拓土，做守成的君主也是一位了不得的人物。然而，他却最终落到了身死埃及的下场。诚然，他的个人生理、心理因素，对他的悲剧性命运有着深刻的影响。他的傲慢性格也由来已久。当他被任命为巴比伦王，参加巴比伦宗教仪式时，他竟然身穿埃兰式华丽服装，手持长矛，腰挎箭袋，对巴比伦主神彼勒大不敬。好在当时居鲁士仍在，他不敢为所欲为，听从了祭司的规劝，把箭袋取下，把长矛放下，才得以参加庆典和献祭。也可能因此之故，冈比西斯被任命为巴比伦王不久，就被其父居鲁士免职。癫痫病频繁发作，肯定对他的精神状态，乃至决策都有影响。"生于忧患，死于安乐。"居鲁士10岁前，在奴隶的抚育之下成长，多少知道生活的艰苦，对人生别有一番深刻的体验。冈比西斯生自宫廷，由光辉四射的父王罩着，自然容易养成自大任性的习惯。但是，作为一国之君，这可是致命的缺点。

冈比西斯与其父居鲁士最大的区别在于交往理性的差别。居鲁士虽然东征西讨，攻城略地，建立起了大帝国，但是他没有实行大规模破坏、杀戮或强制移民。他尊重各地的宗教传统，善待各地上层分子。他释"巴比伦之囚"，重建耶和华圣殿，保护巴比伦神庙，礼遇吕底亚王克罗伊斯，不征收过分繁重的赋税，允许各族实行自治，得到各族景仰，万邦拥戴。但冈比西斯征服埃及后，杀神牛，毁神庙，焚神像，取消宗教节日，肆意拿其他民族的传统风俗取乐。对异己文明没有丝毫理解、宽容和尊重，事事反其道而行之。即使对本族人，冈比西斯也动辄大开杀戒，弄得人人噤若寒蝉，朝不保夕。最后他众叛亲离，自取灭亡也是情理中事。

由是观之，交往规律也是不以人的意志为转移的客观规律。顺之者昌，逆之者亡。冈比西斯自取其咎，理固宜然。

三、后院起火：高墨塔政变

（一）东窗事发：没有耳朵的篡位者

公元前522年3月11日，在波斯宫廷担任总管的米底穆护（也译作麻葛，旧译为玛哥斯僧，是袄教祭司，在伊朗古代社会生活中占有重要地位）高墨塔乘冈比西斯久留埃及、远征努比亚失利之际，发动政变，自称冈比西斯的弟弟巴尔狄亚。冈比西斯秘密暗杀巴尔狄亚的事不为大众所知，波斯人以为高墨塔真是冈比西斯的弟弟、居鲁士的儿子巴尔狄亚。广大臣民，波斯、米底和其他地区都背叛了暴虐的冈比西斯，倒向高墨塔一边。

虽然冈比西斯临终前说出了事情的真相，即：巴尔狄亚已被他派人杀死，假冒国王的是穆护高墨塔。但在场的波斯人心里一点儿也不相信，他们认为冈比西斯打算用巴尔狄亚的死亡来欺骗他们，以便把整个波斯都卷入对巴尔狄亚的战争。他们相信做国王的就是居鲁士的儿子巴尔狄亚。冈比西斯派去暗害巴尔狄亚的普列克撒司佩斯现在也矢口否认他曾杀死巴尔狄亚，因为杀死居鲁士的儿子可是株连九族的重罪。

因为所有王国境内的臣民都承认了他的国王地位，也没有人对他的权威提出质疑和挑战，所以高墨塔放手统治了7个月。为了取悦民心，争得支持，他下令免除全国各地3年的赋税和兵役。这一措施深得百姓拥戴。他废除各地氏族庙宇，推行袄教信仰，统一宗教祭祀。这一措施意味着摧毁控制民众的氏族寺庙势力，瓦解氏族残余组织，打击地方氏族的势力，加强中央集权。高墨塔为了恢复米底的地位，加强了米底贵族的社会经济地位，打击了波斯等地贵族，进行了部分移民调整。高墨塔的几番举措，有人欢喜有人忧，利益有损的贵族自然心生不满，只是暂时敢怒不敢言。

高墨塔本来是假冒巴尔狄亚才得到举国拥戴的，自然小心翼翼，担心万一露出破绽，不仅前功尽弃，而且性命难保。"巴尔狄亚"即位以后，深居简出，从不离开他的城堡。他既不召见任何有名望的波斯贵族，也绝不在公共场合露面，弄得首都的贵族个个百思不得其解。纳闷归纳闷，只要他们的利益不受损失，这些贵族也就睁一只眼闭一只眼，稀里糊涂混下去。

是真的，假不了；是假的，真不了。在高墨塔统治第8个月的时候，有个波斯贵族——冈比西斯王妃帕伊杜美的父亲欧塔涅斯对国王产生了怀疑。再说，高墨塔登上王位后，冈比西斯后宫的嫔妃他也悉数接管，每晚都从妃子中挑一个伴宿。于是，欧塔涅斯捎信问女儿说，晚上和她同床的是不是居鲁士的儿子巴尔狄亚。帕伊杜美回信说，她从来没有见过居鲁士的儿子巴尔狄亚，所以她也不知道和她同床的人是谁。欧塔涅斯又给女儿送去第二封信，既然她不认识居鲁士的儿子巴尔狄亚，就让她去问居鲁士的女儿，也就是冈比西斯妃子的阿托萨，因为她一定认识她的亲兄弟。帕伊杜美在第二封回信中说，她见不着阿托萨，也看不到他家中的任何其他妇女。因为不管这个人是谁，他做了国王之后，立刻把后宫嫔妃分散到各自指定的地方居住，彼此不相往来，不通信息。欧塔涅斯拿到这封信后，心中更是生疑，马上又给女儿去了第三封信。欧塔涅斯告诉女儿，他现在怀疑此人不是巴尔狄亚，而是穆护高墨塔。因为高墨塔既是宫廷总管，又和巴尔狄亚长得极为相像，完全有可能冒充巴尔狄亚。但是，高墨塔早在居鲁士在位时就因为一次重大过失被割去了双耳。所以，欧塔涅斯再三叮嘱女儿，为了自己高贵的出身，为了神圣的波斯王位，一定要把这件事搞个水落石出。他提出的具体做法是：等到她伴宿时，趁国王熟睡之际，摸一摸他有没有耳朵。如果没有耳朵，那肯定就是穆护高墨塔。于是，等到帕伊杜美伴宿之夜，她按父亲的吩咐照办，果然发现那人是没有耳朵的穆护。

欧塔涅斯闻风，深感震惊，也觉得事关重大，必须谨慎从事。于是，他把自认为最可靠而地位极高的阿斯帕提涅斯和戈布里亚斯请来，三人在密室里把事情的来龙去脉交代得清清楚楚。实际上，这两个人也是早已产生了怀疑，只是不敢确定。现在，事情已经到了这个地步，他们决定积蓄力量，以便日后采取行动。他们每个人再找一个最信任的人加入他们的同盟。最后，他们组建了七人集团：欧塔涅斯、戈布里亚斯、阿斯帕提涅斯、音塔普列涅斯、美伽巴佐斯、叙达尔涅斯和大流士。

大流士是王族，他的父亲叙斯塔司佩斯是波斯行省总督，也是冈比西斯的堂兄。早在居鲁士率军征讨马萨格泰人之际，居鲁士就曾做过这样一个梦：他梦见大流士的肩头上长出了一双翅膀，一只翅膀遮住了亚细亚，另一只翅膀遮住了欧罗巴。那时候，大流士尚不到上阵的年龄，还在后方的波斯呢。居鲁士醒来后，马上把大流士的父亲召来，告诉他："叙斯塔司佩斯，我发现你的儿子正在阴谋推翻我，谋取我的王位。诸神预先在梦里告诉了我。你尽快回去，等我征服了马萨格泰人之后，我再仔细询问他。"叙斯塔司佩斯吓了一跳，坦诚地表白说："陛下，上天不会允许任何活着的波斯人对您有二心。您使被奴役的波斯人变成了自由的人，是您使臣服于别人的波斯人变成了统治者。如果我儿子阴谋反对您，那我就把他交给您，任您处置好了。"说毕，叙斯塔司佩斯就赶忙回到波斯，把儿子监视起来。后来，居鲁士战死沙场，这事也就不了了之。但是，大流士年纪轻轻，却是一个有勇有谋、堪当大任的人。

这7个波斯贵族聚在一起，进行了密谋。大流士年轻气盛，主张立即动手。他说:"我原以为只有我自己知道国王不是巴尔狄亚,而是穆护。我来这里的目的,就是设法铲除他。既然大家都知道了事情的真相,那我们就一块儿动手吧。事不宜迟,久则生变。"欧塔涅斯是个小心谨慎的人,他主张集合更多的人,有了足够的力量,再动手不迟。大流士对他们晓之以利害,明确指出:兵贵神速,乘其不备,出其不意,才能克敌制胜。如果一味地积蓄力量,贻误时机,一旦有风吹草动,这个秘密泄露出去,这些人恐怕就死无葬身之地了。欧塔涅斯忧心忡忡地指出,宫廷守卫极为严密,如何通过守卫这一关呢?大流士不以为然,认为他们这种有身份的贵族,通过岗哨还是很容易的。宫廷守卫出于畏惧和尊敬,不会不让他们进去。关键要有一个冠冕堂皇的借口,理直气壮地闯进宫里。大流士虽然年纪轻轻,但深通权谋之道。诚实、不说谎话是波斯人最看重的道德品质。大流士开导这些波斯贵族说,必要的时候是可以说谎话的。因为不管说谎,还是说真话,目标只有一个:铲除假冒巴尔狄亚的米底穆护。大流士刚从波斯来到苏萨,他有一个最好的借口,就说他父亲、波斯总督叙斯塔司佩斯有口信捎给国王。这是很容易混过关的。戈布里亚斯完全赞成大流士的建议,强调说,机不可失,时不再来。现在波斯人被一个米底穆护、一个没耳朵的篡位者统治着。是可忍,孰不可忍?更何况冈比西斯临终前说,如果波斯人不试图把王位夺回的话,波斯人就要受到诅咒。最后,戈布里亚斯表示完全同意大流士的计划。于是,大家一致同意,把这事定了下来。

正当大流士等结党密谋之际,高墨塔也在招兵买马,拉拢亲信。他首先决定把普列克撒司佩斯笼络为私党。因为普列克撒司佩斯的儿子是被冈比西斯亲手射死的,也是他受冈比西斯之密令杀死了巴尔狄亚，也只有他确实知道巴尔狄亚已经死了。何况普列克撒司佩斯在波斯人中享有崇高的威望，有很大的号召力。他站在自己一边，将会大大壮大自己的势力，于是高墨塔就把普列克撒司佩斯召来，要他保证并发誓不把事情的真相说出去。高墨塔同时许诺任何东西都可以大量送给他，他们同享荣华富贵。普列克撒司佩斯当即表示同意。高墨塔又给他提了第二条建议，说他们要在宫墙前面召集波斯人开个大会，要他到城楼上去，宣布并做证说国王就是巴尔狄亚，让国人不要胡乱猜测。高墨塔信任他，因为他常常断言巴尔狄亚还活着，并且否认他受冈比西斯派遣杀害巴尔狄亚的事。

普列克撒司佩斯站在城楼上，面对下面黑压压的波斯人时，早把高墨塔的要求和嘱托抛到九霄云外。他从王朝的始祖阿契美尼斯开始，历数王族的家谱。说到居鲁士时，他高度赞扬了居鲁士的丰功伟绩，以及他对波斯人所做的一切事情。随后，普列克撒司佩斯话锋一转，把真相揭露出来。他说，是把真相讲给大家听的时候了。他之所以一直隐瞒，是因为他没有机会让大家听到。他向波斯人表白说："我是在冈比西斯的逼迫之下才把居鲁士的儿子巴尔狄亚杀死的。现在统治你们的不是巴尔狄亚，而是宫廷总管——米底穆护高墨塔。"接着，他号召波斯人把王位夺回来，否则他们将受到他最恶毒的诅咒。说完，普列克撒司佩斯纵身从城楼上跳下来，结束了自己的生命。

普列克撒司佩斯的所作所为引起一片混乱，人们议论纷纷，不知何去何从。高墨塔见形势不妙，觉得留在都城凶多吉少，就转移到了位于米底的西卡亚乌瓦提什行宫，思考如何应付当前的形势。

大流士等人对这件事并不知情，他们在半路上听到了这个消息。

欧塔涅斯等人主张等等看，不要趁乱进攻高墨塔。大流士等人则主张一鼓作气，毫无迟疑地做早已确定的事情。据说，正当他们争论不休之时，他们看到 7 对鹰在追赶两对秃鹰，抓落它们的羽毛并把它们的身体撕裂了。看到这种景象，在鹰的兆示下，他们决定按大流士的意见，杀向高墨塔所在的行宫。

他们的行动基本顺利。守卫者因为他们是波斯人中的显贵，丝毫没有怀疑他们有阴谋，未经盘问就领他们进去了。当时，行宫中正在举行一场宗教活动，人们疏于防范，这 7 个人很容易就把高墨塔及其主要追随者杀死了。时值公元前 522 年 9 月 25 日，高墨塔称王仅 7 个月。4 天后，大流士取得王位。从此，波斯帝国进入极盛时期。

（二）各执一词：高墨塔身份之谜

千百年来，高墨塔政变一直是历史上一桩布满疑云的公案。有人说高墨塔就是巴尔狄亚本人，而不是穆护高墨塔。有人则持相反的意见。从 20 世纪 50 年代的奥姆斯特德到当代著名波斯专家李铁匠教授均认为巴尔狄亚发动了政变，只不过被篡位的大流士指鹿为马。李铁匠教授有以下看法：

第一，根据《贝希斯敦铭文》记载，冈比西斯确实有个亲兄弟，名叫巴尔狄亚。冈比西斯远征埃及之前就秘密处决了他。事涉机密，外界无人知晓。因此，当冈比西斯停留埃及、远征努比亚失利之际，伪巴尔狄亚利用人民不知内情之机发动了政变。李铁匠教授从古波斯语"卡拉"的真实含义入手，指出这一社会阶层不仅包括一般自由民和贵族，也包括以阿托萨为首的宗室贵族和各地高官显要，并推断他们参与了政变。李教授还指出，从巴尔狄亚被杀到高墨塔被揭露，长达 4 年之久；根据巴尔狄亚的身份，要把消息隐瞒这么长时间既不可能，也没有必要。说不可能，因为阿托萨既是冈比西斯与巴尔狄亚的亲姐妹，又是二者的妻子，她不可能不知道巴尔狄亚的真伪。

第二，如果政变领导人确如大流士所言，是用欺骗手段篡夺王权的，冈比西斯动身回国时，那些受蒙蔽的卡拉就必然会反戈一击。如果政变领导人确实是伪巴尔狄亚，冈比西斯从一开始就绝不会放过这一点，以争取各地支持。李教授认为，真伪巴尔狄亚问题是大流士一伙结成阴谋集团，并将夺权计划付诸实行前后才出现的。"伪巴尔狄亚说"是大流士为弑君篡位的行为进行辩护而故意捏造的谎言。

第三，李铁匠教授指出，《贝希斯敦铭文》问世不久，就有人反对"伪巴尔狄亚说"，这就是《波斯人》的作者、悲剧之父埃斯库罗斯。该剧本在谈到这次政变时说：

> 第四个继位统治人民的是居鲁士之子，
> 第五个继位的是斯梅尔蒂斯[①]，
> 他是他的祖国和古老王位的耻辱。
> 勇敢的阿塔佛涅斯纠集同谋，
> 用奸计在宫中诛了斯梅尔蒂斯，
> 这也是他们的本分。
> 然后我拈着了阄，
> 登上了王位。

---

① 斯梅尔蒂斯，巴尔狄亚的希腊语名字。

奥姆斯特德根据《波斯人》的记载指出：埃斯库罗斯没有把斯梅尔蒂斯看成篡位者，而把他视为君主。因为埃斯库罗斯反对并谴责阿塔佛涅斯一伙"用奸计"杀害了巴尔狄亚。

第四，李铁匠教授指出，根据希罗多德与克泰夏斯的记载，他们都说伪巴尔狄亚长期未被人识破的原因是真伪巴尔狄亚的名字与相貌完全一样，以至于连巴尔狄亚的生母、姐妹和妻妾都分不出来。由此，李铁匠教授推论，这些看似荒唐的记载从反面证明了真伪巴尔狄亚本来就是一个人，只是大流士为了替自己篡夺王权进行辩护，才把他硬说成两个人。

第五，李铁匠教授指出，根据希罗多德的记载，这次政变的罪魁祸首是穆护两兄弟：哥哥叫帕提泽特斯，是政变的主谋；弟弟叫巴尔狄亚，是被其兄鼓动起来参与政变的。现在国外史家普遍认为，希罗多德所谓帕提泽特斯不是人名，而是官职名称，其本义为"宫廷监督"或"宫廷总管"。因此，希罗多德所说的穆护两兄弟，实际上是一个人，即宫廷总管巴尔狄亚。据文献记载，波斯宫廷中的穆护不过是管理粮米用度的小吏，不会拥有主宰一切宫廷事务的权力。

第六，李铁匠教授指出：据希罗多德所说，阿契美尼德诸王御驾亲征之前，都必须按照波斯人的法律，在出征前宣布一个人为其王位继承者。由居鲁士、大流士和薛西斯在远征前宣布自己的王位继承人或代理人可知，希罗多德所说的这条法律确实存在。而有权力担任这种职务的人，必须是阿契美尼德宗室男性成员。由此，李教授推断：冈比西斯在远征埃及前，即使没有宣布一位男性宗室成员为其王位继承人，至少也委托了一位男性宗室成员代其主持后方。而当时有资格担此重任者只有巴尔狄亚一人。李教授进而推断，冈比西斯在远征埃及之前，确实已将其弟巴尔狄亚从外省调回首都，委以后方大事，其官职为"宫廷总管"或"宫廷监督"。当冈比西斯在埃及出师不利，百姓苦不堪言，人们"心怀异志""恶行到处蔓延"之时，为挽救帝国免遭瓦解，巴尔狄亚出面发动政变，宣布革除冈比西斯之暴政，是势不可免、自然而然的。

第七，李铁匠教授认为，居鲁士长女阿托萨是这次政变的关键人物。她先后成为冈比西斯、巴尔狄亚和大流士的妻子。阿托萨因遭冈比西斯遗弃而感到不满，鼓动巴尔狄亚发动了政变。正是阿托萨大力支持，再加上巴尔狄亚在后方掌权了4年，羽翼丰满，他非常顺利地成功发动了政变。

最后，李铁匠教授认为，巴尔狄亚当国王不到8个月就被大流士等人所杀，原因要从波斯帝国当时的国内形势和他所实行的政策中寻找。居鲁士在短期内建立起来的庞大帝国，内部并不稳定。王权与氏族贵族之间，征服者与被征服者之间存在一定的矛盾。帝国草创之初，各种机构、各项制度也不健全。冈比西斯攻打努比亚失利之后，这些矛盾更加尖锐激化，帝国面临瓦解的危险。巴尔狄亚上台之后，实行改革，打击贵族宗法势力，尤其打击了氏族的势力。巴尔狄亚的改革对瓦解氏族关系，打击贵族宗法势力，加强以王权为代表的中央集权统治，有一定的推动作用。但是，他采取的措施严重损害了贵族利益，终于引发了宫廷政变。鉴于巴尔狄亚的改革是大势所趋，民心所向。大流士上台以后，也不得不推行改革。

记载高墨塔政变的基本材料应该是希罗多德的《历史》和大流士的《贝希斯敦铭文》。笔者根据两者的内容和李铁匠教授的有关论述仔细推敲，认为发动政变的就是穆护高墨塔，而不是巴尔狄亚。

其一，李铁匠教授认为，在巴尔狄亚被杀 4 年之后，真相才被揭露，这是不可能的。因为阿托萨不可能不知道巴尔狄亚的真伪。笔者认为，巴尔狄亚被杀的时间是一件未能确定的事情。据记载，这件事发生在冈比西斯征服埃及之前；而希罗多德则记载为冈比西斯远征努比亚失败、返回孟菲斯之后。笔者认为，既然对巴尔狄亚秘密处决，当然知情者极少，时间上记载存在差异，也是符合情理的。笔者还认为，阿托萨肯定知道这个所谓的巴尔狄亚是假冒的，其真实身份是米底穆护伪巴尔狄亚。这里希罗多德给我们提供了重要线索：伪巴尔狄亚高墨塔，早在居鲁士在位时就因犯有过失而被割下了双耳。凭此一点，不仅阿托萨知道，宫廷还会有许多人知此内情。

其二，高墨塔发动政变之后，采取了一系列措施，使认识他的人没机会或胆量把他识破、推翻。据希罗多德记载，冈比西斯的后妃被指定分散居住，互不往来。帕伊杜美竟见不到阿托萨。我们甚至可以认为，阿托萨已经失去了某些自由。铭文记载说，没有人敢议论穆护高墨塔的任何事情，没有人能够从他手中夺回王位。人们非常担心他会杀死许多先前认识巴尔狄亚的人。所以，巴尔狄亚秘密被杀，直到大流士政变成功才真相大白，不是不可能的事。巴尔狄亚被冈比西斯暗害绝非无中生有，空穴来风。

其三，李铁匠教授认为，如果政变者真是伪巴尔狄亚，冈比西斯动身回国时，人民会马上反戈一击，冈比西斯也决不会从一开始就放过这一点。笔者认为，冈比西斯刚愎自用，暴虐无比，而且多年劳师远征，百姓怨声载道，早已厌倦了他的统治。高墨塔假冒巴尔狄亚之名发动政变，名正言顺。巴尔狄亚也是居鲁士的儿子，完全有资格取代冈比西斯，当然也会获得一致拥护。加之高墨塔加惠于百姓，宣布免除三年赋税和兵役。两兄弟相争之时，民众肯定支持所谓的巴尔狄亚，而不是冈比西斯。冈比西斯刚开始不指出篡位者是伪巴尔狄亚，而到临终前才对波斯人说出真相，也是符合逻辑的。因为杀害自己的同胞兄弟有违伦理纲常，是无法向国人交代的事情。否则，他就不会秘密派人暗杀了。冈比西斯原以为依靠武力就能轻而易举地夺回王位，不料他不慎受伤，而且越来越严重，眼看复位无望，在临终前把这个秘密和盘托出，也是迫不得已，形势所逼。伪巴尔狄亚之事只有冈比西斯和极少数人知其内情，但这些人有的死去，有的失去自由，有的没胆量。所以，政变初期，没有人怀疑巴尔狄亚的真伪，从怀疑到证实，在高墨塔大权在握的情况下，确实需要一个漫长的过程。

其四，李铁匠教授举埃斯库罗斯《波斯人》为旁证，并援引奥姆斯特德的论述，认为埃斯库罗斯视巴尔狄亚为合法君主，反对并谴责了阿塔佛涅斯一伙用"奸计"杀害了巴尔狄亚。笔者对此不敢苟同。首先古希腊悲剧《波斯人》的准确性和严肃性有待进一步考察。其中最重要的一点可能被李教授忽略了，剧本中有一句话："勇敢的阿塔佛涅斯，纠集同谋，用奸计在宫中诛了这斯梅尔萨斯，这也是他们的本分。"这句话如何理解呢？如果理解为他们诛杀了米底穆护伪巴尔狄亚，夺回了阿契美尼德宗族的王位，完全顺理成章。如果这斯梅尔萨斯就是巴尔狄亚本尊，居鲁士的儿子，波斯的合法君主，那"本分"一词做何解释？能说他们弑君是本分吗？这很难说得通。

其五，李铁匠教授指出，史书记载真伪巴尔狄亚长得十分相像，即使他的生母、妻妾也分辨不出，看似荒唐的背后实际上是说真伪巴尔狄亚是一个人，被大流士硬说成两个人了。笔者以为，根据希罗多德的记载，真伪巴尔狄亚还是有明显区别的。高墨塔篡位后，从不召见任何波斯的知名人物,以防被他们识破。而后宫则被高墨塔完全控制,即使知道他是假的巴尔狄亚,也奈何他不得。后宫许多人认得出他,因为他被居鲁士割掉了双耳。

其六,李铁匠教授认为,根据文献记载,波斯宫廷中的穆护不过是管理宫廷粮米用度的小吏。伪巴尔狄亚穆护高墨塔不可能有如此大的权力。如果是巴尔狄亚,倒极有可能。阿契美尼德诸王亲征前,往往宣布自己的继承人或代理人,而且此人必须是阿契美尼德宗室男性成员。所以,只有真巴尔狄亚才有资格作为宫廷总管,处理后方一切事务。笔者认为,阿契美尼德诸王亲征前宣布继承人或代理人并非定制。居鲁士远征时,其子冈比西斯经常伴驾。只有在征服马萨格泰人之时,居鲁士可能感到无胜算的把握,才让人把他欲传位的冈比西斯和克罗伊斯从前线送了回去。掌握宫廷的人也不一定是阿契美尼德宗室的男性成员,如后来的阿塔薛西斯三世、阿尔塔薛西斯四世都是被宫廷集团的宦官头目巴戈亚斯杀害的。王室对宫廷的控制未必得力。由此推断,高墨塔极有可能有机会掌握宫廷最高权力并发动政变。

其七,李铁匠教授认为,阿托萨是政变的关键人物。冈比西斯抛弃了她,她才支持巴尔狄亚发动政变并顺利成功的。笔者认为,阿托萨在政变中完全处于被动地位,没有起到任何作用。如果政变者是巴尔狄亚,而不是高墨塔,后宫应该与先前没有什么大的不同。帕伊杜美也不会见不到阿托萨,冈比西斯的妻妾也不必分散各处。如果是巴尔狄亚,那大流士杀了巴尔狄亚又娶了阿托萨为妻,阿托萨之子薛西斯还做了国王,作为奉诚实为第一美德的波斯人,知内情的阿托萨不可能没有任何反应。如果说阿托萨因个人私情支持她的亲兄弟巴尔狄亚取代冈比西斯,但她决不会支持旁支亲属又取代她的亲兄弟,这在情理上是说不过去的。

其八,李铁匠教授认为,政变的原因应从当时的具体环境和形势中找。巴尔狄亚的改革损害了贵族的利益,引起国内局势出现动荡,贵族才开始组建反巴尔狄亚的阴谋集团。假如政变者是米底穆护高墨塔,他们为了恢复米底的独立,加强米底贵族的社会经济地位,损害了波斯氏族贵族的利益,大流士等人发动政变是完全正当合理的。作为穆护,出于宗教信仰,推行祆教,摧毁其他宗教的神庙也是合理的。如果政变者是巴尔狄亚,在面对诸多被统治民族的情况下,他的改革不应该也不会损害大流士等波斯贵族的利益。加强中央集权,打击地方贵族势力,也主要针对广大的被征服地区。这一点也不应该成为大流士等人发动政变的真正原因。从大流士再三强调其继承王位的合法性来看,从米底穆护高墨塔手中夺回阿契美尼德家族的王权,是发动政变的旗帜。如果没有一个极具号召力的旗帜和具体利益因素的诱惑,大流士很难找到同盟者。从大流士等人发动政变成功后,他们通过抓阄的方法选举国王来看,他们在政变前不是主从关系(一个人当王,然后封侯许愿),而是平等合作。这只有在针对米底穆护篡位的情况下才有可能出现。冈比西斯如此横暴,身边的人尚不敢谋逆。如果真是巴尔狄亚,其尚无失德之处,大流士等在没有具体明确的目标的情况下,发动或参与政变是不可思议的。

(三)利益调整:政变的庐山真面目

高墨塔政变随着他本人被杀而落下帷幕。和历史上其他政变一样,高墨塔政变是历史交往发展到一定程度的产物。

利益是产生交往的根源。只要把利益具体物化为经济利益、政治利益、宗教利益等，我们就能找到所有一切历史事件的最终答案。

高墨塔政变就是波斯帝国内部的一次利益重新调整，也是其内部交往，特别是内部政治交往的一种表现。它和革命或改革一样，在某种程度上促进了内部交往，无论是和平的，还是非和平的。

从文明交往的发展规律来看，冈比西斯与其父居鲁士恰恰相反，起到了阻碍作用。他对努比亚等地进行战争交往，既没有攻城略地，也没有掠夺财富，反而损兵折将，狼狈返回。冈比西斯性情暴虐，让臣民噤若寒蝉，严重阻碍了其内部的政治信息交往。冈比西斯不尊重被征服地区的宗教风俗习惯，肆意妄为，本身就是对文化交往的破坏。他横征暴敛，以充军资，必然加重人民的负担。巴比伦、米底等，乃至全国各地，心怀异志，谎言盛行，这正是政不通、人不和、内部交往受阻的反映。于是，高墨塔乘此时机，顺利地发动了政变。

然而，高墨塔努力建立的交往基础是极不稳固的。王权的合法性、居鲁士的丰功伟绩应该是当时波斯帝国内部政治、文化交往的基础。高墨塔不从这一基础出发，必然名不正，言不顺，事不成。所以，他打出了巴尔狄亚的旗号。然而，这种虚假的身份使他不得不为内部政治交往设置障碍。他不敢召见波斯的高官显贵，不敢让宫廷后妃自由往来，他还得处心积虑地把那些怀疑他的人收拾掉。此外，他代表米底祭司、贵族的利益，侵害了波斯贵族的权益，必然遭到波斯贵族的反对。这种状况决定了他的统治不可能长久维持下去。七月而亡，已属不易。

由此可以看出，政变之成功与否，不仅在于力量是否强大，手段是否高明，也在于交往中诸因素的结构运作和政变前后之交往势态。政变作为内部政治交往，其背后有深厚的文化内涵。越是文化传统悠久的国家或民族,这种文化惯性的作用越大,它直接或间接影响或决定政变的成败。所以,历史事件往往是历史交往诸多因素、诸多层面交互作用的结果,绝不是单纯的政治现象或单一利益因素使然。中国人常讲天时地利人和,就是综合利用交往中的诸因素,以争取成功。

随后,一代英主大流士走上了历史舞台,波斯帝国步入鼎盛时期。

四、登峰造极:大流士一世的文治武功

(一)何去何从:激烈的政体之争

公元前 522 年 9 月 25 日,大流士和其他 6 个贵族在米底的西卡亚乌瓦提什行宫成功杀死了高墨塔,夺得了政权。待局势稍为平稳之后,这 7 位贵族就召开会议,商讨波斯王位何去何从。冈比西斯死后,没有留下子嗣,居鲁士家族一支王统中绝。现在,国内不可一日无君,总得有个领导核心才行。

在这次会议上,大家讨论得非常热烈。首倡此举的欧塔涅斯第一个发言,他主张让波斯人全体参与管理国家。他说:"我认为我们必须停止一个人的独裁统治。你们已经看到冈比西斯骄傲自满到什么程度,也经受过高墨塔旁若无人的滋味。当一个人愿意怎么做就怎么做,而对他自己的所作所为又毫不负责的时候,这种独裁统治是有百害而无一利的。即使把这种权力赋予世界上最优秀的人,他也会心理失衡。一旦拥有了特权,人们必然会骄傲。而嫉妒又是人的天性。骄

傲和嫉妒是独裁君主做出一切恶事的根源。作为至高无上的君主，可以为所欲为，不应该有什么可嫉妒的了。但是，情况往往恰恰相反。他们贪得无厌，世界诸善必欲归诸己，世界诸恶必欲归诸人。他嫉妒臣民中最有道德、最有威望的人，盼望他们早死；反而喜欢那些曲意逢迎的下贱卑劣之人，喜欢听那些恭维他们而贬低他人的谗言。如果你只是适当地表示尊敬，他们就说你侍奉不够尽心竭力。如果你真正尽心竭力之时，他们又会骂你巧言令色。这一切往往让你左右为难，无所适从。而最大的害处在于：他们可以任意改变祖上的成法，不加审判地诛杀臣民、戕害妇女而不会受到惩罚。与之相反，全民统治的优点在于法律面前人人平等。一切职位由抽签决定，任职者对他们任上所做的一切负责，一切意见均由民众大会加以裁决。总之，我认为应该废除独裁统治，增强人民权利，一切事情必须取决于公众。"

欧塔涅斯天真美好的设想没有得到其他人的任何附和，美伽巴佐斯表达了他的看法。他主张实行寡头政治，也就是精英政治，权力应该集中在极少数有才能的人手里。他说："民众水平参差不齐。没有比难以对付的群众更愚蠢、更横暴无礼的了。我反对无法无天、横暴无已的暴君统治，但是也无法容忍让肆无忌惮的人民大众横冲直撞。暴君再不好，他们起码明白他们要做的事。群众却盲目得像泛滥的河流，看不到什么是最好、最妥当的，只是一味地横冲直撞。要不想把波斯变坏，所谓民治就绝不可行。所以，我主张选一批最优秀的人物，把政权交给他们。当然，我们自己肯定属于最优秀的人，也可以参与执掌政权。最优秀的人肯定可以做出最高明的决策。"美伽巴佐斯说得振振有词。其中有一个成员，表示支持他的观点。

大流士第三个发表意见，他出身阿契美尼德王族，自然心中有他的算计:"我是赞成独裁统治的。君主专制的好处在于,最优秀的人物拥有与本人相适应的各种能力,能够完美无瑕地统治人民。在对付敌人拟定计划时,他们肯定也把守得最严密。寡头政治则存在一系列缺陷:尽管许多人都愿意为国家做好事,但善与善相加并不等于双善。愿望不同往往引发激烈的敌对情绪,这必然引起相互倾轧。倾轧催生派系,派系斗争又会引发流血事件,流血的结果必然还是独裁统治。民治最终也必然导致独裁政治,公共事务中必然存在利益分配不均和权力不平衡,从而引发坏人产生恶意。坏人不会因恶意而决裂,而会为他们的利益、谋取更多利益相互勾结、狼狈为奸。在这种情况下,必然需要有个人起来制止坏人的行为,维护民众的利益。之后,这个人就成为人民崇拜的偶像,也就会变成人民的独裁君主。再者,君主制乃是我们先祖的优良体制,岂能轻易弃之而不用呢?"大流士入情入理、头头是道的分析赢得了三个贵族的赞成。

他们讨论来讨论去,最后决定举行表决,结果7个人当中有4个人赞成大流士的意见。想让每个波斯人都拥有平等权利的欧塔涅斯眼看无力回天,决意退出王位竞争。但他同时提出一个条件:无论其余6个人谁做国王,他们家族的任何人都不受其支配。其余6个人一致同意赋予他们家族这一特权。其余6个人还决定,无论谁取得了王权,欧塔涅斯和他的子孙每年都应当得到米底的华美衣服和一些波斯人认为珍贵的物品作为年俸,以表彰他作为政变的第一策划者和第一召集者的功绩。其余6个人最后商定,日出时大家骑马到市郊集合,谁的马第一个鸣叫,谁便做波斯之王。

散会之后,大流士回到家里,叫他的马夫欧伊巴雷司想个花招,让他骑的马先叫,王位无论如何也不能让别人得了去。欧伊巴雷司拍着胸脯让主人放心，保证把这事办妥。夜幕降临之际，欧伊巴雷司牵着大流士所骑的马特别喜欢的一匹母马来到了市郊集合的地方，把它拴在那里。然后，他又把大流士骑的马牵到那里，围着那匹母马绕圈子，不时地碰它。结果大流士骑的马和那匹母马交配起来。之后，欧伊巴雷司分别把两匹马又牵了回来。次日天明，当6个人按约定骑马到来之时，大流士骑的马便向前奔跑嘶鸣，它以为母马还拴在那里呢。据说，这时候晴空突然间电闪雷鸣。另外5个人以为神选定了大流士做国王，慌忙下马跪拜，心甘情愿俯首称臣。他们不知道遭了大流士的算计，王位被轻而易举地夺去了。王位坐稳之后，大流士已经有恃无恐了，就下令竖立了一块石刻，上刻一尊骑士像，铭文写道："叙斯塔司佩斯的儿子大流士因他的马（后面是这匹马的名字）和他的马夫欧伊巴雷司之功绩而赢得了波斯王国。"事已至此，另外5个人哑巴吃黄连，只得自认晦气。

（二）讨逆平叛：一波未平一波又起

大流士篡夺王位不久，波斯帝国各地就爆发了大规模起义。这场席卷全国、规模宏大、此起彼伏的大起义性质复杂，既有被征服地区人民反抗波斯统治、争取民族独立的性质，也有波斯贵族内部争权夺利的性质。大流士一上台，一个名叫阿辛纳的人自封埃兰国王，首先在埃兰揭竿而起，埃兰人也群起响应。与此同时，巴比伦人尼丁图·贝尔自称尼布甲尼撒，乃原巴比伦国王纳波尼德之子。于是，巴比伦人纷纷表示拥护。独立的巴比伦王国又出现在波斯帝国境内。埃兰的起义规模较小，大流士没费多大气力就把阿辛纳活捉并处决了。巴比伦的局势则很严重，尼丁图·贝尔获得了巴比伦各地的承认。公元前522年12月13日，大流士亲率大军讨伐叛乱的巴比伦。巴比伦军队据守底格里斯河。大流士命令军队或乘皮筏，或骑骆驼，或骑马匹，渡河作战，打败了尼丁图·贝尔的军队。12月18日，双方再战于幼发拉底河畔，巴比伦军队再一次败绩。部分军队被赶进幼发拉底河，被河水冲走。尼丁图·贝尔带着少数残兵败将逃入巴比伦城。大流士随后赶到，攻克了巴比伦城，擒获了尼丁图·贝尔，把他及48位主要追随者一并处死。

正当大流士忙于镇压巴比伦起义之际，波斯、埃兰、米底、亚述、埃及、帕提亚、马尔吉亚那、索格狄亚那、斯基泰亚又爆发了大规模的叛乱。

这次在埃兰发动叛乱的人叫马尔提亚，曾在波斯库干纳卡镇居住过。他自称特伊马尼什——埃兰国王。当时，大流士离埃兰很近，埃兰人害怕大流士派兵来烧杀抢掠，就把这个马尔提亚捉住杀了。

米底叛乱就严重多了。米底人普拉欧尔特斯，自称前米底国王库阿克萨雷斯的宗室，起兵自立。当时，守卫宫廷的米底军队也背叛了波斯国王，倒向了普拉欧尔特斯。大流士派遣了3支军队前去平叛。经过几次会战，波斯军队虽然取得了一定的胜利，但仍未能把叛乱彻底消灭。于是，大流士不得不御驾亲征。大流士率领的军队和普拉欧尔特斯的军队在米底的昆杜鲁什镇进行了决战。结果，大流士取得了胜利，普拉欧尔特斯带领少数骑兵逃往米底的拉加地区。大流士随即派一支军队追击，普拉欧尔特斯被俘，并被送到大流士的行营。大流士狠狠地惩罚了他：割去了他的鼻子、耳朵和舌头，并刺瞎了他的一只眼睛。然后，大流士又下令把他绑在宫门外示众。之后，大流士把普拉欧尔特斯带到哈马丹并处以刺刑。刺刑是古代西亚残酷的极刑之一，通常以木棍由犯人的肛门中插入，直贯上身。然后再把木棍和尸体竖起，悬尸示众。普拉欧尔特斯的主要追随者也被绞死在哈马丹要塞。米底这次叛乱还得到了其原属地亚美尼亚、撒伽尔提亚、帕提亚和赫卡尼亚的支持。平定米底叛乱之后，大流士派遣各路大军才把这些地方的叛乱一一镇压了下去。

波斯本土也发生了叛乱。叛乱者瓦希亚兹达塔自称巴尔狄亚，大流士发动政变，杀死高墨塔的真相并未被国人所了解，他们或以为巴尔狄亚还活着，或以为大流士弑君篡位。瓦希亚兹达塔得到了守卫帕萨加迪王宫军队的支持，成为波斯国王。这次叛乱波及卡曼尼亚、加德罗西亚、阿拉科西亚等地。瓦希亚兹达塔派遣军队到各地攻打忠于大流士的军队。大流士经过4次大战，才把这场叛乱平息。

大流士正在波斯本土平叛时，巴比伦人再度发动叛乱。亚美尼亚人阿尔哈在杜巴拉地区再次宣称自己是纳波尼德之子尼布甲尼撒。他占据了巴比伦城，并自封巴比伦王。大流士随即派遣音塔普列涅斯率领一支军队进攻巴比伦。公元前521年11月27日，阿尔哈及其主要追随者战败被俘，均被处以刺刑。至此，大流士用了一年多的时间，经过19场大大小小的战争，擒获了9个国王，十多万人战死疆场，才把这场震荡全国的大叛乱、大起义镇压下去。

不仅被征服地区竞相独立，波斯帝国怀有野心的地方总督也乘机兴风作浪。欧洛伊特斯本是居鲁士所任命的萨第斯省的总督。当高墨塔发动政变后，他不但没有帮助波斯人夺回米底人从他们那里夺去的权力，反而不经请示就杀害了两位波斯大臣。特别是大流士派人送来可能使他不高兴的信时，他就在路上安设伏兵，把使者杀了，连同马匹偷偷埋掉。大流士很想惩办欧洛伊特斯，但他有1000名波斯兵的亲卫队，而且管辖着弗里吉亚、吕底亚、爱奥尼亚等地。如果派兵强攻，起码两败俱伤，甚至后果不堪设想。大流士想智取，就召开御前会议，和大家商讨对策。大流士问大家谁能够用计谋而不是用暴力把欧洛伊特斯活捉来。对于波斯人，欧洛伊特斯没做任何好事，反而做了许多坏事。他暴虐无礼，实在让人忍无可忍。大流士说毕，贵族中有30个人踊跃报名，说他们准备各自以自己的力量去完成国王的使命。最后，他们通过抽签的方式决定由巴该欧司去完成这一任务。

巴该欧司接受了这一艰巨任务。要不费一兵一卒把欧洛伊特斯抓回来，委实是件不容易的事情。巴该欧司向大流士讨来有关公务文书，并用大流士的御玺一一封印起来，就只身到萨第斯去了。见到了欧洛伊特斯，巴该欧司就把一份份文书拿出来，交给他的王室秘书宣读。他这样做的目的，是想试探那些亲兵，看他们对国王信使的态度，从而判定他们是否愿意叛离欧洛伊特斯。亲兵非常敬重这些文书，对里面所写的东西更加敬重。于是，他便交给王室秘书另一份文书，上面写道："波斯人！国王大流士禁止你们再做欧洛伊特斯的亲兵。"亲兵一听，马上把手中长枪抛掉，服从圣旨。巴该欧司看在眼里，喜在心上，这时才有了信心和把握。他又把最后一道密旨交与王室秘书。王室秘书大声宣读道："国王大流士命令萨第斯的波斯人把欧洛伊特斯杀死。"话音未落，亲兵们立刻抽出宝剑，刺向欧洛伊特斯。骄横不可一世的欧洛伊特斯还未想明白这是怎么回事，就做了刀下之鬼。萨第斯省的分离倾向就这样轻而易举地解决了。

此后，大流士派兵征服了萨摩斯岛，这是大流士征服的第一个希腊城邦。叙罗松原本是萨摩斯僭主的兄弟。后来，他的哥哥为波斯的萨第斯总督欧洛伊特斯所杀，他的哥哥委托的代理人竟成为萨摩斯的统治者，并把他放逐了出来。叙罗松和大流士有过一面之交。在孟菲斯时，大流士当时是冈比西斯的一名侍卫，而不是什么大人物。有一次，他在市场上走过，看到叙罗松所穿的红袍特别漂亮，就走过去向他购买。叙罗松看到大流士态度恳切，一时善心大发。他本来不想卖这件红袍，但既然大流士喜欢，就无偿赠予了大流士。大流士高兴地接受了，而叙罗松自认为他因为好心肠失去了心爱的红袍。后来，叙罗松听说大流士成为波斯国王，就径直找到王宫，对门卫说，他是大流士的一个恩人。大流士怎么也想不起有什么希腊恩人，就让叙罗松进去，问个究竟。叙罗松被带进宫，把赠红袍的事叙述了一遍。大流士这才想起来。受人滴水之恩，当以涌泉相报，更何况是在自己位卑身贱的时候呢？大流士极其慷慨地向叙罗松赠送了大量金银。叙罗松拒绝接受，表示他想夺回他的祖国萨摩斯。他哥哥被杀，那里的奴隶竟成为统治者。

大流士答应了叙罗松的请求，便派出一支军队，由欧塔涅斯指挥，叙罗松做向导，去攻打萨摩斯。起初，萨摩斯人没有一个反抗，他们接受叙罗松归来。但是，萨摩斯的统治者不甘心叙罗松不费气力就完全收回了萨摩斯，派雇佣兵袭击了波斯人。波斯人看到萨摩斯人和叙罗松已达成协议，毫无防备。那些身份高贵、乘坐轿椅的波斯贵族全被杀死了。欧塔涅斯大怒，命令军队把萨摩斯岛上的男人一律杀死，把一座无人岛交给叙罗松，然后又帮他向岛上移民。

正当波斯海军征服萨摩斯时，巴比伦又一次爆发了叛乱。这次叛乱经过长期周密准备。早在高墨塔统治和七人政变之际，巴比伦人便利用有利的混乱时机做好了对付围攻的准备。他们公开叛变之时，把所有人的母亲送走，再从每人家中随便选出一名妇女为他们做饭，然后把其余妇女全部集中起来，窒息杀死她们，以免消耗粮食。大流士听到消息，马上集合大军进攻巴比伦城，将其团团围住。巴比伦人根本不把波斯人的围攻放在心上。他们用手势和言语侮辱嘲笑大流士的军队，并对波斯人说，除非骡子产子，否则巴比伦城是攻不下的。巴比伦人坚信，骡子是不可能产子的。

就这样，一年又七个月过去了，巴比伦人毫不松懈地防守着。大流士用尽千方百计，也无法攻克它。

正在大流士无计可施之际，波斯贵族佐皮鲁斯遇到一件稀奇事。他的一匹驮军粮的骡子生产了。佐皮鲁斯马上想到了巴比伦人说过的话，认为有神意在其中，相信巴比伦城是可以攻克的。在波斯人中，立功的人很受尊敬，也会成为伟大的人物。志在立功扬名的佐皮鲁斯在确信大流士极为重视攻克巴比伦后，便拟定了一个计划：采用苦肉计。他割下了自己的鼻子和耳朵，剃光了自己的头发，弄得自己遍体鳞伤，然后去见大流士。

大流士看到一位名士竟变成这副模样，非常震惊，也十分难过。他大声叫着，问是谁把他弄成这样，到底为什么。佐皮鲁斯回答，是他自己自愿这样的，目的是攻破巴比伦城。于是，佐皮鲁斯便把他拟定的计划详细向大流士做了汇报，他们商定依计行事。

佐皮鲁斯假装逃亡到巴比伦城下，说明自己的身份来意，要求进城去。巴比伦守卫把他带到巴比伦的首领那里。佐皮鲁斯声泪俱下地控诉大流士的残暴罪行。他说，因为看到波斯人无法攻克该城，他曾劝国王回师。大流士认为他动摇军心，就毁了他的面容，痛笞了他一顿。他继续说道："巴比伦人，我这次来是要帮你们的大忙，极大地损害大流士和他的军队。他这样糟蹋我，不能不受到惩罚。我知道他的全部计划。"巴比伦人看到波斯人颇受尊敬的佐皮鲁斯变成这样，深信他的话是真实的，相信他是来帮助巴比伦的。所以，巴比伦人答应了他的要求，让他指挥一支军队。第10天，佐皮鲁斯率领巴比伦军队主动出击，包围并杀死了大流士布置的1000人。巴比伦人非常欢喜，认为他言行一致，完全可以听从他的吩咐。第17天，佐皮鲁斯再度率领一支巴比伦的精锐部队出击，杀死了大流士军队的2000人。对于佐皮鲁斯的这次战功，巴比伦人没有不赞美的。第37天，佐皮鲁斯率兵三度出击，又杀死了大流士的军队4000人。这次立功之后，佐皮鲁斯成为巴比伦唯一一位风云人物，也成为巴比伦军队的统帅和城墙的守卫官。巴比伦人哪里知道，这些胜利都是佐皮鲁斯和大流士预先商定好的。

佐皮鲁斯进城的第57天，大流士按原定计划大举进攻巴比伦。当巴比伦人全部登上城墙抗击大流士的进攻时，佐皮鲁斯的真面目暴露出来，他打开他守卫的奇里乞亚和倍洛斯两座城门，把波斯军队放了进来。巴比伦城就这样再一次被攻克了。

大流士对巴比伦人多次叛乱、屡教不改、据险自守十分生气。他下令摧毁了千年古城巴比伦，劫走了他们所有的城门，摧毁了城墙，填平了护城河，使巴比伦无险可守。大流士砍杀了3000个巴比伦叛乱者，让其他人仍居住在巴比伦城，并从邻近其他民族选送一批妇女到巴比伦城，做这些战败者的妻子。他从各民族选来的妇女有50 000人，从此巴比伦人成为多民族混血融合的人群了。

对于佐皮鲁斯的功劳，大流士极尽赞赏。在他看来，除居鲁士是任何波斯人都不能与之相比外，佐皮鲁斯的功劳是空前绝后、绝无仅有的。大流士多次宣布，他宁可不要20座巴比伦城，也不愿佐皮鲁斯自残成这样。大流士每年把最珍贵的礼物送给佐皮鲁斯，并且让他终生治理巴比伦城而不需纳税。此外，大流士还馈赠了许多其他东西给佐皮鲁斯。佐皮鲁斯可谓荣极一时，风光无限。

波斯帝国的形势至此基本安定了。公元前520年9月，大流士从巴比伦到哈马丹的途中，到克尔曼沙赫以东32千米的贝希斯敦村旁的悬崖峭壁上刻石纪功，留下了著名的《贝希斯敦铭文》。贝希斯敦山位于交通要道上，战略地位十分显要。山下有泉，四季不竭的清泉可供军旅、商队饮用。有山有水就有灵秀之气，此山自古以来就有"神仙之地"的美誉。贝希斯敦山高耸陡峭，绝难攀登，铭文不易为人损坏，大流士就相中了这块风水宝地，欲使自己的英名传之万古而不朽。

《贝希斯敦铭文》用古波斯语、埃兰语和巴比伦语这三种语言的楔形文字刻于距地面105米的悬崖上。

石刻本身长22米，高7.8米。石刻中上方是浮雕。上部是祆教主神阿胡拉马·兹达，下部左方是身罩披肩，气势轩昂，圆睁双眼，目视主神的大流士。他左脚踏着高墨塔的腹部，前后是其密友戈布里亚斯和阿司帕提涅斯。下部右方是用绳索绑着的8个叛乱之王和斯基泰首领斯昆卡（增补）。浮雕左边所刻5栏埃兰文的铭文已废。浮雕下部是古波斯文的《贝希斯敦铭文》，共5章。浮雕左边，为《贝希斯敦铭文》的巴比伦译文。再往下，是第二次补刻的古埃兰文《贝希斯敦铭文》。

《贝希斯敦铭文》于1835年由英国青年军官罗林森发现。当时，年仅25岁的罗林森冒着生命危险爬上悬崖，细心地拓下了一片片铭文。经过10年工夫，罗林森将《贝希斯敦铭文》释读出来，将其研究成果陆续发表在 1846 年的《皇家亚洲学会杂志》上。从此,《贝希斯敦铭文》的内容才为世人所知。《贝希斯敦铭文》的释读奠定了亚述学的基础,对研究古波斯的历史和语言有重大意义。

(三)开疆扩土:首个横跨三洲的帝国

内乱既平,大流士走上了继续扩张的道路。公元前 517 年,大流士派兵占领了印度西北地区,将其置为印度行省。然后,他又把矛头指向多瑙河下游和黑海北岸一带的斯基泰人。

斯基泰人是典型的游牧民族。他们曾入侵伊朗高原,统治伊朗高原西部地带达 28 年。斯基泰人自称世界上一切民族当中最年轻的民族。斯基泰人活动范围广泛,其中黑海沿岸土地平坦,水草丰富,河流众多,是希腊诸城邦的重要粮食来源基地和木材供应基地。大流士征讨斯基泰人,一方面,他想扩大国土范围,迫使斯基泰人称臣纳贡;另一方面,他也许想为进攻希腊做准备。

大流士派遣使者到帝国各地,晓谕各方,命令他们一部分人提供陆军,一部分人供应战船,还有一部分人在色雷斯海峡上架桥。这时,大流士的弟弟阿尔达班劝说大流士万万不可出征斯基泰人,这是一个难以制服的民族。大流士哪里听得进去,一切准备停妥之后,他就离开都城苏萨,开赴前线。

大流士通过了萨摩斯人修建在博斯普鲁斯海峡的浮桥,踏上了欧洲的土地。居住在色雷斯半岛的色雷斯人未经交锋就向大流士投降了,顽强抵抗的盖塔伊人被波斯人征服并掠为奴隶。大流士率军进抵多瑙河口,在多瑙河上架设了浮桥。过河之后,大流士命人把桥毁掉,以示破釜沉舟、决战到底的决心。米利都人希斯提亚埃乌斯进谏说:"国王陛下,您要进攻的是一个既无耕地又无人居住的市邑的国土。我建议这桥留着,由修桥的人看着。如果我们达到目的,胜利班师,这是一条回来的路。如果我们遇不到他们,至少我们的退路还是安全的。"大流士对他的意见大加赞许,命令修桥的爱奥尼亚人看好桥,就继续向前进发了。

斯基泰人早已探知波斯大军攻来,如果硬碰硬地前去接战,无疑是以卵击石。所以斯基泰人决定采用敌进我退、敌追我跑、敌驻我扰的游击战。他们决定兵分两路。一支军队在塔纳伊斯河方向,如果波斯人向他们进攻的话就沿着麦奥提斯湖(亚速海)退却。如果波斯人往回走,他们就回头进击和追踪。另一支部队的任务是通过引诱式撤退,即一定要和敌人保持一天的路程,想方设法把波斯人引诱到其他国家境内,从而迫使那些本来不想和波斯人作战的国家被迫向波斯宣战,借以壮大自身的势力。他们撤退时,赶走了他们的牲畜,填塞了他们撤退道路上的水井和泉水,甚至把地上的草也连根掘掉了。

斯基泰人领着波斯军队到处乱转,波斯军队疲惫不堪,直至被引到荒漠地带。大流士下令停止追击,并决定修筑 8 座要塞,以防止斯基泰人回来。正当波斯人忙于修筑要塞时,斯基泰人已经转到波斯人的后方了。大流士不得不放弃已完工一半的工程,转头继续追击。斯基泰人又向西逃去。这种情况无尽无休,大流士无可奈何,就派使者给斯基泰人的首领送信说:"莫名其妙的先生,你为什么老是逃跑呢?下列两件事情,你可以任选其一。如果你觉得有力量和我一决雌雄,你就不要再跑,停下来进行战斗。如果你觉得力量薄弱,就应当和你的主人缔约,把土和水这两件礼物送给我。"斯基泰人的首领回信答复说,他们不是因为害怕谁才逃跑。这种做法对他们来说是一种平时的锻炼而已。他们没有城市和耕地,也就不怕波斯军队的攻陷和践踏。除非认为时机适宜,否则他们不会轻易接战的。他们宣称,他们的主人是祖先宙斯和女王斯基提亚,对大流士自称他们的主人表示愤慨,并声称诅咒他。

斯基泰人接到大流士的信,听到"奴役"这个词时都十分气愤。他们决定不再引着波斯乱跑,而是派一支军队快速去多瑙河口,与守桥的爱奥尼亚人谈判,一支部队等波斯人吃饭的时候向他们进攻。斯基泰人的骑兵往往能击退波斯的骑兵,但是害怕波斯的步兵。但斯基泰人来往迅速,无论白天夜晚,总是这种打法。大流士陷入进退维谷的境地,就开始思考退兵之计了。但如何不受斯基泰人侵扰地全师而退,却是伤脑筋的事情。

戈布里亚斯偷偷献计:入夜之际像往常一样点起营火,以便欺骗军中那些脆弱而不能吃苦的人,借口把精锐部队撤走。夜幕降临,大流士依计行事,他把那些困惫老弱的、即便死掉对他也无大碍的士兵留在了营地,而且把输送军粮的驴子也留在那里。大流士对那些留下的士兵说,他要率精锐部队去夜袭斯基泰人,实则急速向多瑙河口撤去。斯基泰人看到波斯营地像往常一样灯火通明,驴子也在叫,以为波斯人仍留在营地。天亮后,当被留下的波斯人和斯基泰人发觉真相之后,大流士的精锐军队已经向多瑙河退去。斯基泰人即刻集结部队追击波斯人。波斯人主要是步兵,动作比较缓慢,一支斯基泰人骑兵竟赶在波斯人前头到了多瑙河口由爱奥尼亚人把守的那座大桥处。斯基泰人规劝爱奥尼亚人为了自由,把桥毁掉,快点儿回家去,波斯人由斯基泰人来对付。

但爱奥尼亚人的许多僭主是要依靠波斯人的力量才得以掌权的,

他们欺骗了斯基泰人。他们口头上答应毁桥,把斯基泰人骗走之后,仍然等着大流士的军队回来。于是,大流士好不容易渡过多瑙河回到了亚洲。他把美伽巴佐斯留在欧洲,并让他统率 8 万名军士。美伽巴佐斯征服了未臣服于波斯的整个赫勒斯滂地区(今达达尼尔海峡地区),并派一支大军去攻打叙利亚,不断为波斯帝国开疆拓土。

经过居鲁士、冈比西斯和大流士三代国王的扩张和征服,到公元前 6 世纪末,波斯帝国进入极盛时期。它的疆域东起印度河,西达爱琴海地区,北抵亚美尼亚,南至埃塞俄比亚,把古代的 4 个文明中心囊括里面。这个横跨亚非欧的大帝国是在短短几十年内通过武力征服建立起来的。波斯帝国境内有 70 多个民族,他们之间在历史、文化、经济发展水平、社会制度、语言文字、宗教传统等方面都存在很大差异。如:巴比伦、埃及等地早在波斯帝国建立之前,就有悠久的历史、灿烂的文明、发达的社会政治经济制度。其他地区则相对落后得多,斯基泰等游牧部落还处在氏族公社时期。这种巨大的差异性,使波斯帝国在建立国家制度时遇到很大困难。为了维持帝国和被征服地区的社会秩序,居鲁士、冈比西斯基本保留了被征服地区的社会内部结构,并允许被征服地区保持自治权。但是,这种地区间的差异性又往往是波斯帝国内部分裂势力得以滋生壮大的根源。大流士即位前后,席卷整个帝国的叛乱或起义证明了波斯帝国并不稳固。所以,大流士在局势稍微稳定之后,就开始进行著名的大流士一世改革。

(四)革故鼎新:大刀阔斧的改革

大流士首先对中央和地方的行政机构进行改革,建立了行省制度。大流士时期,波斯帝国有 4 个首都:波斯波利斯(意为"波斯城"，王都，波斯国王接见外国使臣和举行隆重庆典之地）、埃克巴坦纳（哈马丹，夏都，波斯国王避暑之地）、巴比伦（冬都）和苏萨（春都）。苏萨原是土著居民埃兰的都城，比波斯人建立国家要早5300年。埃兰人是波斯最有文化的民族，波斯人需要埃兰人帮助他们治理国家，苏萨就成为全国的行政中心。当时，政府的行政官员，特别是王室经济管理人员，几乎都是埃兰人。波斯帝国的赋税大概也由苏萨的国库收藏。在希腊人眼里，苏萨是世界上最富有的城市，他们由衷地感叹说："谁要占有苏萨的财富，谁就可以和宙斯斗富！"大流士在位时期，对苏萨的宫廷建筑进行了大规模扩建，仅建筑使用的材料就来自遥远的中亚、印度，西至埃及、希腊等15个地区，参加建筑的工匠至少来自5个民族。为修筑苏萨宫廷，大流士几乎动用了整个帝国的人力、物力、财力，其规模雄伟、富丽堂皇之面貌，可想而知。所以，波斯国王大部分时间都住在苏萨。这座宫廷后来被萨珊王朝国王下令毁灭，化为一片瓦砾，埋葬于黄土之下。

波斯波利斯位于古波斯文明的发源地，距离苏萨几百千米。这座城始建于公元前520年，但整个工程持续了70年才得以竣工。波斯波利斯宫廷建造在面积15万平方米、高约13米的人工平台上。王宫三面有箭楼和城墙防御，墙高4.5米至15米；另一面是高不可攀的悬崖。波斯波利斯王宫设计严谨，风格独特，规模庞大，残留下来的浮雕艺术非常精湛，反映了当时帝国不同的民族风貌和政治生活。这座城市大概只对贵族开放，显得十分神秘。亚历山大大帝东征途中占领波斯波利斯后，在此处的波斯国库中掠到的白银就达几万公斤。据说，马其顿征服者酒醉后，一把火烧了这座宫城。而今，波斯波利斯早已变成一片废墟，只有游荡的牧人偶尔光顾，孤独的商队从旁边走过。

大流士在中央设立了国王直接领导的最高行政机构"王室办公厅",其最高长官称为千夫长,他同时兼任亲卫军长官和中央监察机构最高监察官。千夫长的地位仅次于国王。没有他的同意,任何人不得接近国王。此外,中央向地方派出钦使,希腊人称为"王的耳朵",他们经常巡行各地,有权监督各级地方官吏,负责地方和中央机构的联系,重大事件直接向国王汇报,而不受地方官员的节制。同时,王室派出一名王室秘书在地方总督身边,也起着一定的监督作用。从大流士开始,波斯国王就鼓励地方军政官吏互相检举,以加强中央对地方的控制。

在地方上,大流士改革了原有的行省机构。他上台之初,波斯帝国的行省有波斯、埃兰、米底、巴比伦、亚述、阿拉比亚、沿海诸地、吕底亚、爱奥尼亚、亚美尼亚、卡帕多奇亚、帕提亚、德兰吉亚那、犍陀罗、斯基泰亚、索格狄亚那、阿拉科西亚和马卡。此后,行省的数目虽有所变动,但往往与边远地区军事征服的成败和行政管理的需要有关系,其基本领土还是比较稳定的。波斯帝国行省的面积很大,往往大致与以前的帝国或民族的疆界相同。行省的最高长官称为总督(波斯语意为"王国的保卫者")。波斯帝国的初期,各行省总督大多由当地原来的国王、首领或官吏担任,全权负责处理该地的一切行政事务。但是,大流士上台前后的叛乱或起义暴露了这一政策的弊端。当地行省总督权力过大,一旦中央实力衰弱或有其他可乘之机,他们就会起而造反,追求独立。大流士改革的目的就是把行省权力集中到波斯贵族手中。改革后,行省总督通常由波斯贵族担任。某些地区行省以下的行政长官也由波斯人担任。大行省之间比较弱小的民族或国家，则委派当地国王、部落首领担任行政长官，一般仍享有自治权，只负责替帝国中央收取赋税。为了防止地方权力过大，大流士通过实行军政分治来限制和分散总督的权力。改革后，行省总督只负责行政事务，管理地方司法，征收赋税，维持本省治安，监督地方官吏。总督有权铸造银币和铜币，但要听命于中央。冈比西斯任命的埃及总督将铸有国王像的银币镕为银块，高价出售，被大流士认定为叛逆，将其撤职并处死。行省军队由行省军事长官统领，他和行省总督一样直接由国王任命，直接听从国王指挥。各行省总督手下又设置王室秘书一人，负责监督地方官吏，加强中央和地方的联系，起着监察官的作用。行省总督、驻军长官、王室秘书互不隶属，互相制约，都直接听命于国王。行省总督下面有庞大的行省办公厅，有大批官吏负责处理行省的日常事务。在改革后的帝国行政机构中，波斯人占绝对优势，他们几乎垄断了从中央到地方的所有军政要职。同时，波斯帝国的各级行政机构中也有大量其他民族的代表人物。中央王室办公厅多是埃兰人。埃及、巴比伦等地，通常由本地人担任地方行政长官、法官等。因为这些地区过去比较先进发达，这些官吏都有丰富的行政管理经验。

在经济上，大流士进行赋税制度、货币制度、度量衡等方面的统一和改革。在居鲁士和冈比西斯时代，各地没有固定的赋税，而是以礼物的形式缴纳贡赋。大流士把帝国划分为20个行省地区，规定每个民族应当向他缴纳贡税。白银按巴比伦塔兰特来交纳。正是贡税的确定和诸如此类的措施，波斯人把一直为他们谋福利的居鲁士称为"父亲"，把苛酷、傲慢、无情的冈比西斯称为"主人"，而把贪图小利、锱铢必较的大流士称为"商人"。

按照大流士的规定，居住在小亚细亚的希腊等民族每年要缴纳400塔兰特白银，为第一地区。吕底亚、卡里亚等共缴纳白银500塔兰特，为第二地区。亚欧交接处的赫勒斯滂人、色雷斯人等共缴纳380塔兰特，为第三地区。奇里乞亚人除缴纳500塔兰特白银之外，每年还要贡献360匹白马，为第四地区。巴勒斯坦、叙利亚和塞浦路斯为第五地区，要缴纳350塔兰特。埃及为第六地区，除了要缴纳700塔兰特白银外，还要缴纳鱼税和一定的谷物。因为埃及人要对居住在孟菲斯的波斯人及其雇佣兵提供几万美狄姆诺斯（1美狄姆诺斯约等于52升）的谷物。苏萨和卡里亚人要缴纳300塔兰特。巴比伦和亚述的其他地方，除要献给大流士1000塔兰特的白银外，还要进奉500名充任宦官的少年。印度为第二十地区，他们要缴纳360塔兰特的沙金。如果全部加起来，大流士有4490塔兰特白银的贡税收入。他把收上来的银子熔化成液体，倒到土瓮里去。等土瓮注满时，把外壳打破，就成为一个硕大的银坨子。如果什么时候需要钱，他就下令把银坨铸成钱币。

波斯人作为统治民族，免纳任何赋税。另外，一些边远部落民族奉献礼物，而不纳税。如：埃及南面的努比亚人，他们每隔一年献纳两样伊尼库斯（重量单位）的非精炼金，200块乌木，5个努比亚男孩子和20只大象牙。科尔基斯人和高加索人每四年奉献少男少女各100名。而阿拉伯人每年奉献1000塔兰特的乳香（一种植物香料）。

大流士确定的赋税数量一般认为比较适中，经阿契美尼德一朝都没改变。经过地方收税官吏层层盘剥，纳税人的负担十分沉重。许多居民缺乏现银，不得不以土地、房屋和家庭成员做抵押，向"银行"借贷白银，缴纳赋税。无力赎回土地的居民，就变成无地雇工。还有人被迫将子女卖为奴隶。到波斯帝国晚期，埃及的赋税十分沉重，农民被迫逃进城里，却被当地行政官吏逮捕并强行押解回籍，埃及全国一片哭声。即使在波斯省本土，大量农民也不断破产，造成兵源枯竭，迫使帝国不得不以希腊雇佣兵为主力军。

公元前517年，大流士下令统一全国货币制度，规定全国货币有三种：金币称"大流克"，每枚重8.4克，含金量达98%。只有国王才有权铸造金币。金币主要用作赏赐和商品，不是真正流通的货币。银币叫"舍克勒"，重5.6克，含银量达95%以上。每20个舍克勒等于1个金币大流克。银币和铜币的铸造权下放到行省总督，以及希腊、腓尼基的诸城邦。银币作为主要货币主要流通于小亚细亚地区和支付雇佣兵的军费。巴比伦、埃及和波斯大多使用银锭。市场上流通的银币是各地铸造的，成色不一，国库在收税时往往把所缴的银币分为白银、纯银、二等银、三等银等，按照标准打折扣。纳税者要补足成色不足的差额。

大流士还统一了度量衡制度。苏萨、波斯波利斯和埃及南部出土了波斯帝国时期的度量衡实物和文书。苏萨出土了黑石灰石尺，长18寸，上面还刻有大流士的王号。另有大小不等的青铜和石制的权。一个青铜狮形的权重460磅，铭文注明为7塔兰特。波斯波利斯出土了一个金字塔形的权，重22磅，铭文注明为120卡尔沙。埃及的埃列方丁纳出土的纸草文书记载了当地犹太雇佣军是"按照国王的权"偿还债务。大流士在位末年，"国王的量"已经代替了私家的量。货币和度量衡的统一对于促进商业发展和社会经济繁荣起到了很大作用。

为了加强和巩固中央集权统治，保证对外征服的需要，大流士也实行了一系列军事改革。按照波斯帝国的传统，一般波斯人都有服兵役的义务。波斯人组成的军队数目不大,却是波斯帝国军队的核心,其中精锐和主力是"万人不死军"。如果在他们当中有任何一个人因死亡或因病出现空缺,便马上选拔另一个人代替他,所以这支部队从来不会多于或者少于10 000人。在所有兵员当中,波斯人的装束最华丽。他们拥有大量黄金,还带着有顶棚的马车,里面载着妾婢和穿着讲究的仆从。"万人不死军"分10个千人团。第一个千人团由波斯高官显贵的代表人物组成,他们是国王的亲卫军。其余9个千人团由伊朗各部落及埃兰的代表人物组成。

大流士把全国划分为5个军区,每个军区的司令官由大流士直接委任和调遣。除了波斯人组成的军队外,波斯帝国还有大量从各个被征服地区征集来的军队。他们分散驻扎在各部。如果某行省发生了紧急情况,国王就可以立即从其他行省调来补充军队。大流士为了防止各省的居民和当地驻军相勾结,严禁出自本省的战士留在当地驻防。所以,当时各省驻军都是由外地人组成的。比如:驻扎埃及南部地区的军队是犹太人,而非埃及人。在帝国军队中,除波斯人外,米底人、巴克特里亚人、斯基泰人也起了很重要的作用,但军队的高级军官大多由波斯人担任。

波斯军队分为步兵、骑兵和海军。步兵主要由波斯自由兵组成,重骑兵由贵族组成,轻骑兵则由米底、巴克特里亚和斯基泰人组成。帝国初期,波斯军队的战斗力很强。大流士在铭文中称波斯是兵强马壮的伟大国家,波斯军威曾经远扬四海,波斯士兵曾经在远离波斯的地方作战。波斯人能够战胜亚述、巴比伦、埃及等强国,主要依靠波斯军队的骑兵和步骑协同作战的战术。作为马上的国王,大流士自称一名优秀的战士。他在铭文中说:"我手脚灵活。不论步战还是骑战。作为骑兵，我是一名优秀的骑兵；作为弓箭兵，我是一名优秀的弓箭兵；作为长矛兵，我是一名优秀的长矛兵。我高超的技艺为阿胡拉·马兹达所赐，我有力量使用它们。"拥有悠久尚武精神的波斯人，历经诸多实战之后，确实已经成为一支很有战斗力的军队。

为了密切中央和地方的关系，加强中央对地方的控制，大流士下令修筑驿道，开挖运河，继承并完善了亚述帝国的驿传制度。大流士曾在全国各地大规模修筑道路，号称"御道"。最长的御道从爱琴海东岸的以弗所经过萨第斯、卡帕多奇亚、亚美尼亚，直达帝国首都苏萨城，全长2400千米。驿道设施齐全，安全可靠。每隔25千米就设立一个驿站。每个驿站都备有骑手和马匹进行轮换。无论寒冬还是酷暑，也无论白天还是黑夜，人马行程都不间断。如果有紧急公文需要往来于首都苏萨和小亚细亚之间，就由沿途各驿站之间接力传送，非常迅速。据说，住在苏萨的波斯国王能够吃上从爱琴海捕捉的鲜鱼。爱琴海里刚刚捕捞出来的活鱼，被捕鱼者放在皮囊之内，在驿站之间快马加鞭地日夜传递，7天就可以送到王宫了。"一骑红尘妃子笑，无人知是荔枝来。"唯有帝王，才可以享受这样奢侈的生活。波斯帝国也采用火炬传递信号。特别是遇有紧急情况和命令需要传达时，就立刻把燃烧的火炬交由沿途各驿站飞速传递下去。除了最长的御道之外，还有一条御道从巴比伦开始，经过哈马丹、帕提亚和巴克特里亚，直通中亚和印度河流域。这条道路成为丝绸之路的主干道。还有一条真正的御道，从巴比伦开始，经过苏萨和帕萨加迪到波斯波利斯，把帝国的4个首都连接起来。这些道路的修筑，不仅有助于驿传，而且有利于军队的调动。如果帝国境内某一地区发生紧急情况需要增援，即使很远的驻军，接到命令后也能很快到达目的地。

大流士不仅重视陆路交通，还注意海上交通和河运。公元前516年，大流士派希腊人西拉克斯（出生在小亚细亚的卡里亚城邦）从喀布尔河和印度河汇合处出发，入印度河顺流而下，进入印度洋后，经过波斯湾，环绕阿拉伯半岛，抵达今天的苏伊士港。这次航行历时两年半。西拉克斯归来后用希腊文撰写了航行记。印度行省就是这一次航行之后不久而设置的。印度置省，促进了海上贸易的发展。有记载说，曾有印度妇女在基什城开设旅栈。公元前518年，大流士决定开凿苏伊士运河。其实，早在埃及中王国时期，尼罗河的支流佩卢西亚克河就有一条灌溉用的运河。公元前7世纪，埃及法老尼科二世决定延长运河经苦湖至苏伊士湾，以实现从红海直航地中海的计划。但尼科二世没有完成这项浩大的工程。大流士在尼科二世开凿的基础上，继续开挖。由于先前开挖的运河已经被沙湮没，开挖运河的工人不得不找井汲取饮水。运河完工后，长有4日水程，宽可容纳两艘三桨座战船并排航行。这条运河是近代苏伊士运河的前身，它的开辟使埃及通过海上航行同美索不达米亚平原和伊朗高原连接起来。大流士在运河旁刻石纪功，铭文说：

伟大的神阿胡拉·马兹达，他创造了这大地、天空。他创造了人类和人类幸福。他立大流士为王，他把这个兵强马壮的伟大国家赐予大流士王。

我（是）大流士，伟大的王，众王之王，各省万民之王，这辽阔大地之王，叙斯塔司佩斯之子，阿契美尼德宗室。

我是波斯人，我从波斯来占领了埃及。我命令修建从流经埃及的尼罗河直通往波斯的大海的运河。这条运河后来完全按照我的命令挖成了。船只经由这条运河可以由埃及到达波斯,一如我原来所想。

大流士对这项工程颇为得意。修筑驿道、开挖运河均为加强对地方的统治,但帝国境内交通条件的改善,大大加强了各地区之间的联系,促进了各地区之间的商品交流,对社会经济的发展十分有利。

大流士深知法律对巩固帝国的作用,他组织建立健全了法律和司法制度。公元前516年,大流士下令给埃及总督,要他选拔埃及士兵、祭司和书吏中的贤哲送往苏萨王宫,以便收集和编写关于法老、祭司和士兵的法律。这项工作进行了22年才结束。公元前495年,法典编成后,大流士又进行了若干修改,才下令将其用埃兰文和阿拉米文颁行埃及各地。这部法典没有保存下来,但根据这一时期的私法文书判断,这一时期埃及法律没有重大改变。长期以来,《汉谟拉比法典》是西亚各地区学习效法的典范。根据大流士留下的铭文措辞和用语推断,这部法典有许多地方是以《汉谟拉比法典》为蓝本的。在巴比伦地区,政府机关、司法用语受到波斯人的很大影响,但根据当时的私法文书来看,当地法律改变也不大,《汉谟拉比法典》的某些条款仍在继续使用。大流士在位晚期,实行国家机构和经济改革,某些私法做出相应的调整。帝国政府机构和巴比伦当地居民交往时,必须遵守巴比伦法律。居住在巴比伦的波斯人从事各种经济活动,也要遵守巴比伦法律。但是,巴比伦的总督和法官大多是波斯人,巴比伦地区的司法权仍掌握在波斯人手中。

波斯帝国历代国王都允许犹太人按自己的法律生活。犹太教经典《摩西五经》就是在波斯国王的庇护之下编成的,并于公元前445年

10月30日正式成为犹太人的法律。后来,在波斯国王的支持下,《摩西五经》成为各地犹太移民必须遵守的共同法律。波斯国王称犹太先知、大祭司以斯拉为"通达天上上帝律法的文士祭司"。波斯国王降旨说:

> 以斯拉啊!王既然差你去耶路撒冷,照你手中上帝的律法书查问犹大和耶路撒冷的景况。要照着你上帝赐你的智慧,将所有明白你上帝律法的人立为士师、审判官,治理河西的百姓,使他们教训一切不明白上帝律法的人。凡不遵行你上帝律法和生命的人就当速速定他的罪,或治罪,或充军,或抄家,或囚禁。

基本上有成法的民族都遵守着以前的法律。

帝国的波斯居民仍然遵从在世代相传的习惯法基础上形成的比较原始的法律。根据波斯法律,波斯国王可以做他愿意做的任何事情。王权至上,国王的意志就是法律,国王本身不受任何法律约束。但实际上,王权在一定程度上受到贵族势力的限制。比如:冈比西斯娶他的妹妹为妻时,征求了王宫法官的意见。法官给了他一个圆滑的答案,既不至于因维护法律而丢掉性命,也没有因畏惧冈比西斯而破坏法律。一般来说,国王的判决是最终判决,是不容改变的。一般案件由王宫法官审理。这些法官是从波斯贵族中选出的,除非有过失,全部任职终身。如果王宫法官贪赃枉法,审理不公,就会受到国王的严厉惩罚。欧塔涅斯的父亲西撒姆涅斯曾是王宫法官之一。他因接受贿赂而审判不公。冈比西斯一怒之下剥了他的全皮,然后蒙在西撒姆涅斯曾经坐过的法官座椅上。后来,欧塔涅斯被任命为法官,代替他父亲，冈比西斯告诫他要记住教训，公正审判。大流士为王时，桑多开斯也因受贿而审判不公，被大流士逮捕并判处磔刑。即将行刑之际，大流士仔细权衡了一番。结果，他发现桑多开斯对王室的功劳大于他所犯的过失，格外开恩，把他释放了。

波斯帝国境内民族众多，语言文字也是千差万别，大流士为了政令的统一和实施，确定当时西亚流行的阿拉米语为全国通用的官方语言。阿拉米语起源于腓尼基文字，在亚洲历史上发挥过重要作用，它是亚洲现存许多字母文字的共同起源。阿拉米字母书写简单，应用广泛。阿契美尼德王朝所有诏令必须首先译成阿拉米文，再送往各地译成当地文字颁行。波斯人使用古波斯楔形文字。这种文字比西亚其他楔形文字都要简单，只有36个字母符号和1个分字符号。每个符号笔画最多不超过6画，书写由左向右，书法工整美观，较之其他楔形文字更加容易辨读，已经接近字母文字或半字母文字了。古波斯楔形文字是阿契美尼德王朝用于发布诏令、铭刻王室碑铭的文字。它不是历史形成的，而是纯粹人造的文字，使用范围很小，认识者也极少，用它发布诏令时，必须同时译成通用的阿拉米文字。阿塔薛西斯二世之后，古波斯楔形文字使用越来越少。到亚历山大东征时，伊朗已没有人能读懂居鲁士王陵的铭文了。随着波斯帝国的灭亡，古波斯楔形文字也变成无人通晓的死文字。直到1845年，这种文字才由英国学者罗林森释读成功。总之，文字的统一为整个波斯帝国的文化交往提供了便利条件，对于巩固帝国统治起了一定的促进作用。

开始于公元前518年的改革，倾注了大流士的毕生精力，也取得了巨大成效。改革成果保证了中央对地方的控制，巩固了对征服所得领土的统治，促进了帝国的商业和贸易的发展。贪心不足蛇吞象。大流士的征服野心是永无止境的。"普天之下，莫非王土"是大流士的最大心愿。公元前492年，旷日持久的希波战争爆发了。波斯人初战失利，但大流士并没有放弃征服希腊的企图。公元前486年，埃及又爆发了反波斯统治的大起义。大流士还没来得及镇压，就身染绝症，命赴黄泉了。

（五）功高至伟：大流士的贡献

综观大流士的一生，他是波斯帝国颇有作为的一代英主。他上台后，对内消灭内乱，厉行改革；对外侵略扩张，开疆拓土，极大促进了波斯帝国内外部的全面交往。他不仅挽救了风雨飘摇中的波斯帝国，而且把它推上了强盛的顶峰。若从历史文明交往的角度看，大流士厥功至伟，堪值一书。

首先，大流士平定内乱，为促进内部交往创造了条件。人类的交往过程，就是不断消除人类的孤立封闭状态，逐步加强社会联系和整体融合的过程。交往作为一种实践能力是和生产力相适应的，生产活动是交往的基础、决定要素和制约因素。波斯帝国时期，落后的生产力水平决定了各地区、各民族之间的交往非常有限，尚处于由点状交往向区域性交往的过渡阶段。

交往总是在邻近地区发生，地缘因素是交往的首要因素。地缘常常是一个地区内人群的生活方式、文化传统、民族性格等种族或民族异质性的指数根源，与民族政治文化关系密切。开国之君居鲁士凭借强大的军事力量，以战争交往的方式，打破了各地区、各民族、各文明的原始的小国林立、相对闭塞的状态，冲破了地缘因素的局限，首次为波斯帝国的内部交往创造了条件。但是，大流士继位前后，帝国各地风起云涌地爆发了起义或叛乱。大流士用了一年多时间，经过大小19场战争，擒获了9个叛乱国王，才最终把这场使帝国面临土崩瓦解的起义或叛乱镇压下去。这不仅巩固了大流士的统治，而且维持了一个庞大帝国的疆域和统一。各民族、各国家的相互关系，取决于每个民族、每个国家的生产力、分工和内部交往的发展程度。各民族、各国家本身的整个内部结构，都取决它的生产，以及内外部交往的发展程度。大流士平定内乱，重新统一波斯帝国的意义在于：避免了帝国崩溃而造成的小国林立、各自为政的相对闭塞局面，为帝国内部的进一步交往提供了条件。

其次，大流士厉行改革，全面促进帝国内部交往。波斯帝国是一个地域广阔、民族众多的帝国，内部不同的民族、不同的宗教信仰和文化传统、不同的生产生活方式、不同的社会发展阶段构成了千姿百态、相对独立的小地缘环境。这种差异性在很大程度上不利于帝国内部的交往，也不利于中央对地方的统治。大流士下令在帝国境内修筑若干驿站，配备马匹人员，使之安全可靠，畅通无阻。驿道的修筑和完善为促进帝国内部的政治、经济、军事交往提供了有利条件。与之相伴的，必然是文化上的交往。

大流士推行行省制度，加强和地方的政治交往。帝国初期，部分地区行省的总督大多由当地土著王公、部落首领或官吏担任，全权负责行省军政事务。大流士上台后的动乱暴露了地方权力过大的弊端。大流士的行省改革，一是把总督职位全部授予波斯人，二是实行军、政、监察三权分立。行省的划分反映了地缘因素的特征。每一个行省都是一个相对独立的地区，其范围大致相当于各个被征服国家的疆界。如：巴比伦是一个行省，埃及也是一个行省。这种划分保持了原地区的地缘、民族、生产生活和文化特色,有利于行省内部交往。而行省行政、军事、司法和经济权力的分散与互相牵制,则削弱了各行省的相对独立性,加强了中央和地方的政治交往。

大流士在经济方面的改革促进了帝国内的经济交往。公元前518年,大流士实施税制改革。此前,波斯帝国对地方没有固定的赋税,许多地区以送礼物的形式缴纳贡赋。大流士重新丈量全国耕地面积,根据土地面积、农作物的种类和平均产量,规定了固定的税额。这就避免了地方官吏毫无定则地横征暴敛,形成了中央和地方的固定经济联系,促进了各地的内部经济交往。同时,大流士下令统一全国的度量衡和货币,有利于商业发展,有利于地区间的各种经济交往,从而有益于帝国统治的巩固。

大流士的军事改革也是加强交往的重要手段。在古代社会,战争交往是一种常见的交往形式。战争交往具有对闭塞状态的突破性作用,而这种突破性作用是任何和平交往所不能比拟的。波斯帝国的建立正是居鲁士率领强悍的军队,东征西讨、南征北战的结果。波斯帝国的再度统一稳固,也是靠大流士通过大小19次战争完成的。军事实力的先进与否直接决定了其在内外交往中的成败。大流士的军事改革使波斯帝国拥有一支强大的军队,在维护帝国内部有秩和平的持续交往、占据对外交往的主动性等方面起到了巨大作用。

大流士统一文字,实行宗教宽容政策,促进了文化交往。对人类的文明交往而言,语言能使人们交流感情、分享经验、共享知识,加强人与人之间的理解交往。文字则是语言的进一步发展。语言文字对帝国的文明交往来说,既是内容,又是手段,它是帝国文明交往的思维手段和传播工具。为了解决帝国境内民族众多、语言文字互异问题，大流士把广为流行、简单易懂的阿拉米语确定为全国通用的官方语言，用以发布诏令，和其他地区的语言文字并行不悖。文字的统一既是帝国内部文化交往水平的标志，也极大地促进了各地文化交往。

宗教是古代文化的载体，是帝国文明的核心和基础。任何一个帝国都有自身宗教或近似宗教的文化形式。帝国的文明交往也离不开宗教的价值体系带来的强烈政治归属性。宗教作为一种意识形态，相对独立于社会存在。一个国家灭亡了，一个民族被征服了，但其所信奉的宗教不会马上随之消灭，而是随着环境变迁有一个非常复杂的变迁过程。通过战争交往形式，以军事和政权力量建立起来的波斯帝国，境内不同的民族有着不同的宗教信仰。

不同的宗教相处，往往不是冲突，就是相容。观诸古今中外，宗教相容的情况少，宗教冲突的例子则比比皆是。不同的宗教对宇宙万物有不同的理解，有不同的价值观念体系。一旦宗教认为自身信奉的神是唯一的真神，自身掌握了唯一的真理，这种思想与民族、国家等现实利益因素结合起来，宗教间差异性所蕴藏的强大力量就会爆发出来。宗教与地缘、文化、民族等有着密切的天然联系，往往成为不同国家、不同地区、不同民族间发生冲突的重要因素。而一旦宗教间发生冲突，理性与科学无能为力，只能依靠人类自身的理智、智慧和克制。宗教信仰愈虔诚狂热，这种冲突就愈血腥可怕。

波斯帝国的统治者历来信奉祆教。在居鲁士二世支持下，祆教迅速传遍了波斯帝国，逐渐形成了一个祆教文化圈。但居鲁士奉行宗教宽容政策，他在巴比伦送回诸神，使其永远安居。他遣返"巴比伦之囚"，重修耶和华圣殿。他尊重各民族感情，保护他们的信仰。

大流士把波斯统治者对祆教主神阿胡拉·马兹达的信仰提高到

新的高度。在铭文中，他一再声称"靠阿胡拉·马兹达之佑"，其意即在利用宗教信仰证明其统治的合法性。大流士同样实行宗教宽容政策。他尊重埃及的信仰，斥巨资修建了阿蒙神庙，并以此获得埃及祭司阶层的支持。大流士善待犹太人，耶和华圣殿修复工作得以完成。即使因发动叛乱而被大流士称为"不义之人"的埃兰人，仍被允许信仰自己的神。在波斯本土，他也不排斥祆教产生前早有的原始众神信仰。对帝国境内崇拜的诸神，大流士均加以保护或赞助。

大流士的宗教宽容政策也具有极其重要的意义：在确保帝国全体利益的前提下，他承认、保护各地原有信仰，也就维护了地方与宗教信仰纠缠在一起的局部利益，有利于维持地方的稳定。这种宗教宽容使帝国境内各宗教因没有外在威胁而不会形成闭塞的自我保护意识，有利于各宗教之间的对话、了解、相互理解和尊重，这正是文化交往的理想状态。

波斯帝国是一个力图统治东方和西方的国家。不断开疆拓土是历代统治者的基本国策，大流士也不例外。公元前517年，内乱初定，他就开始了对外扩张。他派兵占领了印度西北部，将其置为印度行省。公元前513年，大流士亲自率军进攻斯基泰人。尽管与斯基泰人的战争不胜而返，但他沿途把色雷斯、马其顿并入了帝国版图，一些希腊城邦也被征服。大流士雄心未已，不久又发动了入侵希腊的战争。但大流士没看到战争的结果，就随无常而去。

从历史文明交往的角度看，大流士的侵略扩张推动了国内外的各种交往。首先，这种战争交往促进了境内各民族之间及其与域外民族的交往。例如：塞人作为波斯帝国的居民，就不仅同波斯人交往，也和希腊、印度、美索不达米亚等地区的人发生交往。这种交往不仅通过战争形式在战场上相逢，也作为难友（被波斯国王奴役的手艺人和建筑工人），甚至作为波斯的官吏和军人。另外，在战争交往中，战争本身的需要和人员的流动，也加速了物质文明的交往。由于毗邻的地缘关系，频繁的人员往来，希波战争极大地促进了双方的文化交往，特别是推动了东方文化向西方传播。在希波战争中，波斯成为东方文化向希腊传播的主力。它不仅把自身的文化向西方输送，而且把巴比伦、埃及、克里特岛等地的远古文化向西方输送。

换一个角度来看世界历史，我们可以把交往作为世界历史横向发展的联系线索，把交往活动和生产活动的发展结合起来，把交往和交换进行综合考察，就会全面地反映人类社会发展的客观面貌。从某种程度上说，人类历史就是一部不断打开闭塞状态、走向全球化的交往史。

要研究历史的发展规律，就要研究人类交往的规律。评定历史人物，也需要从历史文明交往的角度看他们在当时的条件下是促进了交往的发展，还是阻碍了交往的发展。

在这里，大流士提供了一个典型的个案：在原始文明的点状交往向奴隶制文明的区域交往的演进中，大流士的扩张扩大了区域交往的范围，第一次囊括亚非欧三大洲，意义重大。交往是社会生产活动的必要前提、伴随要素和中介环节。理想的交往状态必然有利于社会生产的发展，推动历史的进步。而大流士的改革正是通过政权的力量把帝国的政治、经济、文化等方面的交往调整到和平、有序、理性、互动的最佳状态，并由此影响对外交往。这正是大流士文治武功在世界历史交往中的意义所在。观诸世界帝国的统治者，或偏重攻伐，文治未遑；或修文施政，武功不烈。能内外兼顾，效果俱佳者，大流士是其中的极少数人之一。大流士不仅是波斯帝国的伟大君主，更是世界历史上著名的政治家之一。

五、欣欣向荣：空前繁盛的社会经济

（一）奴隶制帝国：遍地而起的大庄园

波斯帝国是以战争交往的形式建立起来的庞大帝国。波斯帝国的建立促进了境内各民族、各地区在各方面的交往，但各民族之间经济、文化等方面存在巨大差异，终阿契美尼德一朝，波斯帝国始终只是一个军事行政联合体。但是，在当时的条件下，大流士的改革，巩固了帝国的统治，消除了古代西亚文明地区内部长期混乱的局面。它为东起印度，西到地中海沿岸这个辽阔地区的政治、经济、文化交往，提供了良好的条件。大流士改革以后，波斯帝国进入了全盛时期，社会经济也空前繁荣。

在波斯帝国极为广阔的疆域内，社会经济的发展极不平衡，各地区之间存在巨大差异。在帝国西部，尤其是巴比伦尼亚、埃及和地中海沿岸各城邦，奴隶制生产关系早就发展起来，商业贸易也非常发达。而伊朗东部地区、中亚细亚和其他边陲地带，有的原始公社正在瓦解，奴隶制生产关系刚刚萌芽，有的游牧部落还处在原始社会阶段。而军事征服这一交往模式的直接后果，极大促进了波斯帝国的奴隶制经济的发展繁荣。

首先，战争交往直接促成了奴隶主阶级的队伍壮大和奴隶制大庄园的激增。作为"众王之王"的帝国最高统治者，波斯国王名义上是全国土地的所有者。而实际上，除了部分土地由农村公社占有耕种，并必须向国家缴纳一定的赋税外，其余土地被国王和奴隶主贵族阶级占有。波斯诸王征服各地之后，没收了大批被征服地区反抗波斯统治的高官显贵的土地。国王留用、独占一部分外，把大量土地赐予宗室成员、波斯的高官显贵。这些土地的领有者，除服兵役外，免纳一切赋税。于是，大规模的王室、显贵、官吏的大庄园遍及波斯、埃兰、巴比伦、巴勒斯坦、小亚细亚、埃及等地。这样就出现了一大批占有大庄园的奴隶主阶层。这些大地产主一般并不亲自管理这些地产，而是委托管理人员负责，他们自己则住在巴比伦等大城市享乐。波斯亲王阿尔沙米斯本是埃及总督，而他却长期住在苏萨和巴比伦。从苏萨到埃及，到处是他的庄园。阿尔沙米斯发给巴勒斯坦等地的许多管理人的命令说：

> 我的管理人纳赫特·戈尔前往埃及了。你们应从你们境内我的地产中供给他给养：每日两米尔卡白面粉、三米尔卡全麦粉、两米尔卡葡萄酒或啤酒、一头母绵羊；供给他的奴仆的给养为：每人每天一米尔卡面粉，每匹马供给一米尔卡干草；必须供给和他们一道去埃及的我的三个奴隶（两个奇里乞亚人和一个工匠）的给养为：每个人每天一律供给一米尔卡面粉。每个管理人必须按照纳赫特·戈尔由一地到另一地的行程顺序、等次供给其给养，直至他到达埃及为止。倘若他在一地滞留一天以上，不准发给他多于预定日期的给养。

在另外一份阿尔沙米斯给他在埃及和邻近地区庄园管理人下达的

命令中，我们可以看出波斯帝国奴隶制大庄园经营管理的特点和埃及民众对异族统治的不满和反抗情绪。阿尔沙米斯给埃及庄园管理人赫特·戈尔的命令为：

> 从前埃及人发难的时候，前管理人普萨米提赫不但把我在埃及的奴隶和动产保护得严严实实，没有使我家遭受任何损失，同时还尽力从其他地方搜罗各种奴隶工匠和其他动产交给我家。而现在我也在这里听说，下埃及有许多管理人特别出色，他们不但把主人的奴隶和动产保护得严严实实，同时又用从其他地方搜罗的其他东西增加了主人的家产。但你没有这样做。
>
> 为此，我现在告诉你：你必须努力把我的奴隶和动产保护得严严实实，不要使我家遭受任何损失。同时，你还要尽力从其他地方搜罗各种奴隶工匠，送往我的府邸，盖上我的印记。你必须像前任管理人一样为我家尽力效劳。
>
> 你要明白，如果我的奴隶或其他动产有任何损失，如果你不能从其他地方搜罗各种动产，不能增加我的家产，你就是严重失职，将受到申斥。

依靠奴隶的辛勤工作和管理人员的严格管理，奴隶制大庄园得到快速发展。这类庄园基本上是自给自足的自然经济，产品除供波斯奴隶主挥霍之外，就用来给各级管理者和劳动者付报酬。

其次，战争交往的直接后果是造就了一大批在庄园内劳作的战俘奴隶。庄园中有大批农田和手工业作坊，主要劳动者是被称为"格尔达"的战俘奴隶。按照社会生产的自然规律，最早最多的奴隶来源是债务奴隶和自卖奴隶。这些战俘奴隶是征服战争的结果。在波斯地区，奴隶人数激增，而整个帝国境内的奴隶人数相对还是比较少的。在奴隶制一向发达的巴比伦、埃及等地区，债务奴隶、自卖奴隶越来越少，这就显得战俘奴隶的比重越来越大，作用越来越突出，从而证明了战争交往对生产力、生产关系具有巨大影响。居鲁士平定吕底亚叛乱之后，下命把随同吕底亚人一道攻打萨第斯的其他人等全部卖为奴隶。波斯帝国的萨第斯总督玛扎列斯率军攻占普里耶涅，把这个地方的居民全部卖为奴隶。

波斯帝国战俘奴隶的地位比古希腊和古罗马的奴隶的地位要高得多。他们作为奴隶主的私有财产，不能随意行动，并且必须加盖主人的烙印，但他们在庄园里可以有自己的家产，还可以按时领取一份实物和白银。其报酬比当时巴比伦自由民雇工还要高3倍至4倍。根据公元前509年至公元前494年的波斯波利斯王室经济铭文记载，当地共有格尔达21 575人，包括建筑工人、农夫、工匠、牧人等。其中，成年男性占37.5%，成年女性占39.8%，男孩儿占12.7%，女孩儿占10%。战俘奴隶格尔达一般编成几十、几百、上千人的队伍，由十夫长、百夫长等负责监督劳动。从波斯贵族阿尔沙米斯给他的埃及管理人纳赫特·戈尔、监察员和会计的命令中，我们还可以看出奴隶工匠的生产生活状况。其中，有一道命令如下：

> 兹有我的仆人巴加萨尔由苏萨带去的雕刻工辛赞尼。你必须供给他及其妻女给养，数量一如其他格尔达工匠，以使他能像先前一样，为我雕刻雕像，一尊骑士像，还有别的雕像。你必须派人把它们立刻毫不迟延地送往我处。

在管理上，所有格尔达一视同仁，报酬根据其年龄、性别、劳动效益和质量不同而有差别，不问其民族出身。在当时的庄园内，奴隶主除了使用大批格尔达奴隶劳动外，也使用个体奴隶劳动或采取租佃关系的方式进行剥削。在当时的埃及、巴比伦等地区，仍然保持着原来的神庙奴隶制和城市商业中的各种奴隶制剥削方式。这种剥削方式的复杂性、多样性反映了各地区传统的差异和内部经济交往的不同发展程度。

此外，战争交往的另一个结果是一种以服役为条件的军事份地制的出现。波斯帝国建立初期，连续不断的征伐战争需要充足的兵源。于是，波斯统治者把没收来的各地统治者的土地，拿出一部分分给驻守当地的士兵耕种。这种份地每块大约 3.8 公顷，根据持有者兵种不同而称为"马地""枪地""桨地"等。这种份地名义上是"国王的赏赐"，而实际上持有者必须服兵役，还须缴纳一定数量的货币税和实物税。这种军事份地可以继承、抵押或出租，但获得者必须承担相应的义务。

后来，以钱代役的现象逐渐增加，军事份地也逐步落入高利贷者之手。有些士兵家庭因人口增加，份地所供养的人口越来越多。最后，军事份地逐渐消亡，帝国后期不得不采用雇佣兵役制。

在此基础上，波斯帝国的阶级关系一般分为三类：全权公民、自由民和半自由民、奴隶。全权公民（波斯人）和自由民称为卡拉，包括王室贵族、各级官吏、祭司、商人、自由手工业者和普通村社农民。奴隶无论战俘奴隶还是债务奴隶或自卖奴隶，在法律上都属于奴隶主的财产，可以随同土地、庄园、房屋一块儿出让、出卖、转送、馈赠。巴比伦、埃及等奴隶制发达地区设有买卖奴隶的市场。

(二)齐头并进:农工商业的兴盛

大流士改革促进了经济的纵向发展和横向交往。农业是社会生存的基础。波斯帝国的主要农业区集中在西部,尤其是小亚细亚那些古老的农业地区。从生产技术和工具来看,公元前5世纪至公元前4世纪,帝国境内已普遍使用铁器,石制工具在一些地区依然存在,但已退居次要地位。从农业生产组织形式来看,大庄园制的出现是一个新现象。这种集体性规模经营有助于提高劳动生产率,而奴隶本身社会地位较好的状况有利于维持奴隶劳动生产的积极性。当时,两河流域和埃及的小块农田采取精耕细作的方式,提高了农作物的产量。两河流域的椰枣种植则是大规模经营。而伊朗中部和东部,以及中亚的草原地带,仍然以游牧和畜牧业为主。波斯帝国的农业都属灌溉农业,一般来说,收成比较稳定。

波斯帝国的手工业已具有相当高的水平。特别是巴比伦、埃及、小亚细亚沿海地区,因专门从事手工业生产而闻名。许多城市以其手工业产品闻名于世,如巴比伦、乌鲁克、尼善尔、萨第斯等地。叙利亚、腓尼基,以及地中海沿岸的希腊城邦,也出现了不少著名的手工业生产集中地。埃及手工业技术世代相传,而且工种专业固定化,手工业水平特别高超。在帝国统一的环境中,手工业产品和技术得到空前发展,最具典型性的是波斯国王苏萨宫廷的修筑。据大流士苏萨宫廷铭文记载,苏萨的宫殿建筑是帝国各族人民集体力量和智慧的结晶,集中体现了波斯帝国高超的手工业发展水平。铭文说:

雪松是由黎巴嫩山区运来的。亚述人把它运到巴比伦后，卡里亚人和爱奥尼亚人又把它从巴比伦运到苏萨。柚木是由犍陀罗和克尔曼运来的。这儿使用的黄金是由萨第斯和巴克特里亚运来的。这儿使用的贵重的青金石和光玉髓是由索格底亚那运来的。这儿使用的绿松石是由花剌子模运来的。白银与乌木是由埃及运来的。这儿使用的装饰宫墙的材料是由爱奥尼亚运来的。这儿使用的象牙是由努比亚、信德、阿拉科西亚运来的。这儿使用的石柱是由埃兰的阿比拉杜斯运来的。

那些加工石料的战俘，是爱奥尼亚和萨第斯人。那些制造金器的金匠，是米底人和埃及人。那些制造木器的人，是萨第斯和埃及人。那些做坯砖的人，是巴比伦人。那些装饰宫墙的人，是米底人和埃及人。

大流士说：

在苏萨，凡是已经下令修建的雄伟建筑，全部建成了。愿阿胡拉·马兹达保佑我、我的父亲和我的子民！

前面那道短短的诏令，指出了宫廷建筑使用的材料来自波斯帝国境内 15 个地区。从中亚和印度，直到埃及和希腊。现代考古发掘表明，苏萨宫廷的雄伟壮观远胜于诏令所说。大流士的接见大厅，面积达 10 000 平方米，6 排高达 20 米的柱子支起大厅的屋顶，柱廊顶部装饰着牛头。宫廷的墙壁上镶着精美玻璃砖浅雕像，大多为王室侍卫。各种动物和奇异怪兽，现在看来仍然活灵活现，栩栩如生，气势非凡。

大流士修筑驿道，开凿运河，探寻海路，使帝国境内的水陆交通四通八达，这非常有利于商业贸易的发展和各地区之间的经济交往。波斯帝国统辖下的城市市场，可以见到来自印度的香料，来自埃及的玻璃，来自北欧的琥珀，来自卡塔戈（位于伊比利亚半岛）的纺织品，来自希腊的工艺品和葡萄酒，等等。波斯帝国的商业城市主要集中在帝国的西部地区。例如：巴比伦和乌鲁克不仅是著名的手工业中心，也是重要的商业城市。这些商业城市不仅直接销售当地生产的手工业品，也从事广泛的中介贸易。小亚细亚沿海的希腊诸城邦，是东西方贸易的中转站。埃及早在公元前5世纪就同希腊进行麻布、酒等日用品贸易。后来，埃及从希腊进口金、银、木材、木制品和其他物品，一律征收什一税。埃及与希腊之间海路、陆路都比较畅通，成为波斯帝国和希腊进行经济交往的重要商业中枢。尽管当时商业贸易很活跃，但正如马克思所说的："最初的独立的、颇为发达的商业城市和商业民族的商业，是作为纯粹的转运贸易建立在生产民族的野蛮状态的基础上的，这些商业城市和商业民族对这些生产民族起着中介人的作用。"再发达的商贸交往，还是建立在自然经济基础之上的，各地区基本上还是一个相对闭塞的经济整体。

（三）文明交往：人类历史前进的动力

从波斯帝国繁荣的社会经济及其发展状况，我们可以看出交往在经济发展中的重大意义。

物质生产、精神生产和社会交往是人类社会文明生存和发展的方式，是人类区别于动物的集中表现。就像生产力是人类的实践能力一样,这三种文明交往的实践能力在帝国内部和外部的竞争和依存中,不断打破民族和国家的壁垒,使世界逐渐联结成一个整体。

从文明交往的角度看,波斯帝国的战争交往形式以武力扩大了人们的交往范围,使许多原来闭塞的小单位被迫敞开大门,主动或被动地进行各种交往。而战争交往的直接后果就是改变了原来的生产关系。波斯原来分成游牧部落和农居部落,还没有奴隶出现,处于农村公社阶段。在巴比伦等地,奴隶制主要是生产关系自身发展的产物,以债务奴隶和自卖奴隶为主。波斯帝国的战争交往直接造就了一大批波斯贵族奴隶主,也造就了一大批战俘奴隶格尔达。这些新兴的奴隶主和奴隶在波斯帝国通过掠夺和没收建立起来的庄园内结成了稳定的主奴关系。这种新生的生产关系是交往而不是生产本身发展的结果,但也是建立在当时的生产力发展水平之上的。战争交往的另一个直接后果是军事份地制的出现。它的出现也不是生产本身自然发展的结果,而是波斯统治者为了解决兵源问题而在经济上采取的措施。

由此看来,生产力的进步,生产关系的发展并不是匀速的,也不是一成不变的。随着交往范围的扩大,一个地区的生产关系有可能得到跨阶段的巨大飞跃,也可能出现巨大倒退。

波斯帝国的建立保证和扩大了内外部的社会交往,也必然促进物质生产、精神生产的发展、交流和繁荣。从苏萨王宫的修建,可以看出广泛充分的物质生产和交往,生产技术的交往和提高。大流士改革,尤其是驿道的修筑和运河、海路的开通,为交往的发展提供了便利条件。大流士一系列制度文明的建立健全,本身既有继承发展,也是交往的需要和交往的结果。可以说,没有庞大的波斯帝国的建立,就不会有大流士辉煌的制度文明的出现。驿传制度是大流士在继承和发展亚述帝国制度的基础上确立的,然后在帝国范围内推而广之,进而传承下来。铸币制度则是大流士的首创,也成为后世效法的制度源泉。

纵向的社会发展与横向的社会交往密不可分,是一种动态互动的关系。只有综合考察生产和交往,才能反映人类历史立体完整的画面。

六、宗教信仰:影响深远的祆教文化

(一)先知:琐罗亚斯德其人

宗教是人类生活的基本要素,是帝国文明的基础。每一个帝国都有自己的宗教文明。它的内外部交往,也离不开宗教价值系统带来的政治归属性。

祆教是波斯人信奉的宗教,由波斯先知琐罗亚斯德创立,又称琐罗亚斯德教。根据其主要宗教仪礼特征,又称拜火教。"祆"是外来语,是中国唐代人据其音而造的新字,以其俗事天神故。我国著名历史学家陈垣先生指出,"祆"字是"天神"的省写,不称天神,而称祆教,明其为外国天神也。所以"祆"是中国文化对琐罗亚斯德教文化内涵的高度概括。祆教是世界历史上最古老的宗教之一,在世界宗教史、文明史和伊朗古代文化研究中具有重要而独特的地位。祆教对于世界诸大宗教及西亚地区各民族均有重大而深远的影响。地处东西方文明交往十字路口的波斯,祆教文化长时期发挥着重大作用,扮演着极为重要的角色，其影响远远超出了伊朗的地理范围，是世界文明交往史上的一个典型范例。

祆教先知琐罗亚斯德在历史上确有其人。作为祆教创始人，他的生平蒙上了浓厚的传奇色彩。巴拉维语文献记载了琐罗亚斯德降生的神话：琐罗亚斯德的灵光来自第六层天漫无边际的光源。它从群星闪烁的天空降落到弗拉西姆家的祭火台，然后又进入已经怀孕的弗拉西姆妻子的腹中。后来，她生下了一个女孩儿，取名杜戈达娲。因含神光而生，杜戈达娲出落得美貌不俗。受妖魔的蛊惑和煽动，弗拉西姆将女儿杜戈达娲赶出了家门。杜戈达娲流浪到了斯皮塔曼部落，与酋长之子普鲁萨斯帕结为夫妇。琐罗亚斯德的灵魂原本生活在光明天国，守护神将其置入一株胡姆茎内，然后放在一棵参天大树的顶端。在天神指引下，杜戈达娲的丈夫从树上取下神圣的胡姆草，回家交由妻子收藏。琐罗亚斯德的躯体则是天神用水和植物配制而成，然后置入雨点，降落在大地上，为地上的草木吸收。杜戈达娲家的牛群吃了含有琐罗亚斯德躯体的青草，乳房膨胀起来，产生了大量鲜美的牛奶。杜戈达娲把丈夫交给她的胡姆草捣烂，放到牛奶里一齐喝下。于是，琐罗亚斯德的灵魂和躯体，连同杜戈达娲身上原有的琐罗亚斯德的灵光合为一体。此后，杜戈达娲便孕育了祆教先知琐罗亚斯德。

这位先知的出生更为神奇。琐罗亚斯德一降生，便放声大笑。他的笑声使环绕在他身旁的魔鬼纷纷抱头鼠窜。波斯人相信，每一个生物四周都有魔鬼环伺。

其实，这个神话大抵是后世捏造附会的，如同中国古代开国帝王降生时大多红霞满室、电闪雷鸣一样。据传说，佛教创始人释迦牟尼，其母梦白象而孕，左肋而生，刚生下来就连走7步，一步一朵莲花,时有双龙吐水,为其浴身。他还一手指天一手指地曰:"天上地下,唯我独尊。"比起释迦牟尼,琐罗亚斯德的出生传说逊色多了。但其经历和影响,足以与释迦牟尼相媲美。

相传,琐罗亚斯德7岁时就开始接触祭司这一职业。20岁那年,他不顾父母反对,毅然离家出走,云游四方,参访离士,寻求真理。同佛陀和基督一样,琐罗亚斯德也经历了一番苦修磨炼。他远离世人,独自住在一座山上,以山上的干酪和水果为食。在他成圣之前,魔鬼对他多方试探和诱惑,有时在他的前胸插上一把剑,有时把他的七窍灌满熔铅。但琐罗亚斯德经受了这些考验,求道之心从未退缩。

在他30岁那年的仲春时节,琐罗亚斯德终于得到了阿胡拉·马兹达的启示。那天黎明,虔诚的琐罗亚斯德到河边取水,以准备祭礼。在河边,他忽然看到了异象:一个身穿白衣、光芒四射的天神站在他面前。这位天神带着琐罗亚斯德上升到天界,来到了阿胡拉·马兹达和其他天神面前。从他们那里,琐罗亚斯德接受了祆教的启示。自此以后,他作为祆教先知开始传播祆教教义。但是,在很长一段时期内,琐罗亚斯德不但没有得到世人的认可和信服,反而受到嘲笑和迫害。10年过去了,琐罗亚斯德只获得一个信徒,此人还是他的表亲。琐罗亚斯德不由向阿胡拉·马兹达悲叹道:"奉行您的旨意固然是好,却使我在人群之间受尽磨难。"失望之余,琐罗亚斯德离开了故乡的人民,远游他方,追寻有缘的祆教信徒。最后,他终于在一位叫卡维·维斯塔斯帕的国王那里找到共鸣。这位国王对他的讲道大加赏识,连同王后也成为琐罗亚斯德的早期信徒,答应允许并协助他在该国传播祆教。这一年,琐罗亚斯德已42岁。

琐罗亚斯德兄弟五人,他排行老三。琐罗亚斯德一生结婚三次。

原配夫人为他生了一子三女。第二位夫人为他生了两个儿子。第三位夫人是卡维·维斯塔斯帕国王的重臣贾马斯帕的侄女。为了巩固他与王室的关系，扩大祆教的影响，琐罗亚斯德把自己的三女儿嫁给了贾马斯帕。自此，祆教在朝野的影响越来越大，改信祆教的人也越来越多。

根据祆教传说，琐罗亚斯德与其第三夫人三次同房，其精液均射泄到地上。报信天使将精液的光芒和力量取走，交给江河女神霍尔达德保管。这些精液被保存在锡斯坦的卡扬塞湖里，由 99 999 个善者的灵体负责守护。终审日到来前的第一个一千年年末，一位名叫芭德的姑娘到湖中洗浴而受孕，其后生下第一位隐遁先知胡希达尔。终审日到来的第二个一千年年末，一位叫贝赫芭德的姑娘到湖中洗浴而受孕，生下第二位隐遁先知，叫胡希达尔·马赫。终审日到来前的最后一千年年末，有位叫埃蕾达特·费兹丽的姑娘到湖中洗浴而受孕，生下第三位也是最后一位隐遁先知苏什扬特。这三个两两相隔千年而生的兄弟就是继琐罗亚斯德之后的救世主，他们将领导善类战胜邪恶。

据说，琐罗亚斯德得享高寿，在一阵雷声中升天而去。另一种说法认为，他的活动引起邻近国家的敌意，引发了一场维护各自信仰的战争，结果琐罗亚斯德一方大获全胜。但此后，新旧信仰的冲突时有发生。琐罗亚斯德 77 岁那年，被一位仇视祆教的祭司刺死。无论如何，琐罗亚斯德在后人眼中是位超凡脱俗的神话人物。要廓清其本来面目，在有限的资料条件下，难度颇大。

历史上关于琐罗亚斯德的记载，传说多于史实，考其生活年代和地点，难下定论，学界至今依然争论不休。自古以来，关于琐罗亚斯德生存的年代有许多说法。苏格拉底的学生亚西比德认为，琐罗亚斯德生于柏拉图以前6000年。他的根据是,世界每6000年为一个循环,琐罗亚斯德与柏拉图同为二元论者,也应该相距6000年。尽管此说荒唐无稽,但祆教经典也采用此说,影响很大。这一时期远远早于印欧语系共同体瓦解的公元前4世纪至公元前3世纪。作为伊朗高原的雅利安人先知,绝不可能生活在那个时代。另一说认为琐罗亚斯德生活在比亚历山大早285年的公元前6世纪。这是根据波斯传说和巴比伦编年史提出来的。根据波斯传说,居鲁士接受了琐罗亚斯德的教义,在境内广为传播,并与异教徒作战。这与祆教经典《阿维斯陀》中关于琐罗亚斯德的保护人卡维·维斯塔斯帕的事迹特别相近,就把《阿维斯陀》中的国王与大流士之父想象成一个人。根据巴比伦史,居鲁士攻占巴比伦是在公元前539年。如果把这一年看作他接受祆教并开始与异教徒作战之始,那琐罗亚斯德当时应在30岁左右。由此前推30年,就是公元前569年,就成为琐罗亚斯德的诞辰之年。此说得到不少学者的赞成,但仍有疑点无法解释清楚,显得颇为牵强。

大多数学者认为琐罗亚斯德生活在公元前1000年前后,但祆教学者鲍爱丝认为应定在公元前1400年至公元前1200年。学者公认,祆教经典《阿维斯陀》中最古老的部分——《伽泰》是先知琐罗亚斯德所吟诵的布道歌。鲍爱丝据此指出,琐罗亚斯德作《伽泰》所用的语言是伊朗高原东部的古老方言,其古老程度相当于印度的《梨俱吠陀》,而《梨俱吠陀》是公元前1500年以后逐渐形成的,所以琐罗亚斯德的出世不会早于公元前1500年。

丹麦学者克里斯藤森根据米坦尼文献指出,公元前14世纪生活在小亚细亚的居民是印度—伊朗雅利安人,而非纯伊朗雅利安人。米坦尼诸王信奉的是那个时期的神祇，是为祆教当时尚未传入该地的明证。他又根据语言学材料和米底部落已于公元前9世纪中叶在伊朗高原定居的信史材料，推断琐罗亚斯德生平的下限应在公元前1000年之前。因为这时祆教已经形成，其经典已在东伊朗地区流传多时了。从《伽泰》颂诗的内容看，琐罗亚斯德的出生年代反映了社会上出现了势不两立的两个宗教派别的斗争。他的出世、创教构成了东伊朗部落宗教时代初期（公元前1100年）社会生活的基本内容。所以，其生卒年代约为公元前1100年。

琐罗亚斯德的出生地点和他的生卒年代一样扑朔迷离。根据传统的巴列维文宗教文献记载，雅利安人的原住地"埃朗维杰"位于阿塞拜疆。据此，有人视阿塞拜疆为其出生地。按宗教的传统说法，琐罗亚斯德生于阿塞拜疆，20岁开始隐世遁居，探求真理；30岁接受启示，开始传道。由于受到当地顽固势力的反对，琐罗亚斯德的最初传教不顺利，就外出到东伊朗地区的巴尔赫，在那里获得初步成功。77岁那年，他在宗教冲突中不幸殉难。但是，从语言学材料和《伽泰》颂诗的内容推断，琐罗亚斯德的出生地应在东伊朗地区。因为先知所使用的语言是东伊朗地区方言。《伽泰》颂诗和《阿维斯陀》后半部分提到的名山大川、部落战争和宗教活动，地理位置和范围大都在东伊朗地区，尤其是锡斯坦一带。琐罗亚斯德的精液就保存在锡斯坦境内的卡扬塞湖，由众多善灵守护。所以，琐罗亚斯德出生地"东部说"为越来越多的学者所认同。

还琐罗亚斯德之本来面目，主要依靠语言学材料。自文字产生，人类进入文明时代，语言文字就成为人类足迹最可靠的记载。语言文字是人类的一项伟大文明成就，是文明得以保存、发展、流传的决定性因素。它是进行物质文明和精神文明交往的传播工具和思维手段，在不同文明主体的交往中，语言文字本身也发生着巨大变化，有的逐渐走向消亡，有的传播渐广。语言文字在交往中相互影响，相互吸收，其自身也经历着相应的变化，成为某种文明的象征。某种语言文字的应用都有大致相应的地域范围，成为特定文明圈的通用语言。正是根据语言文字在文明交往中的具体变化，学者才能拨开祆教的初创神话的迷雾，得出一个比较科学的结论。

（二）教义：善恶二元对立

琐罗亚斯德一生行教近40年，创立了较为完善的祆教教义。祆教不是一神教，也不是多神教，而是一种特殊的二元神论宗教。大凡宗教，都要解释神之由来，人之由来，人与神的关系。这种追根溯源的探讨乃是各宗教立教之基础。琐罗亚斯德在《伽泰》中以简朴的语言提出并阐述了独具特色的二元对立宇宙观。

他认为未有宇宙之先就存在善恶两大本原的对立。善本原体现智慧、善良、真诚、仁慈等所有美德，是光明和生命的源泉。恶本原体现愚昧、邪恶、虚伪、暴虐和破坏，代表黑暗和死亡。恶的主宰是阿赫里曼，意为"居心险恶者"。他与阿胡拉·马兹达同时并存，但势不两立，心怀鬼胎，专事恶行。自创世之初到世界终了，两者一直进行着激烈的斗争。

起初，存在两个实体：阿胡拉·马兹达和阿赫里曼。阿胡拉·马兹达做出善的选择，赋予无相无形的宇宙以有形的形式，不仅创造了天神，而且又同诸天神创造了天空、水、植物、原牛和原人。在此之际，阿赫里曼撕破天空，闯入宇宙，把清水变成咸水，把沃土变成沙漠，使植物枯萎，并杀死原人和原牛。诸天神联合抵抗各种邪恶，使各种植物在大地上生长，使牛群和人类在大地上繁衍生息。自此以后，宇宙进入"混杂三世"。恶势力不断入侵，阿胡拉·马兹达和诸天神就不断抵抗。这种善恶对立的斗争无时不有，无处不在，一直延续了12 000年。最后，阿胡拉·马兹达集合一切善的力量，战胜阿赫里曼率领的恶魔，将其清除出光明美好的世界。天地焕然一新，宇宙进入"分别之世"。阿胡拉·马兹达、一切善神和人类将永远和平地生活在一起，共享宇宙间的无穷福乐。

二元对立宇宙观是琐罗亚斯德立教的基础。基于此，他又提出了"七位一体"善神崇拜的宗教观。阿胡拉·马兹达预见到阿赫里曼将破坏他创造的宇宙，就事先创造了6位天神，充当他创造并保护宇宙的助手。这6位天神分别为：（1）巴赫曼，在天国代表阿胡拉·马兹达的智慧和善良，后被奉为动物神。（2）阿尔迪贝赫什特，在天国代表阿胡拉·马兹达的至诚和圣洁，被奉为火神，是宇宙和人类秩序的保护神。（3）沙赫里瓦尔，在天国代表阿胡拉·马兹达的威严和仁政，乃天空之主，守卫大地，负责救助穷苦百姓。（4）塞潘达尔马兹，在天国代表阿胡拉·马兹达的谦恭和慈爱，被奉为土地女神。（5）霍尔达德，在天国代表阿胡拉·马兹达的完美和健康，被奉为江河女神。（6）莫尔达德，在天国代表阿胡拉·马兹达的永恒和不朽，被奉为植物女神。这6位天神为阿胡拉·马兹达所创造，但又参与了宇宙的创造和保护。尽管他们名称不同，职司各异，但他们本质相同。他们拥有一个心灵，一种声音，一样行为，能从一个天神的灵魂里看到另一个天神的灵魂。也就是说，尽管他们有各自的独立性，但共附一个主体——阿胡拉·马兹达，可以称之为"七位一体"神。

这6位天神分别代表阿胡拉·马兹达的各种优良品质,共同组成体现所有美德的善界至上神。除了阿胡拉·马兹达及六大从神外,还有一些次要的善界神祇,如牛精古舒尔万、遵命天使斯鲁什、幸福女神阿希等。

在二元对立论的原则下,琐罗亚斯德提出了"弃恶取善"的尘世说。阿胡拉·马兹达不仅是光明天国的统治者,诸善神的主宰,还是世界万物的创造者。尘世是阿胡拉·马兹达和恶魔阿赫里曼分别代表善与恶、光明与黑暗两大势力的战场。作为阿胡拉·马兹达创造物的人类自觉不自觉地被卷入这场斗争。究竟是追随阿胡拉·马兹达及其使者,与邪恶势力做斗争,还是追随阿赫里曼为非作歹、兴风作浪呢?琐罗亚斯德指出,每个人都有自由意志,可以任意选择。"真诚和虚伪、智慧和愚昧都在高呼,善与恶两大本原在召唤各自的信徒,动摇者将得到土地女神的帮助。"琐罗亚斯德指出了以智慧选择宗教信仰的重要性。作为阿胡拉·马兹达的使者,琐罗亚斯德的职责在于指给众生正途,劝他们弃恶从善,皈信正教。他不想,也没有能力强迫人们抛弃传统的信仰改宗祆教。宗教信仰的选择,对个人而言极其重要。它关系到今世的人生道路和来世的灵魂归属,所以必须做出明智正确的抉择。在现实生活中,立足本业,勤于稼穑,修房挖井,种植果木,皆蒙阿胡拉·马兹达纳悦,有助于阿胡拉·马兹达进行善的创造工作。相反,那些破坏农耕、虐杀牲畜的行为应受到强烈的谴责。琐罗亚斯德祈祷说:"阿胡拉·马兹达啊!愿你将期待已久的奖赏,赐予耕地、蓄养牲畜的行善者。神主啊!正是你智慧的宗教使农牧业发达兴旺。"

尘世为神所创造,有所来,也有所归。同其他宗教一样,祆教提出了自己的来世说。对阿胡拉·马兹达而言，创世之初，就预设了来世的一切，即到分别之世，以阿赫里曼为代表的邪恶黑暗势力将被清除，光明世界将重新恢复，神人同享永远的幸福。对于尘世的人类，与之相关也有来世的安排。就个人而言，他们是由身体和灵魂组合而成的。人死后身体不复存在，但灵魂为阿胡拉·马兹达所造，永恒不灭。按袄教说法，人死后灵魂出窍，最初三日徘徊于自己的躯体之上，可以感受到家人的祭奠告慰；三日后，幽灵将被达埃纳（意为"良心、自我"）女神接到"分别之桥"，接受神的检验和判决。根据亡者生前的思言行，虔诚的正教徒行善积德，身心清白，接引他们的将是一位美貌仙女，引他们安然通过平坦宽阔的大桥，升入无限光明的天堂，与众神共居。如果亡者生前不从正教，作恶多端，则将有一个丑陋不堪的妖婆带路走上窄如刀刃的分别桥，跌落地狱，与恶魔相伴。如果亡者生前功过参半，善恶兼为，他们将被置于天国和地狱之间的地段，亦称"阴阳界"。这里没有快乐，也没有悲伤。除在死后接受判决外，所有灵魂在"分别之世"还要接受最后审判。经过这次严格而公正的审判，宇宙间一切邪恶之徒将再一次从大地上被清除出去，所有义人的灵魂将获得肉体而复活。熔化的金属之河流进地狱，烧尽宇宙中最后的邪恶场所。此后，阿胡拉·马兹达将把永生赐予每个复活者。人类将与诸神生活在四季如春的极乐世界里，永享安乐。

人类怎么才能在死后避免堕入地狱，怎样才能得到永生呢？琐罗亚斯德相应提出了"三善"救赎说。"三善"指善思、善行、善言。"善思"是指要笃信和崇敬阿胡拉·马兹达，不允许妄自尊大，不可亵渎神明，不得心怀邪念。"善言"是指要歌颂和赞美神主阿胡拉·马兹达及其六大从神，严守口戒，不得撒谎、行骗、争吵、谩骂,不可妄行污蔑和诽谤。"善行"是指要虔敬诸神,严守教规,不犯戒律,勤事农耕和养畜,力行乐善好施、扶弱济贫。现世是否奉行"三善",决定着死后是升天堂,还是下地狱。琐罗亚斯德总是劝诫信徒好自为之,戒除恶行,广行善事,积极投入弃恶取善的斗争,以求得天国永恒的奖赏。这"三善"不仅是宗教信条,而且是道德规范,久而久之,乃成为波斯民族的优良传统,并对伊朗古代人民和中亚各族人民的道德文明建设起到过重要作用。

于是,琐罗亚斯德对世界的本原、形成和结果提出了系统看法。善恶对立的宇宙观、弃恶取善的社会观、善必胜恶的来世观,"三善"救赎的道德观共同构成一个完整的宗教哲学体系。

社会存在决定社会意识,宗教世界不过是现实世界的曲折反映。作为先知的琐罗亚斯德不仅是卓越的宗教思想家,而且是伟大的社会改革家。他敏锐地洞察社会,把社会变革赋予神圣的宗教意义。作为宗教思想家,他不仅继承了雅利安人的原始宗教信仰,而且加以改造和创新。当然,这一切都受到当时具体的政治经济条件的限制。无疑,琐罗亚斯德创立袄教,有其深厚的社会根源和悠久的思想根源。

从思想上看,袄教的神话素材直接源于解体前的伊朗—印度雅利安人的原始信仰。《梨俱吠陀》不仅是印度,也是印欧语系中最古老的诗歌总集,其中包含伊朗—印度雅利安人共同体时期的原始神话,也包含印度雅利安人生活在印度河流域期间产生的新神话。比较《伽泰》颂诗和《梨俱吠陀》,可以发现袄教神祇的源头,与伊朗—印度雅利安神祇崇拜的共源性。

但是,伊朗—印度雅利安人原先共同信奉的神明在部落联盟共同体瓦解后,各自走上独立的发展道路,其神性也发生了很大变化。马兹达本为伊朗—印度神话中拥有"阿胡拉"称号的主神之一，意为"智慧"。在印度神话里，这位智慧之王早已被淡忘，仅被称为"那个阿修罗"。但正是这个智慧之神，与"阿胡拉"称号连在一起，成为阿胡拉·马兹达，被琐罗亚斯德改造为善之本源，光明世界的主宰，世界万物的创造者，善界至上神。再如：台伐原本是伊朗—印度神话中的诸神共名之一，意为"那光芒四射的"。但在祆教的经典《阿维斯陀》中，这些台伐神以恶灵的面目出现。他们拦截献给诸神的祭品，破坏神主的创造，与恶魔沆瀣一气。因此，琐罗亚斯德斥之为"伪神"。祆教产生前，有不少伊朗—印度雅利安部落崇拜台伐神。他们嗜血好战，无视道德，以抢掠、偷盗其他部落的牲畜和农作物为生，与崇拜阿胡拉的部落发生激烈冲突。于是，琐罗亚斯德将其逐出神殿。伊朗—印度雅利安人在部落共同体瓦解之后，自然条件不同，社会生活不同，神灵观念和崇拜也发生了相应的变化。这也是合情合理的。总之，琐罗亚斯德继承、发展并改造了原始宗教。祆教本身就是一大创新。

宗教是现实世界的折射。作为社会改革家的琐罗亚斯德，其创教基于特定历史条件，反映了特定的社会风貌。

公元前1750年以前，伊朗—印度雅利安人尚共同生活在中亚南部地区。他们语言相近，信仰相同，已处于原始社会末期。青铜器广泛应用，农耕、养畜均有一定的发展，并形成了祭司、武士和农牧民三个不同职业等级的阶层。公元前1750年前后，伊朗—印度雅利安人游牧部落开始南迁。与此同时，伊朗—印度雅利安人部落联盟开始解体，一部分涌进印度河中上游，进入恒河流域和孟加拉地区，这些被称为印度雅利安人；另一部分直接南下阿富汗和伊朗高原，被称为伊朗雅利安人。这一过程持续到公元前11世纪，长达七八百年之久。在这一过程中，伊朗雅利安人为求得生存和发展，就必须征服当地土著居民。要巩固和建设，他们还须抵御后来的雅利安人部落，特别是塞人的侵扰。所以，这一时期战争频繁，英雄辈出，被称为"英雄时代"。为本部族的生死存亡而激战的英雄，生前深得族人的敬仰和拥戴，死后受到人们的缅怀和崇拜。这一时期，自然界诸神已开始带有鲜明的社会性质。在这段历史神话传说的背后，依稀可见当时的历史面貌。

从公元前11世纪至前8世纪，东伊朗部落开始向奴隶制社会过渡。在其内部，坚持自然崇拜、多神信仰并竭力维护游牧部落陈规陋习的守旧派，与主张定居农耕和养畜的革新派势不两立，发生了激烈冲突。在外部，游牧的塞人和伊朗人仍然不断地侵扰已经定居的农耕居民，践踏农田，掠杀牲畜。时势造就英雄，琐罗亚斯德应运而生，成为这一时期农耕部落的代言人。他吸收并改造了传统的宗教信仰，并在理论和实践上予以总结、提高和创新。所以，从根本上说，祆教文化是一种农耕文化。

从《阿维斯陀》经中所见地名来看，祆教发祥地是伊朗东部地区的绿洲地带。这里的绿洲被沙漠和山岭分割成大小不等的小块，只有依赖可靠的水源，才可进行农耕。绿洲边缘有强大的游牧部落环伺，不时铁骑突来，又倏然引兵远遁。他们毫无规律地烧杀抢掠，严重影响了农耕居民的正常生活。这种生存环境，孕育了祆教文化，其善恶二元对立的斗争，乃是农耕文明与游牧文明冲突的思维表述。阿胡拉·马兹达创造了宇宙万物，但他不能主宰或阻止恶神入侵，反映了农耕文明与游牧文明彼此无法取而代之的对抗性存在。"混乱之世"

的漫长性反映了善恶势力的长期较量和农耕居民要战胜游牧民的艰巨性和长期性,以及没有皈依祆教的游牧民对绿洲农耕地区的长期侵扰和破坏。在《伽泰》中,琐罗亚斯德大力宣扬农耕文化,反对游牧生活,对那些肆行虐杀牲畜、破坏农业生产的游牧民族予以严词谴责。

> 众台伐何日曾发过善心?卡拉潘、马西杰和卡维,宰牲献祭手段何其残忍!休道伪信者也养殖畜群,那并非为了荒地的开垦。
> 以其言行折磨牲畜的卡拉潘,与农业道德和公正原则背道而驰,愿神主即刻宣布他们的最终审判。

祆教诸神的职责属性明显表达了农耕文化的各个方面。阿胡拉·马兹达是农耕文化的总代表,其助手六大从神与农耕文化关系密切。巴赫曼是动物神,是尘世一切有益于农耕生物的保护神。祆教徒不是牧民,而是为农耕而饲养牲畜的耕农。巴赫曼保护动物,禁止使用牛、羊、马做祭品。沙赫里瓦尔是金属神,负责救助穷苦百姓,实则保护与农业紧密结合的手工金属制造业。塞潘达尔马兹代表农耕者的忍耐精神,故被奉为土地女神。阿尔迪贝赫什特是秩序和公正的代表,被奉为火神,代表着神主的至诚和圣洁。更重要的是,他还是绿洲农业的"百谷神"。该神又名阿沙·瓦希什塔。阿沙又称阿尔塔,前者指黍稷和食物,尤指小米;后者指高粱和面粉。这个神名是绿洲农耕民族的文化名词,也是祆教徒的同义词。《阿维斯陀》把雅利安人称为"阿沙的仆人",而雅利安人的原意为"播种高粱并感激使之生长的上天之人"。

琐罗亚斯德指出，在"分离之世"，救世主将率领一切善类（包括人类）与恶魔作战，并最终建立理想王国，其实际意义在于使富庶的农耕田园免受游牧人的侵袭。他认为，要在大地上确立真理和光明，最有效的手段是"赫沙特拉"（意为"主宰尘世的强权"）。所以，琐罗亚斯德对皈信祆教的国王卡维·维斯塔斯帕大加赞颂。

> 以善思、善言和善行取悦神主，向马兹达顶礼膜拜，馨香祷视，并为使者传教开辟前进的道路，他们啊，理应在天国享受清福！

随着时代的演进，琐罗亚斯德扬弃了伊朗—印度雅利安人的原始宗教，并注入了反映现实社会生活的新内容，代表了先进生产力的方向。所以，琐罗亚斯德不仅是伟大的宗教家，还是伟大的社会改革家。

宗教是宗教经典、教义、制度、组织、活动等组成的社会系统。祆教同样继承并发展了伊朗雅利安人的宗教生活。自公元前5000年起，伊朗雅利安人的故乡开始沙漠化，水源变得异常珍贵。人们认为，水是诸神的创造，与诸神的活动多有关系，所以定期向水献祭。祭品由牛乳和两种植物构成，代表着水所滋养的动植物。伊朗雅利安人对祭火同样重视。每家每日三次在自家的炉膛献祭，祭品由清洁的木柴、香料和一小块儿油脂组成。伊朗雅利安人也向诸神献祭，以求得今生来世的各种幸福。祭品有动物和植物。动物祭品以牛马为主，特定的动物只献给特定的神灵。植物祭品中最主要的是胡姆（又名豪麻）。据《阿维斯陀》记载，胡姆是一种绿色植物，肉厚汁多，芬芳四溢，以之酿酒，功效奇大，武士饮之可以增加力量和勇气，祭司饮之产生智慧和灵感。但胡姆到底是何物，目前学界尚没有共识。伊朗雅利安人继承游牧民时的风气，祭仪简朴，但须斋戒恭敬，郑重其事。伊朗雅利安人实行土葬，相信人死以后灵魂下往冥界，葬仪和祭礼均与冥界观念有关。

（三）礼俗：别具一格的宗教仪式

琐罗亚斯德在教义上完成了由多神崇拜向二元神论的转变。在仪礼上，他采纳了先前的一些祭仪，构成祆教的一些基本仪式。

在祆教家庭中，15岁被视为成年，要举行成年礼。届时，祆教社团的全体成员都要参加。在祭司的指导下，成年的少年在腰间系上一条很长的带子，共绕三匝，前后各扎一个四重结。祈祷以前自行解开，礼毕系上。此圣带是祆教徒的标志。绕腰三匝意味着善思、善言和善行，围于腰间，时刻提醒每一位教徒要牢记于心，奉行不懈。

祆教把一天分为5个时辰，每个时辰都有一个神灵保佑。每一时辰，祆教徒都要祈祷，一天5次。这是祆教徒的基本义务，称为"班达吉"（意为"服侍"）。此功既能侍奉阿胡拉·马兹达，又能抵御邪恶。早期祆教的祈祷辞，可能取自《伽泰》，以及一些用伽泰语写的"真言"或"咒语"。琐罗亚斯德去世后，祆教祭司创作了一种专门用于每月献祭的祈祷书，称为《七章书》。

早期祆教徒还以"信经"的形式来表达他们的基本信仰和宗教义务。《信经》共9节，用伽泰语写成，信徒入教时都要作为誓词整段念诵，每天祈祷时也要念诵。"信经"末尾强调"三善"的重要性，赞颂袄教是公义的，所有信条都是并将是最崇高、至善、至美的。

袄教有七大节日，起源于伊朗雅利安人的原始信仰，琐罗亚斯德将其同阿胡拉·马兹达及其六大从神联系起来。其中，最重要的是元旦节。它标志着寒冬已去，暖春来临，象征着正义的最终胜利和永生的来临。其余6个节日分别为：仲春节，献给大地之神；仲夏节，献给水神；收谷节，献给大地之神；返家节，献给植物之神；仲冬节，献给动物之神；万灵节，献给阿胡拉·马兹达。每当节日来临，袄教徒身着盛装，会聚庙堂，献祭神主，分享祭品，叙情话旧，异常热闹。参加七大节日举行的集体庆典和每日5次祈祷，是袄教徒必须履行的两大宗教义务。

奉行洁净是袄教徒生活的重要组成部分。袄教教义认为，宇宙为阿胡拉·马兹达所创造，本是清净无染，却被恶魔阿赫里曼侵入破坏。作为教徒，应阿胡拉·马兹达之召唤，奉行洁净律法，还宇宙本来洁净面目，责无旁贷。万一被不幸不洁之物沾染，袄教徒一定举行特定的仪式祛除。

袄教徒把事物分为洁净、不洁净两类，在日常生活中严加甄别，信守奉行。他们认为，阿胡拉·马兹达创造的事物都是洁净的，不可污秽；人作为万物之灵长，被创造者之首，理应恪守这一信条，不可滥伐未成的植物，不可虐杀幼小的动物；要使无生命的金属保持光洁，土地也应得到耕耘和守护，免受不洁之物的玷污；对水火之洁净，更为严格。在他们看来，用水清洗污秽是不能接受的，用火焚烧垃圾也是不可想象的；即使烧菜做饭，也要特别小心，力图避免食物落入火中。

袄教徒把食物也分为可食、不可食两大类。入口的食物，要保持清洁。食器从不混用，食品分而食之。所有对人畜和庄稼有害的食肉动物和啮齿动物，以及一些昆虫，也属不洁净，其肉断不可食。杀死这些不洁净的动物，也被视为一种善行。

祆教徒视尸体为不洁净。人死以后，要尽快抬到"天葬台"。这其实是一块平整的坡地或戈壁沙漠。在那里，人尸任由飞禽分享食用。而后，他们将所剩骨殖收入石壶，另外埋葬，避免污染阿胡拉·马兹达所创造的水和土地。不仅如此，祆教徒视所有从人体剥落、分离下来的东西为污秽。粪便、头发、指甲、唾液皆不洁净。所以，他们总是把剪下的指甲和头发用旧布包起来，埋到荒野，届时还要画符念咒。祆教徒强调肉体的洁净，每日每次祈祷之前，必先清洗脸、手和脚。若遇重大仪礼，他们则须大净，全身洗涤干净，换上新衣。祆教的洁净之礼非常繁复严肃，多者均有"九天之濯"的洁净礼。

早期的祆教不立庙宇，不设祭坛，不拜偶像。宗教生活由祭司负责安排。祭司主持仪式，接受供养，形成了一个特定阶层。宗教活动大多在家里举办，有时也在露天的公共场合举办。

祆教最初并无经典，而由祭司口传心授。后来，祆教逐渐形成了一系列文字经典，总称为《阿维斯陀》，其中最古老的部分是先知琐罗亚斯德的颂诗，称为《伽泰》。经典的其余部分也出自东伊朗，但语言与《伽泰》有明显不同。据记载，阿契美尼德统治时期，《阿维斯陀》共21卷，分85章，遵国王谕令，用金汁抄在12 000张牛皮上，一份保存在希兹城（今属阿塞拜疆）的祆教图书馆，另一份保存在波斯王宫图书馆。后来，亚历山大攻灭波斯帝国时，将王宫图书馆连同《阿维斯陀》付之一炬。他将另一份运回希腊，翻译成希腊文后，把原本销毁。流传至今的是形成于萨珊王朝时期（226—651）的《阿维斯陀》一部分。

（四）光大：祆教在波斯的传播

伊朗雅利安人并非伊朗高原的先民，早在米底人和波斯人迁入之前，伊朗高原就有原始居民的活动。公元前 2000 年前后，胡里人活跃在伊朗高原西北部，他们信仰多神教。他们为印度—雅利安人所统治，并在文化上深受他们影响。米底人进入该地区后，他们对祆教的神名并不陌生。居住在伊朗西南胡泽斯坦和苏萨一带的是埃兰人。他们和两河流域的邻近交往，信仰多神教，崇拜两河流域的诸神。后来，埃兰臣服于居鲁士，埃兰人为波斯逐渐同化。另外，活动于扎格罗斯山区的卡塞特人、古底人和卢尔人也均有各自的文化和信仰。在米底人和波斯人未迁入之前，伊朗高原没有祆教盛行，也没有波斯语言。

伊朗雅利安人迁入伊朗高原并开始封邦建国后，创立已有数百年的祆教才开始进入发展时期。米底人和波斯人同属伊朗雅利安人。公元前 1000 年前后，米底人已进入伊朗高原，定居在西北部地区。公元前 678 年前后，米底王国建立。它是伊朗历史上第一个由伊朗语居民建立起来的国家。此时，琐罗亚斯德教早已形成，并传入米底。贾可诺夫的《米底史》称，祆教得到很大发展，成为米底国家的官方宗教。祆教祭司可能这时就开始利用宗教来反对氏族贵族势力，为巩固王权服务，只是此说文献无证。

波斯人和米底人同种同族，继米底之后建立了阿契美尼德王朝。建立之初，阿契美尼德王朝便致力于武力扩张，几十年之间就建立了一个横跨亚非欧三大洲的大帝国。它只不过是一些各有各的生活方式、各有各的语言的部落和民族的集合体，各地区在政治、经济、文化等方面的差异很大。境内多种宗教并存，统治者实行宗教宽容的政策，祆教只是统治民族的宗教。在疆域广阔的帝国境内，各地区生产力发展水平不同，文化背景和宗教传统各异，语言文字千差万别，依靠武力建立起来的帝国，不可能有一个统一的宗教信仰。一方面，阿契美尼德诸王坚持祆教信仰。我们可以根据阿契美尼德诸王的碑志铭文得出这一结论。另外，帝国境内存在其他宗教，并得到统治者的宽容和保护。居鲁士的宗教政策是宽容的。巴比伦宫殿遗址出土的圆柱铭文，前半部分是巴比伦祭司对居鲁士歌功颂德，后半部分是居鲁士自述："……我把诸神……送回尼尼微、亚述、苏萨、阿卡德、以色列……诸神自古以来居住在那里，我将他们送回，使他们永远安居。"

居鲁士把巴比伦的犹太人遣返耶路撒冷并帮助他们重建圣殿。冈比西斯也一度执行宗教宽容政策。他没有强制埃及人改变信仰，有时也尊重其风俗习惯，向埃及诸神献祭。大流士继承了这一宽容政策，他本人独尊阿胡拉·马兹达，但同时又向其他诸神献祭，任凭各地被征服的臣民继续崇拜各自的神，甚至给予保护和赞助。他之后的诸王基本上都坚持了这一政策。

阿契美尼德王朝的宗教宽容政策是根据帝国内部交往的现实状况决定的。在各地发展很不平衡的条件下，如果强制推行祆教信仰，必然会激起各地的反抗或叛乱。巴比伦王国灭亡，主要原因就在于国内宗教信仰冲突。

同是祆教信仰，波斯帝国国内也存在很大差异。最典型的体现在居鲁士的墓葬上。居鲁士的墓用石块筑于高台之上，墓室顶部有两层石顶覆盖，两层之间有空间，是祆教火庙的特征。后人又在居鲁士的尸体上涂满香油。而正统祆教的习惯是天葬。尸体置于高处，待血肉耗尽后再把遗骨葬在石壶中。尸体上涂油也不是祆教的习俗，巴比伦人和斯基泰人当时都有这样的风俗。由此可见，伊朗东部是祆教的发祥地，流传时间比较长，基本上坚持了祆教的传统。在伊朗西部，一方面，祆教传播和风俗改变的本身就需要一个过程；另一方面，西部在地理上和两河流域比邻，在相互交往中必然受其影响。所以，波斯帝国东西部的琐罗亚斯德信徒在宗教风俗和礼仪上存在差异也是正常的。

琐罗亚斯德教本身在阿契美尼德王朝也有一个发展过程。从王朝初期独尊阿胡拉·马兹达，到晚期诸王的多神崇拜，再到佐而文派的出现，构成了琐罗亚斯德教发展的基本轨迹。大流士二世在铭文中写道："此石块官殿及其他柱石，乃大流士大王所建，愿阿胡拉·马兹达及诸神保佑我大流士。"铭文没有具体指出"诸神"所指，但根据古罗马史学家塔西佗、色诺芬的有关记载，他至少崇拜古代女神霍尔达德。阿塔薛西斯二世（公元前 404 年—前 359 年在位）在苏萨铭文中说："……靠阿胡拉·马兹达、霍尔达德、莫尔达德之佑，我建成了这座官殿。愿阿胡拉·马兹达、霍尔达德和莫尔达德庇佑我及我所建立的这座官殿免遭灾难。"其后，阿塔薛西斯三世和大流士三世在宗教信仰上没有很大变化。

克里斯藤森认为，阿塔薛西斯二世是波斯人偶像崇拜的创始者。根据古罗马历史学家亚历山大·波利希斯塔的著述，贝罗苏斯（活跃于公元前 3 世纪初，著有 3 卷本《巴比伦尼亚志》，现仅存残片）曾指出：波斯人是从阿塔薛西斯二世在位时开始崇拜偶像的。这位国王最先在巴比伦、苏萨、厄克巴丹竖立起霍尔达德女神像，并教会波斯人等其他民族向其礼拜，从而形成偶像崇拜的习俗。这种偶像崇拜的出现也是袄教文化和巴比伦等地的宗教文化之间交往的产物。

这一时期又出现了被视为异端的佐而文派思想。该派思想是袄教自身符合逻辑的发展，对后来的其他宗教具有深远影响。《伽泰》中提到善神和恶灵是双生子，他们又是谁所生？后世祭司说他们是佐而文所生。"佐而文"意为"时间"。公元4世纪的一份资料记载了据说是琐罗亚斯德所讲关于大神佐而文诞下善神阿胡拉·马兹达和恶灵阿赫里曼的神话。佐而文派经典《智慧之灵》说，阿胡拉·马兹达得到佐而文的同意创造了"六大神"和世界，而恶灵阿赫里曼带来了魔鬼，此后才有了9000年的世界。加上创造时期的3000年，世界年共有12 000年。正统派接受了"世界年"的观点，但拒绝承认大神佐而文，因为佐而文派以佐而文为最高存在，贬低了阿胡拉·马兹达的地位。至此，琐罗亚斯德教的"世界年"蓝图基本形成。第一个世界年为3000年，阿胡拉·马兹达创造了"灵"。恶灵窥知此事，创造了许多小恶灵来进行攻击。阿胡拉·马兹达将其打败，使其无能为力。第二个世界年为3000年，恶灵既败，阿胡拉·马兹达开始创造原始的有形的物质。第三个世界年不到3000年，恶灵突然进入并玷污了阿胡拉·马兹达的原始创造物，产生了无数的动物、植物和人类。第四个世界年为3000多年，先知琐罗亚斯德诞生，接受启示并开始传教。从此，善与恶不断斗争，不断反复。每1000年出现一个救世主。直到最后一个救世主——降福者、胜利者苏什扬特到来，彻底消灭恶灵，阿胡拉·马兹达的王国在大地上永久实现。届时，苏什扬特将使死者复生，实行最后的审判。

"世界年"的完善也是文化交往的结果。阿契美尼德王朝的祭司接触到了巴比伦天文学说。巴比伦人认为,世界的存在是"大年"的重复过程。他们认为,天体的运动是周期性的,每个大年都会重复前一个大年出现的各种现象,这种重复是无限的。祆教的祭司接受了这一学说,结合该教信仰,提出了"世界年"的观点。

(五)影响:信仰的无穷力量

祆教一方面吸收了其他宗教文化的因素,另一方面也对其他文化产生了重大影响,尤其是对古希腊哲学。有学者提出,赫拉克利特曾受到过祆教的影响。比如:赫拉克利特认为火是万物的本原,可能是他观察到波斯人拜火的特殊情况而引发的。赫拉克利特认为"上帝即是智慧",可以和祆教称阿胡拉·马兹达为"智慧之主"的说法相联系。赫拉克利特还认为死者不宜火葬或墓葬,应弃置荒野,任由鸟兽清除。这一观点近于祆教徒,而有违希腊人的习惯。可能还有其他古希腊哲学家或多或少地受到过祆教的影响。从历史交往的情况看,波斯曾经占领过古希腊,设置行省,派驻总督,传入祆教。祆教文化和古希腊文明相互影响和吸收,也是情理之中的事。

尽管祆教的产生和早期发展因年代久远、材料缺乏而难以稽考,我们还是可以从历史交往的新角度,得到以下启示:

语言文字是文明的记载和标志,其自身的变化也反映文明的演进。而语言文字的变化是与文明之间的交往分不开的。变化的程度和频率最终依赖于一种文明内部和不同文明之间的交往程度。某些学者正是根据祆教经典《阿维斯陀》的语言来判断、推测它的产生和早期状况的。在缺乏文献资料、没有考古佐证的情况下,笔者认为从语言学分析比遵从神话传说可能更有科学性。

宗教的发展，从历时性的角度讲，有其自身的逻辑和规律；从共时性的角度看，它是在和其他宗教的交往中，不断吸收外来因素，适应新的环境而发展着。这就是宗教自身的调适功能。一旦它自我封闭，拒绝吐故纳新，就必然走向衰亡。祆教自身的兴衰即是明证。观诸世界宗教，概莫能外。

宗教是人类精神生活的基本要素，是文明的核心。它是文明主体的精神指南，决定着文明主体的价值取向。宗教一旦和利益因素相结合，它的巨大差异性就会充分表现出来，这正是宗教冲突的根源。宗教的冲突源于现实利益的冲突，其最终解决依赖于现实利益的调整。但是，宗教本身就是一个庞大系统，它和地缘、文化传统、风俗习惯、生活方式、资源等存在密切的天然联系，具有很大的惯性。所以，解决宗教间的冲突是极其困难的。由是观之，愈是出世性的宗教，其所关心的现实利益愈少，便和其他宗教发生冲突的可能性愈小。

作为最古老的宗教之一，祆教给世界文明史留下了一笔宝贵的财富。从天堂、地狱、末日审判的神学观念，到一日五拜、大净小净的宗教习俗，祆教无不深刻影响了后来盛行的基督教和伊斯兰教。

第三章
由盛而衰：延续半世纪的希波战争

一、希腊：垂涎已久的佳肴

（一）地理位置：东地中海的明珠

古希腊只是一个地理名词，古罗马人最早用它称呼意大利南端的希腊城邦。古希腊人常用"赫拉斯"一词来称呼他们居住的希腊半岛，自称赫楞人。然而，他们并不是希腊半岛的最早居民，而只是从中亚、南俄大草原迁徙而来的印欧语系部落。

希腊半岛位于地中海的东部，巴尔干半岛南端，西靠爱奥尼亚海，东临爱琴海。半岛的东部海岸线曲折漫长，自然形成了许多天然良港。自此出发，向东横渡爱琴海可达小亚细亚西岸，向东北航行穿过达达尼尔海峡和博斯普鲁斯海峡可进入黑海，往南横跨地中海可达非洲的埃及，向西经过爱奥尼亚海可以到达意大利、法国等地。这种优越的自然条件，非常适宜于发展航海事业。

希腊半岛是个多山地区，而北部的品都斯山、东北部的奥林匹斯山、中部的帕纳塞斯山、南部的泰格特斯山把希腊半岛分隔成一小块儿一小块儿的地区，彼此相对闭塞，交通不便。根据自然形势，希腊半岛可以分作北中南三部分。北希腊以南北走向的品都斯山为界，东为色萨利亚平原，是希腊最大的平原；西为贫瘠的伊庇鲁斯山区。北希腊和中希腊之间有一道险要的隘口——温泉关。中希腊被群山分割成了许多小块儿。东南边的阿提卡半岛，为著名的雅典城邦所在地。阿提卡半岛以北是一片三面环山的平野，底比斯城邦即坐落于此。底比斯以西地区有德尔斐城，这是全希腊的宗教中心。中希腊和南希腊的唯一连接处是科林斯地峡。附近有两座著名的工商业城市，西为墨伽拉，东为科林斯。南希腊即为伯罗奔尼撒半岛，中为阿卡狄亚山地，北为阿加亚地区，东是阿戈斯，南是拉科尼亚和麦西尼亚。古希腊最大的城邦之一斯巴达就位于拉科尼亚。

希腊半岛多山少地，土地不太肥沃，气候比较温暖，夏季少雨。这些自然条件不利于农业发展，只有小块的平原地区可以种植些大麦、小麦和豆类。在山坡的梯田中，葡萄、橄榄等园艺作物得到培植。在这种情况下，城区人口比较集中的大城邦，粮食往往不能自给。但它们有比较好的航海条件，可以从黑海沿岸、埃及和西西里岛输入谷物。希腊半岛盛产大理石、陶土和各种矿物。丰富资源为建筑、制陶、冶金等手工业的发展提供了充足的原料。

在古代，希腊半岛、爱琴海诸岛、克里特岛和小亚细亚海岸共同构成独特的爱琴海区域。这个区域靠近北非、西亚等的古文明中心，是古代爱琴文明、希腊城邦和希腊文明的发祥地。爱琴海岛屿众多，星罗棋布，宛如一颗颗宝石镶嵌在蔚蓝的爱琴海。如果晴天扬帆出海，陆地和岛屿便可以随处眺望。小亚细亚西部沿岸与希腊半岛沿岸情况相似，海岸曲折，有许多天然良港。附近分布着一系列岛屿，与希腊半岛及附近岛屿，遥相呼应。在爱琴海区域，人们自古以来就舍鞍马而仗舟楫，往来便捷，随心所欲。爱琴海最大的岛屿是克里特岛，东西长约260千米，南北宽12千米至60千米。克里特岛东部平坦，小河纵横；西部多山，森林茂密。该岛气候温暖湿润，便于发展农业。它横卧海上，海上交通条件更为便利，北近希腊半岛，西临埃及，东通塞浦路斯和小亚细亚沿岸，西可至意大利和西西里岛。这里最先产生了爱琴海区域的远古文化。

（二）早期文明：古希腊文明的开端

远在旧石器时代，爱琴海区域就有人类居住。公元前6000年，爱琴海区域进入新石器时代。爱琴海区域的早期居民不是希腊语族，一般认为是来自小亚细亚和叙利亚一带与闪米特人有关的原始部落，后来又有一些地中海东岸的部族迁徙而来，这就造成他们血缘和语言都是异常复杂的。这一区域是西亚、北非等地古老文明向欧洲输入的桥头堡。克里特岛与埃及、巴勒斯坦、小亚细亚隔海相望，即便最原始的航船也数日可达。

公元前2000年，克里特岛进入青铜时代，产生了由农村公社组成的最早国家，进入克里特文明时代。公元前17世纪至公元前16世纪，克里特岛北部的米诺斯王朝处于鼎盛时期。米诺斯国王的宫殿宏伟壮观，金碧辉煌。首都克诺索斯商贾云集，手工业繁荣，郊外遍布农业村落。米诺斯王朝依靠海上武力，控制了爱琴海上的一些岛屿和中希腊的雅典等地，它在这些地区派驻官吏，征收贡税，掠夺奴隶。克里特人的商船队垄断了地中海东部的贸易和航运，商人和殖民者遍及爱琴海区域。

到公元前1480年前后，一向繁荣昌盛的克里特文明突然衰落，美丽富饶的克里特岛受到毁灭性破坏。许多城市突然遭到破坏，房屋倒塌，成为荒无人烟的废墟。对于这次突发性灾难，有人认为是操希腊语的亚加亚人入侵造成的。有人根据科学家的说法，认为克里特文明迅速衰落的原因是火山爆发。1966年，美国一批海洋地理学家在爱琴海地区进行科学考察，发现这一地区的海底沉积着一层很厚的火山熔岩。经过研究，这批科学家认为，公元前1480年前后，克里特岛以北不远的地方曾发生过一起罕见的火山大喷发。火山爆发引起强烈地震和海啸，毁灭了克诺索斯等城市。克里特文明衰落后，爱琴海区域进入迈锡尼文明时代。

迈锡尼文明是亚加亚人创造的。亚加亚人是希腊人的一支，而希腊人起初同伊朗人、印度人一样属于欧印语系诸部族。公元前2000年，他们还游牧在多瑙河下游的草原地区。后来，他们陆续南下迁徙到爱琴海区域。公元前17世纪，亚加亚人征服了当地的土著部族，成为希腊半岛的主人。他们主要的居留地是迈锡尼，他们创造的文明就被称为迈锡尼文明。公元前17世纪至公元前13世纪，是迈锡尼文明的兴盛时期。

考古发掘和迈锡尼出土的线形文字释读成功，使人们大致了解了迈锡尼文明。迈锡尼是一个早期奴隶制国家。社会生活各方面广泛使用奴隶。统治者为自己修筑了坚固的城堡，石头城门"狮子门"的残迹至今犹存。迈锡尼的商业势力扩张到整个爱琴海区域。著名的特洛伊战争，就是希腊人与小亚细亚争夺海上控制权的反映。约公元前12世纪初，以迈锡尼为首的希腊人组成联军，东渡爱琴海，远征富裕的特洛伊。据说，希腊联军围城苦战10年，特洛伊固若金汤，无法攻破。后来，希腊人利用"木马计"，才将该城攻陷。但这次远征，对迈锡尼诸国来说也损失惨重，不久就遭到覆亡的命运。

多利安人也是希腊人的一支，原来居住在北希腊北部的伊庇鲁斯山地区。公元前12世纪，多利安人南下入侵南希腊，毁灭了亚加亚人的国家，毁灭了迈锡尼文明。在多利安人入侵的压力下，原来的希腊居民也在迁徙。原来居住于巴尔干半岛北部，后来与亚加亚人同时南下进入希腊半岛的爱奥尼亚人被迫迁往小亚细亚沿岸的北部和中部地区，以及其他岛屿。居住在南希腊的亚加亚人则被迫逃到山区或迁往边区。多利安人又越海征服了克里特岛、罗德岛和小亚细亚的西南地区。

随着多利安人的入侵和希腊原始居民的迁徙，希腊进入"荷马时代"。多利安人入侵，使希腊进入长达400年的"黑暗时期"。原来的线形文字失传，经济倒退，文化丧失，没有任何文字记载。"荷马时代"又称"英雄时代"。希腊人处于军事民主制阶段，尚未形成国家，但部落的管理机构已开始向国家统治机关过渡。希腊已经踏入文明时代的门槛了。

（三）小国寡民：希腊的城邦与殖民

公元前8世纪至前6世纪是希腊奴隶制城邦形成时期，史称"古风时代"。这一时期，希腊各地社会生产有很大进步。铁制工具已广泛使用，多山贫瘠的土地成片得到开垦和深耕。农业、手工业和商业的社会分工业已完成。海上商业贸易特别发达。希腊各地之间，希腊与西亚、北非之间的贸易往来非常频繁，甚至和西地中海也有商业往来。生产力的进步、经济的发展引起氏族公社的分化和瓦解，从而产生了新的社会关系。在古风时代，希腊历史充满贵族和平民的阶级斗争，氏族制度经过变革和改造，形成了最初的国家制度。希腊的奴隶制城邦纷纷建立起来了。

早在"黑暗时期"，希腊人就逐渐在整个希腊半岛定居下来。其中，亚加亚人定居在亚加亚及其附近地区，多利安人定居在南希腊的伯罗奔尼撒半岛、克里特岛及其他一些岛屿。爱奥尼亚人定居在希腊半岛中部、东北部，以及小亚细亚西端的沿海地区。他们都自称赫楞神的后裔。他们有着大致相同的语言、相同的宗教信仰和相同的风俗习惯。

古风时代，各部族分布的范围内形成了200多个奴隶制城邦。其中比较著名的有：爱奥尼亚人建立了底比斯、德尔斐等城邦，多利安人建立了斯巴达、科林斯、阿戈斯、墨伽拉等城邦。

城邦是脱胎于氏族制度的最早的国家政治形态。在古希腊，城邦是建立在家庭、公社和部落基础之上的公民集体，是特定人群的联合体。根据形成途径或方式，希腊城邦大致可分为三类：一是由氏族社会经过长期发展，自发解体，国家从氏族内部发展起来的阶级对立中直接产生的，如雅典。二是具备国家产生的社会经济条件，通过奴役被征服地区的居民，为调解征服者内部的矛盾，以及在征服者与被征服者的激烈对抗中产生的国家机构，如斯巴达。三是通过殖民活动建成的城邦，如米利都。各城邦以一个城市为中心，包括附近的农村地区。各城邦都有独特的神祇崇拜、祭祀仪式、风俗习惯等，所以它们之间界限分明，联系并不强固。各城邦居民首先认定自己是哪个城邦的人，然后才自认为希腊人。希腊城邦的特点是小国寡民。即使最大的城邦，方圆不过几千平方千米，人口最多也只有四五十万人。一般城邦，超过 5 万人者就寥寥无几。城邦之间为了争夺土地或其他经济利益，经常发生战争。强大的城邦往往把弱小的城邦降服为其附庸，而冠之以同盟的名义。

公元前 8 世纪至公元前 6 世纪，希腊开展了大规模的殖民活动，在地中海和黑海沿岸建立了 130 多个殖民城邦，这种大规模的殖民活动的基本原因是人口增加。有限的耕地无法养活过剩人口，迫使他们到海外寻求生存空间。贫富分化、土地兼并、阶级斗争等，也迫使破产失地的农民热衷于到海外另谋生路。有些人在政治斗争中失败，或被遣送出国，或自愿出走，到海外殖民以开拓其新事业。

早期的希腊殖民者在小亚细亚的西海岸建立了许多城邦，其中最著名的是米利都。经过大规模殖民活动，希腊人在亚平宁半岛南部、西西里岛、西地中海北岸、黑海沿岸等地建立了许多新的城邦。

殖民者从其母邦出发，到达目的地后，使用武力赶走或奴役当地土著居民，重新分配土地，全盘采用母邦的政治制度和剥削方式。新城邦在语言文字、宗教信仰、政治模式、风俗习惯等方面起初和母邦完全一样，对母邦在感情上有一种依恋。但它们在政治上是独立的，并不依附于母邦。希腊人的殖民活动是一种复杂的交往形式。他们通过航海技术，打破了海洋这一地缘因素的局限，在相当大的范围内与不同文明地区发生了经济文化交往。希腊人的殖民活动刺激了希腊各城邦工商业的发展。希腊城市不再仅是防卫设施和贵族的居住地，也成为名副其实的工商业中心。殖民活动所带动的内外部的经济交往，促进了经济本身的发展，集中体现在爱琴海区域于公元前 7 世纪出现了金银钱币。它是经济交往发展到一定程度的产物。货币经济的发展，侵蚀着建立在自然经济基础上的氏族组织，加剧了社会的阶级分化，促进了氏族制度的解体、国家的建立和社会的全面进步。

殖民活动和殖民城邦的建立为希腊接触并吸收埃及、巴比伦、腓尼基等地的文明提供了方便，促进了希腊的外部文明交往。正是商业殖民活动，腓尼基字母才传到希腊人那里。希腊人对腓尼基字母进行了改造。由22个字母组成的腓尼基字母只有辅音。希腊人用这种字母来拼写他们自己的语言时，又加上几个元音字母。这种经过改造的字母被称为希腊字母，是后来欧洲各种字母文字的源头。随着腓尼基字母的传入，埃及的书写工具和技术也传入希腊。在此基础上，希腊人走出"黑暗时期"，进入真正有文字记载的时代。可以说，希腊文明是在广泛的交往基础上产生的经济商业型、地域海洋型文明。正是在与外界广泛的交往中，希腊人发展经济，吸取其他文明，从而形成了国家，并创造了希腊文明。这种具有浓重商业色彩的海洋型蓝色文明具有明显的迁徙性和开放性，这是其发展和持续繁荣的前提条件和有力保证。

希腊在小亚细亚沿岸的殖民城邦于公元前6世纪被迫臣服于小亚细亚强国吕底亚。公元前546年，波斯帝国吞并了吕底亚，这些希腊城邦也被一并征服。但波斯帝国的征服势头并没有就此打住。公元前512年，大流士渡过博斯普鲁斯海峡，远征多瑙河以北的斯基泰人。以游牧为生、飘忽不定的斯基泰人把波斯大军诱入人烟稀少的草原地带，到处兜圈子。大流士率军追之不及，战之不得，疲于奔跑，最后丧师8万，毫无结果。但是，大流士在这次远征途中把希腊北部的色雷斯收为藩属，并占领了黑海海峡，对希腊本土的各城邦构成了严重的现实威胁。因为波斯控制黑海海峡后，希腊人从黑海沿岸通过的粮食补给线不再畅通。腓尼基人臣服于波斯帝国后，也在海上与希腊城邦争夺商业控制权。波斯帝国咄咄逼人的西侵势头，迫使希腊城邦做出相应的反应。无论为自身生存还是为海上贸易发展，一场为争夺根本利益的战争在所难免。

于是，希波战争徐徐拉开了帷幕。

二、米利都起义：希波战争的导火索

（一）米利都：爱奥尼亚的花朵

小亚细亚海岸希腊殖民城邦的希腊人，从公元前9世纪希腊大殖民运动起，开始分为两大支：西部称希腊人，东部称爱奥尼亚人。爱奥尼亚人原来受控于西亚强国吕底亚。吕底亚被居鲁士攻灭后，臣属它的希腊殖民城邦又归服于波斯帝国。波斯帝国的统一为这些希腊殖民城邦经济文化的发展创造了良好的条件。这些殖民城邦拥有大片肥沃的土地、广阔的市场和高度发达的工商业。波斯帝国初期，这些殖民城邦呈现一派繁荣景象，涌现了一大批文化精英。其中，米利都最为繁荣，被称为"爱奥尼亚之花"。波斯国王支持这些殖民城邦的统治者，它们也忠于波斯国王。在强大的波斯统治下，双方关系尚算和谐。

但大流士的征服野心和攻打斯基泰人的失利对这种脆弱的表面和谐带来了消极影响。公元前513年，波斯国王大流士率领大军数十万进攻斯基泰人，希腊人受命负责修建和保护横跨博斯普鲁斯海峡的浮桥，以便于波斯大军往来通过。在渡过海峡、奔赴战场之前，大流士把希腊殖民城邦的僭主召到自己面前，交给他们一条打着60个结的皮带，吩咐他们说："只要你们看到我出发去征讨斯基泰人，从那个时候起，你们便每天解开一个结。如果结所表示的天数都过去了，而那时我还没有回来，你们便可乘船回去。在此之前，我命令你们尽一切努力救护和保卫这座桥。"大流士布置完毕，就开拔出发了。能征善战的斯基泰人根本不与波斯硬拼，而是坚壁清野，诱敌深入，抓住有利时机袭击波斯人。波斯人被拖得人疲马乏，损失惨重。大流士实在撑不住，狼狈退兵。斯基泰人闻讯，一面派军队追击，一面赶在波斯军队的前头，到了多瑙河口爱奥尼亚人架桥并守桥的地方。他们鼓动爱奥尼亚人尽快把桥毁掉，不再接受波斯人的统治，带着快乐和自由回家去。为此，爱奥尼亚人召开了一次会议。会上有人主张听从斯基泰人的劝告，乘机使小亚细亚各希腊城邦获得自由。米利都僭主希斯提亚埃乌斯提出了反对意见：正是波斯国王的支持，他们才成为各自城邦的僭主。如果摆脱波斯的统治，恢复自由，所有城邦都会选择民主政治，他们这些僭主就恩威并失了。

爱奥尼亚人僭主听从了希斯提亚埃乌斯的意见，先是设法把斯基泰人骗走，一直坚守到大流士引军撤回，并帮助波斯大军渡过博斯普鲁斯海峡。大流士知恩图报，到达萨第斯后，把希斯提亚埃乌斯召来，问他有什么要求，国王一定让他得到满足。希斯提亚埃乌斯趁机要求得到米尔西诺斯地区，以便在那里建立一座城市。大流士不假思索，就满口答应了他。于是，希斯提亚埃乌斯便开始在国王答应赏赐的那个地方修筑工事。大流士派驻欧洲的军事长官美伽巴佐斯渡海经过赫勒斯滂来到萨第斯时，看到希斯提亚埃乌斯的所作所为，就进谏说："陛下，不能让那个奸诈狡猾的希腊人在色雷斯的米尔西诺斯筑城。那里富有木材和贵金属，四周又住着许多希腊人和异邦人。如果这些人拥戴他为领袖，并死心塌地唯他之命是从，恐怕国家有内战之忧。"大流士闻听，觉得他言之有理，就把希斯提亚埃乌斯召来。大流士先是盛赞他是忠诚又智慧的国王的朋友，然后任命他为国王顾问，让他离开米利都和那座新建城市，到王都苏萨，和国王朝夕相处，以备顾问。大流士本以为用"杯酒释兵权"的温和手段除掉了一大隐患，但他没想到这是麻烦的开端。

（二）远征受挫：和谐过后的矛盾激化

大流士任命他的同父兄弟阿塔佛涅斯担任萨第斯行省总督，任命欧塔涅斯为海岸地区居民的统治者。之后，就带着希斯提亚埃乌斯回苏萨了。米利都僭主的位置被希斯提亚埃乌斯的女婿阿里斯塔格拉斯所继承。公元前500年，最为繁荣的纳克索斯岛发生政变。富裕的贵族被赶了出去，逃亡到米利都。

纳克索斯的贵族素来与米利都僭主友善，便问阿里斯塔格拉斯是否可以给他们一些兵力，以便他们回国复位。阿里斯塔格拉斯此时野心膨胀，打起了如意算盘：如果凭着他的力量把这些贵族送回去，那他就会成为纳克索斯的统治者。这可是千载难逢的好机会。阿里斯塔格拉斯对纳克索斯人说："我没有权力用兵使你们返国复位。我还听说纳克索斯拥有8000名持盾步兵和大量战舰。不过，我会尽力促成此事。小亚细亚沿海各族人民的统治者阿塔佛涅斯是国王的兄弟，同时也是我的朋友，他拥有一支庞大的陆军和许多舰船。我去做他的工作，借以达到我们的目的。"纳克索斯的贵族闻听，喜出望外，委托阿里斯塔格拉斯全权办理此事，他们愿意负担一切费用。

阿里斯塔格拉斯马上动身到萨第斯去见阿塔佛涅斯。阿里斯塔格拉斯鼓其如簧之舌，极力描绘纳克索斯的美丽富庶和如何容易被征服，并承诺全部军费由他负责筹备。此外，他还为阿塔佛涅斯准备了一大笔钱。如果征服了纳克索斯，波斯国王的领土将会进一步扩大，这是件一举多得、名垂青史的大好事。

阿塔佛涅斯听说后，十分高兴，立即派人到苏萨去，将此事向国王大流士汇报。大流士本人同意这一计划。他装备了 200 艘战船，组织了一支由波斯人及其盟友组成的庞大军队，并任命弟弟美伽巴特斯为全军统帅，开向米利都。

美伽巴特斯从米利都把阿里斯塔格拉斯及其军队和那些流亡的纳克索斯贵族带上，便向目的地进发了。大军到了岐奥斯岛的西岸，船只便停在卡乌卡萨扎营。从这里乘北风可以一直渡海到纳克索斯岛。也可能是纳克索斯岛命不该绝，一件偶然的小事使整个形势发生了变化。三军统帅美伽巴特斯到各船上去巡视时，竟发现阿里斯塔格拉斯属下司库拉克斯的船上没有哨兵。美伽巴特斯十分生气，命令把那船上的船长召来，并把他绑起来，塞到船桨的桡孔里去，头朝外，身子在内。马上有人给阿里斯塔格拉斯通风报信，说他的朋友司库拉克斯被美伽巴特斯绑了起来，并受到侮辱。阿里斯塔格拉斯马上前去请求放人，但美伽巴特斯一点儿面子也不给，丝毫不允许。阿里斯塔格拉斯索性亲自去松绑放了司库拉克斯。美伽巴特斯听到汇报，非常震怒，马上去找阿里斯塔格拉斯，对之大发雷霆。但是阿里斯塔格拉斯有恃无恐地说："这些事情与你有什么关系？阿塔佛涅斯不是派你来服从我并且按照我吩咐你的方向航行吗？你为什么这样多管闲事？"美伽巴特斯一时张口结舌，无言答对，极为窝火地回到自己的住处。

小肚鸡肠的美伽巴特斯越想越气，竟为报私仇不顾大局，夜里派人乘船到纳克索斯去，将他们的出征计划原原本本地告诉了纳克索斯人。

纳克索斯人压根没有想到他们竟是这次远征的目标。当他们得到这个消息，便立刻着手做各种防守的准备。他们把郊外的物资搬到城里，储备了充足的食品，加固了城防。当波斯军队来到纳克索斯时，他们已经做好了充分的防御准备。波斯人围攻4个月而攻城不下，所带的军粮物资也消耗殆尽，阿里斯塔格拉斯也消耗了大量的个人资财，仍然见不到胜利的希望。如果继续围攻，还需要更多金钱。于是，他们便给那些流亡的纳克索斯人构筑了一座要塞，然后非常不情愿地撤军了。

（三）寻找同盟者：反叛的准备工作

这次远征最大的输家要数阿里斯塔格拉斯了。耗费了大量家资不算，给纳克索斯流亡者的承诺和向阿塔佛涅斯夸下的海口也成为泡影，自觉无法交代。阿里斯塔格拉斯又没有办法筹措继续远征的费用，又担心军队的失利和美伽巴特斯对他的私怨会带来不良后果，他甚至考虑到他的米利都僭主地位有可能被剥夺，心中便萌发了叛乱的念头。恰在此时，米利都前任僭主——身在苏萨充任国王顾问的希斯提亚埃乌斯，派人送信来，要他谋叛。希斯提亚埃乌斯原想就做米利都僭主，为所欲为。自从被大流士强制扣留在苏萨，充任所谓的顾问，便自觉非常不幸。宁为鸡头，不做凤尾。在国王的眼皮下过活，哪比得上在米利都自在快活？他祈盼一旦米利都发生叛乱，大流士就有可能派他去米利都平叛，否则他就永远回不去了。由于书信来往受到严密监视，希斯提亚埃乌斯就想出了一个特殊的送信方式。他剃光了最信任的奴隶的头并在上面刺上了记号。等到这个奴隶的头发再长起来，他便派他到米利都去，嘱告阿里斯塔格拉斯剃光这个奴隶的头，检查他的头部。阿里斯塔格拉斯看到这个奴隶头上的记号，知道了岳父的想法和他自己的想法不谋而合，就着手准备发动叛乱。

阿里斯塔格拉斯召集同党密谋叛乱事宜。他首先发表自己的意见，然后向大家透露了前任僭主的信。所有人都同意他的意见，支持发动叛乱，只有历史学家赫卡塔埃乌斯表示反对。他历数臣服于大流士的一切民族和大流士所拥有的全部力量，指出若对波斯国王反叛动武，无疑是以卵击石。但这些头脑发热的米利都人根本听不进去，一意孤行地要这样做。

阿里斯塔格拉斯既然决定公开发动叛乱，就索性把这事弄得越大越好，闹得一塌糊涂，让大流士无法收拾。他以僭主的身份召开米利都公民大会，声明有意自愿放弃他的僭主地位，并让米利都人获得平等的权利。他派人四处煽风点火，鼓动其他城邦群起仿效。他驱逐了一些僭主，把同他一起出征纳克索斯的僭主逮捕引渡到他们原属各城邦，交给原城邦人民处置。他在各邦议事会公民大会上发表富有感染力的演说，激起当地人民对自由的极度渴望。他历数臣服于波斯统治的诸般害处和耻辱，号召各城邦人民站起来反抗。阿里斯塔格拉斯的三寸不烂之舌，把人民心中的独立之火煽得烈焰熊熊。没几天，爱奥尼亚诸城邦推翻了他们的僭主，纷纷宣布独立。于是，希波战争的序幕徐徐拉开了。起义者沉浸在独立后的喜悦之中，竟完全想不到他们点燃了怎样一把火。

阿里斯塔格拉斯作为这场起义的发动者，自然知道其中的利害。他推翻各城邦僭主之后，命令各城邦任命各自的统帅。为了寻求与波斯相抗衡的强有力的同盟者,阿里斯塔格拉斯乘船赶往希腊,向诸母邦求援。阿里斯塔格拉斯首先到了斯巴达。他随身携带着一块青铜板,板上雕刻着全世界的地图,地图上还有所有的海洋和河流。当然,这幅所谓的世界地图,仅是当时人们对整个世界的认识,他们根本不知道东方有历史悠久的中国。当斯巴达国王克利奥米尼斯接见他时,阿里斯塔格拉斯再一次施展他的绝妙口才,表情严肃而沉重地说:"尊敬的国王陛下,请您不要对我热心地特意赶到这里觉得奇怪。你们的希腊同胞将要失去自由而成为奴隶,这对于所有希腊人,包括你们这些全体希腊人的首脑,特别是对我们自己,都是莫大的耻辱和痛苦。以希腊诸神之名,请你们把你们的同胞从奴役状态下拯救出来吧!"阿里斯塔格拉斯给斯巴达人戴上一顶高帽子,让他们从心里感到舒服,然后拉同胞关系,意在让斯巴达人觉得义不容辞。

继而,阿里斯塔格拉斯大谈波斯人不堪一击和东方的富庶程度:"波斯人不是勇武有力之辈。他们作战时腿穿裤子,头裹头巾,使用弓箭和短枪,根本没有我们希腊人的盔甲和利剑。而东方可是一片富庶的地方,那里遍布肥沃的庄园,富藏大量的黄金、白银和青铜。他们穿着色彩绚烂的衣服,拥有成群的牲畜和奴隶。这一切,你们可以随心所欲地取得。"阿里斯塔格拉斯眼放光芒,声音低沉,描绘着一幅天堂般的图景,听得斯巴达国王及其权贵眼睛发直。他指着雕刻在青铜板上的地图,给斯巴达人依次介绍这里的民族和物产,那里的居民和财富。当指到苏萨城时,他提高声调说:"这是波斯国王居住的首都,有他收藏金银财宝的国库。你们把这座城攻取下来,就可以和宙斯神斗富了!老实说吧,你们同强悍的麦西尼亚人、阿卡狄亚人、阿戈斯人作战有什么意义呢?他们没有广阔而肥沃的土地,也没有黄金和白银。当你们可以轻易地成为全亚细亚的统治者的时候，你们有什么理由不这样做呢？"克利奥米尼斯沉默片刻，让他两天之后来听候斯巴达人的答复。

两天很快过去了，阿里斯塔格拉斯急不可耐地去拜见国王，倾听斯巴达人的答复。见面之后，国王问他从斯巴达到波斯有多远的路程。阿里斯塔格拉斯聪明一世，糊涂一时，原本把斯巴达人欺骗得如痴如醉，这次可失了算，讲出了实话，说从海上到大陆有三个月的路程。国王一听，顿时没了兴趣，对他下了逐客令："米利都的客人，请你在日落之前离开斯巴达吧。他们不会受你引诱到那么远的地方去的。"克利奥米尼斯离座而去，留下阿里斯塔格拉斯一个人在那里痴呆呆地发愣。

清醒过来之后，阿里斯塔格拉斯不甘心就此罢休。他拿了一支表示请求庇护的橄榄枝径直到国王克利奥米尼斯家里去。当时，克利奥米尼斯正和自己八九岁的独生女儿在一起。阿里斯塔格拉斯要求国王把女儿支走，听他讲话。国王告诉他，不要顾虑他女儿在场，有什么话尽管说。阿里斯塔格拉斯表示，如果克利奥米尼斯答应他的请求，他就送给国王10塔兰特白银。国王予以拒绝。阿里斯塔格拉斯以为国王嫌钱少，逐步加码，一直加到50塔兰特。国王的女儿忍耐不住了，对父亲说："爸爸，你躲开他走吧，不然这个陌生人会毁了你的。"克利奥米尼斯高兴地听从了女儿的忠告，转身到里屋去了。阿里斯塔格拉斯无计可施，只好老老实实地离开了斯巴达，赶赴比任何城邦都要强大的雅典。

雅典位于中希腊的阿提卡半岛。这是个三面环海的丘陵地带，境内冈峦起伏，只有几小块儿平原，土地贫瘠，粮食不能自给。但阿提卡山区有丰富的陶土和洁白的大理石资源，有铁、银、锌等各种矿藏。雅典附近水深港阔，多天然港湾，非常有利于贸易和海运的发展。公元前1600年前后，爱奥尼亚人进入阿提卡地区，与当地土著居民混居，过着氏族部落生活。公元前8世纪，雅典在氏族制度的基础上产生了最早的国家。在雅典国家形成和发展过程中，平民与贵族的斗争一直很激烈。公元前594年，出身没落贵族的梭伦当选为执政官。梭伦见多识广，智勇兼备，深察时弊，他执政后进行了一系列改革。他的改革措施缓解、协调了尖锐的阶级矛盾，打击破坏了氏族贵族和氏族血缘关系，扶植了小农经济，为奴隶制的民主共和国奠定了基础。公元前540年，贵族出身的庇西特拉图用武力夺得雅典政权，建立了僭主政治。但他的僭主地位并不稳固，曾两次被放逐。公元前527年，庇西特拉图死后，其子希庇阿继位为僭主。公元前510年，希庇阿在政治斗争中失败，被逐出雅典。他逃到了波斯。希庇阿千方百计地向阿塔佛涅斯诽谤雅典人，用一切办法想使雅典屈服于他和大流士。雅典人知道了希庇阿在波斯的所作所为，就派使者到波斯，警告波斯人不要听信这个被放逐的雅典人信口雌黄。但是，阿塔佛涅斯偏听偏信，命令雅典人把希庇阿迎请回去，继续做他们的僭主，否则雅典人将受到波斯国王的征讨。雅典人接到波斯人的命令后，不可能同意这样做，也自然产生了对波斯人的敌视情绪。

正在这时，米利都僭主阿里斯塔格拉斯来到雅典。在公民大会上，他与在斯巴达那样声情并茂地讲述了一番。他先是大谈西亚的富有和宝藏，然后又谈到波斯人作战时既无盾牌，又无长枪，极易被战胜。最后，他充满感情地说，米利都人是从雅典移民过去的，是他们真正的同胞。血浓于水，拯救米利都就是拯救雅典。雅典人被说服了，决定派遣 20 只船去帮助米利都人，并任命颇有声誉的墨兰提奥斯为海军统帅，开向小亚细亚。后来，派去的这些船只成为波斯国王进攻雅典的直接借口。此外，埃维亚岛的埃雷特里亚人为了报答米利都人曾帮助他们与卡尔基斯人作战而派出了 5 艘三桨座战船前来助战。三桨座战船是古希腊的主要战舰船型。它由船体两侧伸入水中的三排桨驱动，通常有 170 名桨手，20 余名指挥员和更多战斗人员。船头尖锐，浸没在水里，包裹着青铜甲，可以撞击敌舰。

（四）起义失败：米利都的陷落

会齐了各路人马，阿里斯塔格拉斯拟定了一个进军萨第斯的计划。老奸巨猾的阿里斯塔格拉斯原来并未想让各希腊殖民城邦的人民得到好处，只想跟大流士找麻烦以逃脱罪责。所以，他没有身先士卒的打算，而是任命他的兄弟卡罗披诺司为统帅，自己仍留在米利都。

希腊城邦联军在以弗所境内登陆，然后向内地挺进。他们用以弗所人为向导，沿着凯科斯河进军，越过特莫洛斯山，来到萨第斯城下。联军未遇抵抗就进了萨第斯城，但卫城却不能攻下。萨第斯总督——大流士的弟弟阿塔佛涅斯收缩兵力，集中在卫城之内固守待援。这时候，联军做了一件令人意想不到的蠢事。萨第斯的居民波斯人和吕底亚人并没有抵抗行为，萨第斯的房子都是芦苇建成的，即使一些砖房也是芦苇作顶，一个联军士兵点燃了一座房子，全城都起了大火。那些居民无法跑到城外，只好集中到市场上，还不得不保护自己。联军看到卫城中有大批军队，这些居民也武装起来，害怕两面受敌，趁入夜之时，悄悄沿原路撤回，回到了船上。这场大火把萨第斯化为灰烬，吕底亚著名的西布莉女神庙也未能幸免。这为后来波斯人焚烧希腊人神殿提供了借口。

驻扎在幼发拉底河对岸的波斯军接到消息，立即集结增援。他们来到萨第斯，发现联军不在了，就继续追赶。在以弗所，两军相遇，展开了一场恶战。结果，希腊城邦联军惨败，不少将领战死，侥幸活命则四散奔逃，跑回了自己的城邦。正在作战的紧要关头，雅典本土反战派得势，下令把参战军队召回。尽管阿里斯塔格拉斯派使者恳切请求，但雅典人坚决拒绝再帮助他们。失去了雅典军队支持的城邦军队仍然积极作战。他们乘船到赫勒斯滂，征服拜占庭和这一地区的其他城市。他们驱逐了塞浦路斯国王，并把塞浦路斯拉进自己的行列。大流士听到小亚细亚的爱奥尼亚人发动叛乱时，并没有怎么放在心上，久经沙场的他确信所有叛变者都逃不脱他的惩罚。当他听说雅典人也参与进来时，甚感惊讶，询问雅典人是何许人，竟敢参与叛乱，与国王作对。当有人告诉他雅典人是海对岸的大陆上的民族时，大流士很愤怒。他挽弓搭箭，向天射箭以明志，祈求说："哦，神啊，容许我向雅典人复仇吧。"从此以后，他吩咐仆人，每当他用膳时，都要向他高呼："陛下，不要忘记雅典人！"大流士对雅典人仇恨至此，岂能善罢甘休？

同时，大流士又把他的顾问米利都前僭主希斯提亚埃乌斯召来，先是向他通报了希腊人反叛的情况，然后询问他是否知情，应该如何处理。希斯提亚埃乌斯看到他逃离大流士的时机终于来到了，就向大流士进言道："陛下，我被调到苏萨后，米利都人趁我不在，就做了他们想做的事情，竟敢犯上作乱。请你尽快把我派遣到爱奥尼亚去。我保证恢复秩序，把叛乱的首谋者押解来见你。……"大流士听信了希斯提亚埃乌斯的话，让他回米利都去了。

与此同时，大流士派遣阿尔塔普列涅斯率领一支大军乘船直赴塞浦路斯；派遣他的三个女婿道利塞斯、叙玛伊斯和欧塔涅斯率军杀奔小亚细亚。

塞浦路斯人听说波斯大军及其盟军腓尼基人正向自己扑来，急忙派人向小亚细亚的城邦求援。很快，城邦联军赶到，双方协力准备对付波斯军队。于是，两军在海上和陆地展开了激战。在海军方面，城邦联军占据很大优势，他们打败了腓尼基人。在陆军方面，在双方激烈的交锋中，波斯将领阿尔塔普列涅斯战死，但是塞浦路斯和城邦联军这边的库里翁人和萨拉米斯人临阵倒戈，加入了波斯军队的行列，回头与联军作战。结果，塞浦路斯和城邦联军被打败，许多人被杀死。塞浦路斯谋叛者的头被割下来，挂在了阿玛图斯城门上，后来竟成为蜜蜂的巢穴。

同时，波斯另一支军队追讨那些攻掠萨第斯的城邦联军，把他们都赶回船上了。大流士的女婿道利塞斯向赫勒斯滂的各个城邦进兵，先后攻占了达尔达努斯、阿拜多斯、佩尔克特等地。然后，他率军指向与希腊人谋叛的卡里亚。在玛尔叙西斯河，两军激烈交锋，卡里亚人被斩杀 10 000 多人，剩下的逃到大森林里去了。这时，米利都人和其他城邦军队赶来增援，又和波斯人打了一场恶仗。这次联军损失更为惨重。不久，卡里亚人自觉恢复了元气，重整旗鼓，准备再战。当他们听到波斯人正向他们的另一个城市进军时，夜里在路上设下伏兵。这一次，波斯人全军覆没，统帅道利塞斯战死。

大流士的另一个女婿叙玛伊斯向博斯普鲁斯海峡推进，攻克了希俄斯、伊利翁诸地，却不幸在特洛阿斯染病而死。大流士的另一个女婿欧塔涅斯受命征讨叛乱的希腊殖民城邦和相邻的爱奥利斯。波斯军队势如破竹，很快攻占了克拉佐曼纳和库迈。

坐镇米利都的阿里斯塔格拉斯看到这种形势，深感不妙，就准备"三十六计，走为上"了。他召集同谋商量，万一米利都失守，他们最好先搞一个避难的地方。去撒丁岛殖民，还是到希斯提亚埃乌斯构筑工事的米尔西诺斯那里躲避起来？历史学家赫尔塔埃乌斯再次劝告说，这两个地方哪也不该去，应该到雷洛斯岛上修筑一个要塞，暂时安定下来，以后有机会再返回米利都。

阿里斯塔格拉斯再一次拒绝了历史学家的劝告，把米利都的统治权委托给知名人士毕达哥拉斯（不是古希腊哲学家和数学家毕达哥拉斯），带着愿意追随他的人乘船去色雷斯，去攻占米尔西诺斯了。但是，他这次诉诸武力没有得逞。和色雷斯人作战时，阿里斯塔格拉斯及其军队被色雷斯人消灭。这位一手挑起希波战争的阴谋家，未死在波斯人手里，反而客死色雷斯，一直为后人所耻笑。

米利都前任僭主希斯提亚埃乌斯向大流士夸下海口之后，从苏萨来到萨第斯。这时，萨第斯的总督阿塔佛涅斯问他米利都叛乱的原因和真相是什么。希斯提亚埃乌斯装聋作哑，表示对此毫无所知。阿塔佛涅斯心知肚明，告诉他说："让我来告诉你这件事是怎么回事吧。鞋子是你缝的，阿里斯塔格拉斯不过是把它穿上罢了。"希斯提亚埃乌斯一听，做贼心虚，天一黑就逃到海对岸去了。他欺骗大流士，明说要为波斯征服撒丁岛，实际上是想趁大流士兴兵之际，成为所有爱奥尼亚人在小亚细亚的领袖。希斯提亚埃乌斯先是渡海到了城邦之一的岐奥斯。岐奥斯起初认为他是大流士派来的，就把他绑了起来。希斯提亚埃乌斯便把他如何仇恨大流士的全部始末交代个一清二楚，从而被释放了事。爱奥尼亚人便问希斯提亚埃乌斯为什么唆使阿里斯塔格拉斯发动叛乱，使诸城邦遭受如此巨大的损失。希斯提亚埃乌斯当然不会说出真情，捏造说国王大流士想把腓尼基人强行迁到他们的城邦来，再把城邦的希腊人迁到腓尼基城邦那里去。不久，希斯提亚埃乌斯派信使偷偷到萨第斯，给一批波斯人送信。这些人先前曾和他商谈过叛变的事情。但是，信使却把信直接送给了萨第斯总督阿塔佛涅斯。总督让信使不露声色地把信交给那些收信人，然后再把回信交给他。于是，阿塔佛涅斯就知道了哪些波斯人要参与叛乱，立刻把他们全部杀死了。希斯提亚埃乌斯一看这里的希望落空，就请求岐奥斯人把他带回米利都。

米利都人在摆脱了阿里斯塔格拉斯的僭主统治之后，享受着自由的滋味，喜不自胜，自然不愿再接受另一个僭主的统治。希斯提亚埃乌斯在借助武力强行进入米利都时，被米利都人刺伤了大腿，不得不退回岐奥斯，另想门路。他跑到莱斯博斯人那里，尽力说服他们，给了他8艘三桨座战船。然后，他率这些船只驶往拜占庭，在那里驻扎下来，把驶出黑海的一切船只悉数拿捕，除非愿意为他效劳。当听到米利都陷落的消息时，他又率领一支军队趁火打劫，不料撞在波斯人哈尔帕哥斯手里。希斯提亚埃乌斯战败逃跑。眼看被波斯人捉住并刺死时，他竟用波斯语高喊他是米利都的希斯提亚埃乌斯。贪生怕死的他并没有活下来。哈尔帕哥斯和阿塔佛涅斯先斩后奏，将他磔杀之后，把他的尸体制成木乃伊送到了波斯首都苏萨。大流士宽宏大量，以礼安葬了他。这便是另一个米利都起义首谋者的结局。

当希斯提亚埃乌斯还在拜占庭打劫出入黑海船只的时候，米利都受到庞大的波斯海陆军的围攻。擒贼先擒王。在波斯人看来，只要拿下米利都，其他城邦不在话下。他们集结了几支大军，扑向米利都。

在波斯人之后，同来作战的还有新降服不久的塞浦路斯人、奇里乞亚人和埃及人。听到波斯军袭来的消息，希腊城邦联军经过商量，决定扬长避短，不纠合陆军来对抗波斯人，而是让米利都人自卫。希腊城邦联军把他们所有的船只装备集中在米利都附近海域的拉德岛，企图以海战保卫米利都。

当时，集结在拉德的希腊城邦联军有353只三桨座战船，集结在米利都城下海岸的波斯战船有600艘，以腓尼基人为主。希腊城邦军往来海上，素习水战，波斯军相对薄弱。如果不能制服海军，就不能取得制海权，就不能取得米利都，就有可能受到国王的严厉惩罚。波斯将领认识到这一点，就把流亡波斯的原城邦僭主召集起来，让他们分别写信给各邦的海军，要他们投降，企图以此来分化瓦解诸城邦海军。劝降书写道："你们若自愿投诚，将不会因背叛而受到惩罚。你们的神庙和房屋也不会被烧掉，更不会再受到比先前更残暴的对待。如果不这样做，而坚持作战，战败之后，你们将变为奴隶，你们的男孩子将被阉割而使你们绝嗣，你们的女孩子将被送往巴克特里亚，你们的土地将被送给异邦人。"

这些僭主连夜各自派人送信给本邦的人，但希腊城邦联军无动于衷，而是积极备战。由于以前没有集体作战、相互配合的经验，城邦海军的整体作战能力不够强。在军事会议上，福西亚人的将领狄奥尼修斯发言说，当前正是自由还是被奴役的关键时刻，但城邦海军如果继续这样闲散而不加以整顿，就有战败而输掉全局的危险。所以，他希望得到指挥权，好好操练海军，为战胜敌人做好充分准备。其他人听了觉得有理，就把指挥权托付给他。狄奥尼修斯着手每天指挥船只进行队列操练，训练船员使其能突入对方队列，使船上人员做好战斗的准备，剩余时间都把船只用锚系起来。这种训练工作整天不停地进行着。艰苦的工作和灼热的天气弄得士兵疲惫不堪。头7天，士兵都听从狄奥尼修斯的命令。7天以后，他们不再服从，大声抱怨说："我们得罪了哪尊神？让我们吃这样的苦头?!我们竟把自己交给了只出了三艘船的福西亚的吹牛皮的家伙。我们真是精神错乱并发疯了，他让我们遭受极其苛酷的虐待，结果许多人病倒了。再苦的奴役也不会比现在的压迫更坏。我们不能再任凭他摆布了。"从那天起，这些不懂"平时多流汗，战时少流血"道理的人，整天在帐幕里躲避日晒，再也不到船上操练了。

拥有60艘战船的萨摩斯人看到这种状况，心知不妙。他们也接到了原僭主的劝降信，现在决定按信上的要求做了。他们认为要战胜波斯的军队是不可能的。即使战胜了当前的海军，还会遭遇另外一支更强大的海军。

当腓尼基水师前来向他们挑战时，希腊城邦海军便列队出战了。双方打起来的时候，萨摩斯的船队临阵脱逃，返回萨摩斯了。拥有70艘船的莱斯博斯人看到他们的邻人溜之大吉，也学了他们的样。这样一来，较大部分希腊城邦海军也这样做了。那些坚持战斗的希腊城邦海军损失惨重。拥有100艘战船的岐奥斯人表现最为勇敢，但在损失大部分战船的情况下，也不得不放弃战斗，逃回本国。由于船只受损，行驶不灵，岐奥斯人在以弗所弃船登陆，想从陆地回到岐奥斯。结果，以弗所人以为这些人是来进攻他们的，就火速集合全部兵力，把这些岐奥斯人消灭了。福西亚的狄奥尼修斯看到局势不妙，带着自己的三艘船远逃到西西里，干起了海盗的营生。

波斯人在海口战败了希腊城邦联军，就从海陆两方面把米利都团团围住。米利都人英勇不屈，坚决抵抗。波斯人在城墙下面挖地道，用了各种攻城办法，经过6年才攻破米利都。城破之日，火光冲天，血流成河。波斯军杀死了米利都的大部分男子，把妇女和小孩儿掠为奴隶，把神庙烧为灰烬，把俘虏强制移民到红海海岸的培琉喜阿姆城。其他城邦也被波斯军队一一征服。这场轰轰烈烈的反波斯大起义以希腊诸城邦的失败而告终。

此后，波斯没有对叛乱者进一步报复；相反地，波斯做了些有益于诸城邦的事。萨第斯总督曾把各个城邦的使节召去，强迫他们缔结协定，禁止他们之间相互掠夺抢劫。他命令重新丈量土地，指定每个地区的人民都要按照这次的测量结果交纳贡税，规定的数额和以前所缴的贡税相差不多。后来，波斯军统帅、大流士的女婿马铎尼斯竟废黜了所有爱奥尼亚城邦的僭主，建立起了民主政治，以确保居民对波斯统治的支持。尽管如此，雅典人听说米利都被攻陷时深切哀悼，剧作家普律尼科斯写了一部名为《米利都的陷落》的悲剧。该剧上映之时，剧场哭声一片。鉴于剧情过于哀伤，令国民对同胞的悲惨遭遇难以忘怀，普律尼科斯被处以罚金，被禁止今后再演此戏。然而，战争的硝烟已经弥漫在雅典人的头上了。

三、出兵希腊：必欲夺之而后快

（一）战端开启：登上希腊土地

爱奥尼亚城邦的起义被镇压了。大流士借口雅典和埃雷特里亚曾出兵帮助起义者,积极准备发动对希腊诸城邦的战争。其实,这只是波斯帝国欲征服希腊的一个借口。爱奥尼亚诸邦以希腊的母邦为后盾,不会心甘情愿地接受波斯帝国的统治。大流士也认识到,要想在小亚细亚两岸站稳脚跟,就必须彻底征服希腊,把希腊变成波斯帝国的新行省。

公元前492年,大流士任命马铎尼斯为统帅,让他率领一支庞大的陆海军出征希腊。大军从奇里乞亚出发,分陆海两路直逼赫勒斯滂。他们想在那里渡过海峡,绕行色雷斯半岛,向雅典和埃雷特里亚进军。

波斯海军首先轻而易举地征服了伊姆斯人。随后,波斯陆军又征服了马其顿人。此后,他们从萨索斯渡海到对岸,顺着欧洲大陆的沿岸前进直到阿陀斯半岛,再从这里绕过阿陀斯山。当海军驶近阿陀斯海角时,突然间狂风大作,海面上掀起了小山般的巨浪。有300多艘战船和20 000多名战士葬身海底。波斯陆军的运气也不佳。色雷斯人夜里进行了偷袭,尽管最后波斯军获胜,但主帅马铎尼斯负了伤,无法再督师前进。这一次出征,波斯人不战而溃,不得不退回波斯。

这样草草收场,大流士肯定不会善罢甘休。他一方面派人打探希腊人的虚实动向,确认他们是打算与他作战,还是向他投降。为了投石问路,大流士派出使者到希腊本土各邦索取表示向他臣服的礼物——水和土。另一方面,他派人到沿海各臣属城邦,命令他们修造战船和运送马匹的船只。

起初,他派出的使臣顺利而回,大部分都带回了他们想要的东西。希腊半岛的城邦,鉴于爱奥尼亚诸邦的失败,而他们又不知波斯帝国的底细,只知道它地大物博,人口众多,极为强盛。这些城邦自知鸡蛋碰不过石头，乖乖地把象征臣服的水和土送给了波斯的使臣。但是，阿提卡的雅典城邦和南希腊的斯巴达城邦硬是不吃这一套。雅典人怀着对波斯人残害他们的米利都同胞的刻骨仇恨，把波斯使臣推下山崖，摔成肉饼。斯巴达人以诸城邦老大自居，决不会轻易向别人臣服。他们把波斯使者推入水井，说是让他们自己取水和土去了。不仅如此，他们还对某些表示臣服的城邦予以教训。埃吉纳和许多城邦一样，也向波斯奉献了土和水。雅典人闻讯，马上责问埃吉纳人，并到斯巴达控告埃吉纳人背叛希腊的行为。原来，雅典人和埃吉纳人早在以前的城邦争斗中结下了仇怨，现在不过是找借口让斯巴达惩罚埃吉纳人。斯巴达人真的到埃吉纳兴师问罪了，按财富和门第在埃吉纳人中选出10个人，把他们交到死对头雅典人那里看管起来。这一事件使埃吉纳和雅典更加对立。两个城邦在大敌当前之际，仍然相互争战，也表明希腊城邦没有团结一致地准备御敌。

大流士时刻没有忘记雅典人。他的仆人应他之命一日三餐在他面前大喊："陛下，不要忘记雅典人。"雅典流亡波斯的僭主希庇阿一直在诽谤雅典人，说他们如何不把大流士王放在眼里。雅典人不仅不献水和土，而且斩杀使臣，更激起了大流士的怒火。他解除了马铎尼斯的职务，任命米底人达提斯和侄子阿塔佛涅斯（与其父同名）为统帅，率军进攻雅典和埃雷特里亚。大流士下令，必须征服和奴役雅典和埃雷特里亚，并把那里的居民带到苏萨来。

两位将领率领一支装备精良的大军离开苏萨，来到奇里乞亚的马拉松平原扎营，集结军队。随后，各路水师也全部到齐。大量运马船也来到了。这支军队有10万陆军，600名骑兵，600艘三桨座战船。波斯大军吸取了上一次远征时在阿陀斯海角遭遇风暴，致使海军溃散，狼狈撤军的教训，他们不再渡过赫勒斯滂，沿着色雷斯半岛进军，而是横渡爱琴海，直逼希腊诸岛和希腊本土。

波斯军队在爱琴海上首先驶近距离最近的纳克索斯岛。然而，不等波斯大军来到，纳克索斯人就跑到山里去了。原来，波斯人在镇压爱奥尼亚诸邦起义的过程中，把附近的一些岛屿也征服了。波斯人对岛上的居民采取网捉的办法。波斯士兵一个个牵起手来从岛的北端一直延展到岛的南端，然后再从东端一步步走到西端，把岛上的居民一个不漏地给捉住了。他们阉割了最漂亮的男孩子，然后把漂亮的女孩子送到苏萨当奴隶。城市和神庙则被一把火烧个精光。纳克索斯岛人民害怕成为网捉的牺牲品，早就逃之夭夭了。来不及逃的被波斯人当作奴隶，神庙和城市也被烧成了废墟。

过了纳克索斯岛，就到提洛岛了。大部分提洛岛人民也逃离该岛，到蒂诺斯岛避难去了。提洛岛是古希腊的宗教圣地之一，建有著名的阿波罗神庙。阿波罗神是希腊主神宙斯的儿子，主司光明、预言、医药、音乐等，手执黄金里拉琴，人称太阳神。希腊诸邦每逢大事，都遣使问卜于阿波罗神，求得神谕，以指导自己的行动。自然那些求卜者也带来大量的供品献祭。阿波罗神庙的神谕以灵验著称，是希腊的宗教、贸易和文化中心之一。波斯军统帅达提斯下令军队不要在提洛岛抛锚，而是渡海到另一座岛上去。达提斯派使者到阿波罗神庙，向人们宣告：自居鲁士以来，波斯诸王一向尊重异族神祇。大流士王的命令是不伤害这块曾诞生两位神祇（阿波罗和阿尔忒弥斯）的土地。既不伤害土地本身，也不伤害住在这块土地上的人，并命令提洛岛人民回家安居。同时，他还在神庙的祭坛献了300塔兰特的乳香，焚之祭神。惊慌不定的提洛岛人民用庆幸的目光送走了波斯大军。据说,达提斯刚走,提洛岛就发生了前所未有的大地震。按历史学家希罗多德的说法,这是灾祸将临的征兆。大流士及其儿子薛西斯和孙子阿塔薛西斯在位时期,是希腊多灾多难的时代,部分原因是波斯人入侵,还有部分原因是希腊城邦之间争夺霸权的战争。用希腊语解释,大流士意为"做事的人",薛西斯意为"战士",阿塔薛西斯意为"伟大的战士"。这三代国王在位期间,希腊烽火连天,战事不断,是个灾难频生的时代。波斯军队在海上逢岛必克,一路杀来。靠近希腊半岛的埃维亚岛的埃雷特里亚人知道波斯大军正乘船向他们攻来,一时手忙脚乱,乱了方寸。埃雷特里亚人基本分为三派:一派主张坚决抵抗,并派人向雅典人求援。一派主张城邦的所有居民应退入高地上的卫城暂避一时。还有一派打算投降波斯人,指望从中捞些好处。雅典人接到埃雷特里亚人请求援助的消息,马上派遣了4000名援军。埃雷特里亚的首要人物埃斯基涅斯洞悉各派内情,便把当时的情况告诉了前来增援的雅典人,并请求他们回归本国,避免与埃雷特里亚同归于尽。雅典人见势头不妙,听从了劝告,先行乘船撤回国内了。

波斯军队在海路上先行征服了原属于埃雷特里亚的提美诺斯、埃吉列阿等地,然后靠岸登陆。运马船也把马匹运到了岸边,骑兵们整装待发,准备进攻。这时候,埃雷特里亚人仍没有出兵应战的计划。雅典援军撤走后,主张守住城市的人占了上风。波斯军开始攻城时,遭到了埃雷特里亚人的顽强抵抗。双方大战了6天,彼此伤亡都很大。就在这时,埃雷特里亚的主和派和波斯人勾结,献城投降,波斯军队涌进了城市。他们为了报复埃雷特里亚人曾派5艘战船帮助爱奥尼亚人,劫掠并焚烧了他们的神庙,并遵照大流士的命令把埃雷特里亚人掠为奴隶。雅典放逐的僭主希庇阿也随大军出征,希望借助波斯人的势力恢复他在雅典的僭主统治。他在这次远征中担任波斯的向导。在他的提议下，埃雷特里亚的俘虏暂被带到一座叫作埃格利亚的岛上，准备日后征服雅典，连同雅典战俘一同押往苏萨。殊不知，这成为他一厢情愿的空想。

（二）马拉松战役：马拉松长跑的由来

埃维亚岛上的埃雷特里亚被征服了，对面的大陆就是雅典等城邦的所在地。在雅典前僭主希庇阿的引导下，波斯军队在阿提卡登陆。这里离埃雷特里亚最近，也最适合于骑兵活动。波斯海军则在阿提卡东北上岸，停靠在马拉松平原边的海滩上。然而，波斯军队没有马上进攻，而是就地安营，以观察雅典人的反应。原来，达提斯希望引诱雅典军队出城应战，利用波斯人较强的骑兵优势，一举消灭敌人，直下雅典城。

雅典人得到消息，立即派遣 10 位将领率领 10 000 名重装步兵赶到马拉松平原。与此同时，他们派出通讯员、著名的长跑冠军斐迪庇第斯火速赶往 200 多千米之外的南希腊强邦斯巴达求救。斐迪庇第斯不愧是雅典的"飞毛腿"，第二天就到了斯巴达，并立刻觐见斯巴达人的领袖，对他们说道："斯巴达人啊，雅典人请求你们帮助他们，而不要看着希腊最古老的城邦被波斯人奴役。现在埃雷特里亚已经受到了奴役。失掉这座名城，希腊更加软弱了。"斯巴达人决定出兵帮助雅典人。习惯的作用是巨大的。斯巴达人有个老规矩：出兵时，要选个良辰吉日，不到月圆时，是不得出征的。尽管雅典形势紧急，尽管雅典使者再三恳求，斯巴达人不管什么兵贵神速，坚持到 6 天后月圆了才发兵。斐迪庇第斯无可奈何，只好回去复命。

第三章 由盛而衰：延续半世纪的希波战争

雅典前僭主希庇阿把波斯人引到自家门口，得意非凡，认为复位大计胜利在望。特别是有一天夜里，他梦见自己和母亲同寝，更是非常高兴。他自己解释这个梦说，他应当回到雅典并恢复他的统治权，在他的故国享尽天命而寿终正寝。他把波斯军船带到马拉松平原附近靠岸，又把登陆的波斯士兵排成队列。这时，希庇阿已年过古稀，牙齿松动，不料一阵强烈的咳嗽和喷嚏之后，他把一颗牙齿喷了出来，掉到了地上的沙子里。希庇阿拼命寻找，但是怎么也找不到。坚信迷信思想的希庇阿认为这是不祥之兆。他伤心地对周围的人说："我的梦应验了，我的牙齿已经把我所应得的那一份土地占有了。这块土地不是我们的，而我们也不能使这块土地屈服。"当时，谁也没把这个糟老头的话放在心上，但结局却被他不幸而言中了。

雅典人在马拉松平原南端的一块高地上安营扎寨之后，雅典邻近的小城邦普拉提亚派出的 600 人增援部队也赶到了。普拉提亚是个只有千把人的小城邦，派出 600 人已是倾巢出动了。危难之际见真情，雅典人深受感动。特别是全希腊各城邦都被波斯吓住了，大气不敢出，更不用说派援兵的时候，普拉提亚人的到来意义特别重大。没有无缘无故的爱，也没有无缘无故的恨。想当年，普拉提亚人倍受底比斯人的压迫，他们人少势弱，无法与之抗衡，被迫向强邦请求庇护。普拉提亚人先到了斯巴达，斯巴达人不肯收留他们，对他们说："我们之间的距离太远了。我们的帮助只能起到安慰作用。我们得到消息时，可能你们已经被奴役很多次了。你们还是去寻求雅典人的保护吧。他们是你们的邻居，可以很好地保卫你们。"普拉提亚人照办了。当雅典人正在举行十二主神奉献牺牲时，普拉提亚人来到了祭坛下，请求得到雅典人的庇护。雅典人义不容辞地接受了。当底比斯人再欺侮普拉提亚人时，雅典人出手相助，保护了他们。普拉提亚人知恩图报，不怕牺牲，倾其国力来帮助雅典人，怎不让人感叹呢？

按照雅典法律，雅典的10位将军是完全平等的。他们在出征期间轮流执掌兵权，每人一天。凡是重大军事行动，须事先由10位将军充分讨论，然后按少数服从多数的原则以投票形式决定。除了这10位将军外，随军的雅典执政官也有投票权。这10位将军中，有5位将军认为敌我兵力悬殊，只宜固守，不宜作战；另5位将军则认为现在雅典军士气正盛，一鼓作气，再而衰，三而竭，正宜出兵决战。双方各执一词，争执不下。主战的将军米提亚德出身名门，智勇双全，经验丰富。他看到这种争执不但会贻误战机，影响士气，而且稍有不慎就会使整个国家有灭顶之灾。

在生死存亡的紧要关头，米提亚德赶去会晤执政官卡利马什，郑重急切地对他说：

"今天的事情就看你的了。要么雅典人都沦为奴隶，要么雅典人都获得自由，你也将受到千秋万代的唾骂或传颂。你知道，雅典现在面临前所未有的危险。如果雅典人屈服于波斯人，雅典人要重新受僭主希庇阿的统治。如果不这样，雅典有可能发展为希腊第一城邦，而这事的关键掌握在你手里。

"我们10个将军，5个主攻，5个主守。我担心我们的分歧会影响和动摇人民的决心和士气，导致他们向波斯人妥协。方向一旦选定，就无法改变了。只要上天公正，我们很有可能取得胜利。而这一切，有赖于你的一票了。"

卡利马什觉得他讲得很有道理，就决定投票时支持米提亚德的提议。于是，主战派以一票之差取得优势。从此，主战的将领每天轮流掌握全军的大权，但他们把权力让给了米提亚德。他接受了这一重要权力，但要等真正轮到他掌权时才肯迎战。

等到米提亚德掌权这一天，雅典人出战的时机到了。他们编起了准备战斗的队列：执政官卡利马什统率右翼，他后面则按顺序依次配到了各个部落，配列在最后的普拉提亚人则占着左翼。看到雅典人拉出来列队，波斯人也列队相迎。雅典的军队长度和波斯人队列的长度相等，但它中部配备的军队只有数列，是全军最弱的部分，两翼则实力雄厚。米提亚德打算采取中间诱敌深入、两翼包抄、"关门打狗"的战术。

队列部署完毕，雅典的随军祭司宰杀了一只羊羔以作牺牲占卜，结果为吉兆。于是，米提亚德下令进军。雅典人只等号令一下，便飞也似的向波斯军攻击。两军相隔不是太远。波斯人看到雅典人攻来，也做了应战的准备。但他们看到雅典人数少，又无骑兵和弓箭手，还以为雅典自寻灭亡呢。一打起来，情况就不一样了。自从远征希腊以来，波斯军所向披靡，攻无不克，战无不胜。不少人一听到波斯人的风声，一见到波斯军的影子，就仓皇而逃，更不用说迎战和抵抗了。波斯人也见惯了类似的酒囊饭袋，一时对雅典人的表现很不理解。雅典人是希腊人中最勇敢的人民。按希罗多德的说法，他们根本不怕波斯人，是最早跑着向敌人进攻的希腊人。

双方在马拉松平原上鏖战多时。波斯军中部都是波斯人和塞人，他们攻破了希腊人的防线，并把他们追到内地。但是在两翼，雅典军取得胜利。两翼的雅典军先让打败的敌人逃跑，然后把两翼封合起来，关门打狗，共同进攻已经突入中线的波斯人。最后，雅典人取得了优势，把波斯人赶到了海边，并且向敌船发起进攻。在激战中，执政官卡利马什英勇牺牲，许多雅典名门贵族的子弟也光荣战死。在整场战役中，雅典人牺牲了192人，而波斯人则伤亡高达6400人，还有 7 艘战船被雅典人夺去了。

波斯人见马拉松战役失利,大军随船驶离海岸,绕过苏尼昂海峡,打算在雅典人回来之前,抢先一步,攻克雅典城。雅典军在马拉松取得胜利后,米提亚德即命斐迪庇第斯赶回雅典城,让全雅典人尽早知道这一喜讯。斐迪庇第斯一口气跑了 40 公里。他跑到雅典中心广场,对那里翘首企盼的人们上气不接下气地高喊一声"雅典人胜利啦!"就倒地身亡了。为了纪念这位忠于职守的爱国英雄,国际奥林匹克运动会特设立了一个竞赛项目——马拉松长跑。

波斯船队绕过苏尼昂海岬,来到雅典的帕勒隆港口时,发现雅典人已在岸上严阵以待。波斯军队知道偷袭无望,只得掉转船头,带上在埃雷特里亚掳掠来的奴隶乘船返回亚洲了。满月之后,斯巴达的 2000 名援军才赶到雅典。这时,马拉松战役已结束。从不轻易佩服别人的斯巴达人也不由得称赞雅典人的成就,然后回国了。鉴于盟友普拉提亚人在马拉松战役中的英勇表现和辉煌战绩,雅典人铭记在心。从此以后,在雅典人每五年一度的祭奠集会上奉献牺牲的时候,雅典传令人总是祈求上天同样降福给雅典人和普拉提亚人。

(三)以少胜多:马拉松战役的意义

马拉松战役具有极为重要的意义。它是希腊人反波斯侵略的第一次重大胜利,创造了以少胜多的军事奇迹,极大地鼓舞了雅典人的斗志。在马拉松战役胜利的影响下,许多原来已经向大流士表示臣服的希腊城邦,现在又重新宣布独立,恢复了争取胜利的信心。雅典人为了纪念这场战役中光荣牺牲的将士,在他们英勇牺牲的战场上树立了墓碑，以纪念他们的丰功伟绩。

战役是战争的局部。马拉松战役反映了雅典和波斯双方在军事交往方面的一些情况，既有历时性的传统因素，也有共时性的各自内部因素。

一般说来，波斯的步兵与雅典的重装步兵相比较，尽管在数量上占绝对优势，但在战斗能力、素质、纪律等方面和雅典人相差甚远。公元前8世纪以来，在人口增长的压力下，希腊农业生产由原来的公社集体制转向了家庭经营私人拥有的土地制度，这引起军事制度和战争形式的相应变化。一方面，精耕细作保证了粮食供应；另一方面，农业津贴不再受制于最高官方权力的干涉。为了保护和巩固这种新出现的自耕农民，一种具有广泛基础的寡头政治和一种以财产平等的文化精神为基础的民主政治建立起来。希腊1000多座城邦出现了一个投票公民阶层。而他们正是重装步兵的基本来源。色诺芬指出："耕作让人学会去帮助别人。而对敌作战也正如在地里劳动一样，别人的帮助同样是必需的。正是那些自耕民在制定自己的法律，种植自己的粮食，并为自己的城邦而战斗。"公元前700年至前500年，希腊一直盛行方阵重装步兵作战方式。所有城邦之间的冲突，都是通过一场包裹在青铜装备之下的持矛方阵之间短短一个下午的交战中解决。重装步兵的装备由自己负担，包括胫甲、头盔、凹面圆形盾、护胸甲、双锋矛和短剑。按希腊城邦的习惯，重装步兵的方阵作战方式是整支全副甲胄的队伍高举圆形盾，前三列长矛挥出，不论轻装步兵还是敌人的骑兵都无法战胜这个密林般的方阵。普鲁塔赫如此形容说："那是一种令人肃然起敬并毛骨悚然的情景。他们以无隙可乘的阵形向敌阵挺进，没有丝毫犹豫，平静而快乐地步入险境。"在马拉松平原上，雅典人布阵严密，甲胄防身，士气高昂，拥有共同的语言和文化，擅长短兵相接的作战方式。波斯军队则相反,他们劳师远征,外线作战,分散兵力,骄傲轻敌。波斯骑、步兵毫无保护,只有短枪和弓箭,难以抵挡雅典军。波斯军在两翼作战的是臣属国的军队,打不赢就跑,缺乏严明的纪律和不怕牺牲的精神。希腊人在此地取得胜利,奠定了一个此后300年间在实质上没有改变东西方的对抗模式:任何时间,任何地点,不管拥有多少兵力,东方步兵胆敢进攻西方全副甲胄、纪律严明的持枪方阵,必然会惨遭失败。

从马拉松战役可以看出,波斯人不再是攻无不克、战无不胜的强悍军队。尽管它集结了一支空前庞大的军队,但有限的内部交往使其远未达到成为有力的作战整体的程度。总之,波斯军的战斗力并不强。与之相反,雅典人心怀米利都失陷之恨,借助训练有素、纪律严明和重装步兵方阵把波斯人打得落花流水。尽管伤亡6400人对庞大的波斯帝国来说算不了什么,但注定了它再庞大也无法吞并雅典的命运。

波斯军队在马拉松平原战败,使大流士更加愤怒。他立即传旨帝国各地,全国再一次进行人员、船只、粮草的各种筹备,准备再度进军雅典。10年后,波斯军队卷土重来。

四、再度出征:波斯卷土重来

(一)王位之争:薛西斯继位

公元前486年,正当大流士再次为远征雅典大做准备之际,埃及爆发了大规模起义。在国内,他的儿子们争夺王位的斗争也日趋激烈。大流士共有7个儿子。成为国王前,大流士娶了波斯大贵族戈布里亚斯的女儿为妻,和她生下三个儿子,长子叫阿尔托巴札涅斯。他即位后,又娶了居鲁士的女儿阿托萨为妻,二人生下4个儿子,最年长的是薛西斯。阿尔托巴札涅斯认为他是大流士所有子女中最年长的,不论哪里的风俗都是长子继承王位,但他的异母弟弟薛西斯认为他是阿托萨的儿子,居鲁士的外孙,出身尊贵,理应继承王位。大流士为此犹豫不决,大伤脑筋。

此时,斯巴达被放逐的僭主狄马拉图斯来到了苏萨投靠大流士。他听到诸王子正为王位继承问题争吵不休时,就去找薛西斯,向他献计,要他告诉大流士,他是大流士成为波斯国王后出生的,而阿尔托巴札涅斯出生时,大流士还不是国王,所以继承王位的特权非薛西斯莫属。斯巴达也有这样的习惯:如果父亲成为国王前生下儿子,而成为国王后又生下儿子,则王位应该由后生的儿子继承。薛西斯依计行事,大流士听后觉得这条理由充分正当,就宣布薛西斯为王储。实际上,薛西斯的生身母亲阿托萨拥有很大的权势,即使没有这条理由,王位最终也是薛西斯的。

王储已定,大流士总算了却了一桩心事,就准备去征讨反叛的埃及。不幸的是,大流士染上疾病,不久命归黄泉,享年56岁。薛西斯继位为王。大流士去世第二年,他率领军队重新征服了埃及。埃及人受到比大流士时代更苦的奴役,埃及的统治权被交给了薛西斯的亲兄弟阿契美尼斯,此人于公元前460年被再次反叛的埃及人所杀。

（二）御前会议：出兵与否的争论

据说薛西斯起初并无征讨希腊的意思，但他的表兄弟马铎尼斯有野心担任希腊行省总督，不断在薛西斯耳边煽风点火，极力怂恿他征服希腊。他对薛西斯说："陛下，雅典人对波斯人做了这么多坏事却丝毫不受到惩罚，这是不妥当的。您征服桀骜不驯的埃及后，就应该率军讨伐雅典，以便您名垂青史。同时，这么做也能警示世人，侵犯您的领土者会落到什么下场。欧罗巴美丽富饶，土地肥沃。人类当中，除了您谁也不配占有它！"马铎尼斯对薛西斯影响甚大，他的一番话使薛西斯颇为心动。除了马铎尼斯外，还有一批人给薛西斯吹风，让他征服希腊。希腊的帕萨里亚城邦统治者阿鲁德家族派来使者，恳切真诚地邀请国王到希腊去。雅典前僭主希庇阿也来到苏萨，提出同样的主张。他们许诺，如果波斯帮助他们恢复原来的地位，他们将向国王奉献大量贡品。希庇阿还带来一个雅典占卜师，并对他大加吹捧，言其神谕是多么灵验。这位占卜师在薛西斯面前背诵一些他所知道的神谕。但对预言波斯人灾难的神谕，他避而不谈。他只谈对波斯人最有利的神谕。薛西斯最终被说服了。

中国古代著名军事家孙子说："兵者，国之大事，死生之地，存亡之道，不可不察也。"薛西斯觉得出兵希腊事关重大，就召集波斯权贵开了一次御前会议，一方面听取这些人的意见，另一方面也宣达圣意。待大家到齐，薛西斯首先发言，为会议定下了基调。他说："自居鲁士王废黜米底王以来，波斯没有过安定的日子，这是上天的旨意。我们经历的许多事情，给我们带来了好处。居鲁士王、冈比西斯和先王大流士所征服的民族和扩大的版图，即使我不列举大家也十分清楚。我继承并恪守了父祖先王的成法,但我登基以来就常常思考,我怎样才能不落后于先王的业绩,为波斯人取得更大的成就。经过深思熟虑,我们可以既赢得美好的声名,又能取得肥沃广阔的土地;既可以满足我们自己的需要,又能达到报复的目的。所以,我打算率领军队到希腊去,以惩罚曾对波斯人和我的父王犯下了罪行的雅典人。这是先父大流士未竟的遗愿。雅典人和米利都人阿里斯塔格拉斯来到萨第斯,焚烧那里的圣林和神庙。当我们由达提斯率领的军队登上他们的海岸时,他们是怎样对待我们的,大家都很清楚。如果我们征服了雅典人和他们的邻居,我们就会使波斯的领土和苍天相接了。如果我们把整个欧罗巴征服了,把所有土地并入我们的国家,阳光所照就无不是帝国的领土了。到那时,人间没有任何国家、民族能和我们相对抗,没有人能逃脱我们的奴役了。"贪心不足蛇吞象。这薛西斯的胃口比先王都要大得多,竟想做天下的共主。薛西斯接着说道:"我宣布前来的期限时,你们必须立刻前来,不许有勉强情绪。凡率领着拥有优良装备的军队前来的人,我将把国内尊荣的礼品奖赏给他。但是,诸位不要以为我擅自决定这种大事。我现在愿意倾听一下你们的意见。"

马铎尼斯听在耳里,喜在心头,第一个站起来表态坚决拥护国王的英明决策。他先是肉麻地吹捧薛西斯,说道:"陛下,您是过去、现在和未来一切波斯人中最杰出的人物。因为对于一切事情,您都说得既精彩又真实。"然后,他又痛斥雅典人可恶,说:"我们先前征服了许多伟大民族,不是因为他们对我们做了坏事,只是因为我们想扩大自己的威势。现在希腊人无端对我们犯下罪行,如果我们不去报复,那才是件不可思议的怪事呢。他们有强大的军队或者充足的财力会让我们害怕吗？不，我们知道他们的作战方法，他们的实力微不足道。受先王大流士之命，我曾讨伐过这些人，我一直进攻到马其顿，几乎到达雅典，但没有一个人出来应战。我听说，希腊人顽固愚蠢，他们作战时会胡来一通。他们宣战之后，就找到一个最平坦的地方鏖战一番，一决胜负，胜利者损失巨大，失败者全军被歼。尽管他们语言相同，但从不用战争以外的任何办法来解决纠纷。陛下啊，您率领着全亚细亚的大军和全部战船出征的时候，谁有胆量敢与您作战呢？如果他们蛮性发作，一时昏了头，要同我们作战，那我们就会教训他们，让他们知道我们是世界上最优秀的战士。"马铎尼斯发言完毕，薛西斯深表嘉许。其他波斯人表情呆滞，缄默不语，不敢发表与之相左的看法。

沉默良久，薛西斯的叔父阿尔达班依仗自己的王叔身份鼓足勇气发言道："如果大家不发表相互反对的意见，那就不可能选择较好的意见。有比较，才有鉴别。这就好比黄金单，从它本身不能鉴别它的成色，只有在试金石上摩擦之后，才可以把成色较好的黄金鉴别出来。我曾谏阻过王兄大流士，请他不要攻打根本没有城市的斯基泰人。但他一心想征服游牧的斯基泰人而不愿意听我的话。结果，他率领军队出征了。回师之日，不仅没有制服斯基泰人，反而丧失了军队中的许多勇武之士。陛下，您现在正在打算率领您的军队去攻打远比斯基泰人优秀的人。据说，他们在海陆两方面都是极其勇敢的，所以这次出征还是有很大危险性的。您说您要在赫勒斯滂架桥，通过向希腊进发。假定他们在海上和陆上都取得成功，然后乘船来到赫勒斯滂，把桥梁毁掉的话，那可就危险了。这不是不可能的事情。达提斯的一支大军就是在阿提卡被人数不多的雅典人独力打败的。我的推测是有根据的。前事不忘,后事之师。先王大流士攻打斯基泰人时,曾在多瑙河架桥通过。那时斯基泰人用尽一切办法请求受命护桥的爱奥尼亚人把这条通路摧毁。如果当时爱奥尼亚人听从了斯基泰人的话,波斯大军后路被切断,就可能全军覆没了。现在想来,还让人感到后怕呢。常言道:'出头的橡子先烂。'神用雷霆打击那些高大的动物,不许它们作威作福。神的雷箭总是投掷到最高的建筑物和树木上,不容许过分高大的东西存在,这也是上天的意旨。除了他自己之外,神是不容许任何人妄自尊大的。神的嫉妒心有可能使一支人数众多的大军毁在一支人数较少的军队手里。陛下啊,这是我对您的劝告。请三思而后行。"

随后,阿尔达班把话锋转向力主出征的马铎尼斯。他继续说道:"马铎尼斯,不要再胡说有关希腊人的事情了。正是你诽谤了希腊人,才促使国王决意这次出征的。我不说你的真实目的何在,但诽谤是使当事人不在场而遭受损害的不道德行为。如果你确实为波斯的江山社稷着想,无论如何也要派出一支军队讨伐希腊人的话,你可以这样做:让国王本人留在首都,让我们用我们的孩子来打赌。之后,随便你选拔怎样的人,随便你要多么大的一支军队,你就率领着他们出发。如果事情像你所说的那样,结果对国王有利,那我认输,我和我儿子甘愿引颈就戮。如果和我所预言的一样,那你和你儿子也要同样受罚。但如果你不敢打这个赌,还要坚持渡海远征,那你肯定会给波斯人带来巨大的灾难。"

虽然王叔的分析有根有据、入情入理,但心高气盛的薛西斯哪里听得进去?他愤然怒斥道:"亏你还是我的叔叔,不然我就因你这些蠢话而惩罚你。你这种没有骨气的怯懦表现,应该受到惩戒。你还是和妇孺待在家里吧,不要跟随我的大军去攻打希腊了。没有你的帮助,我照样能够取胜。假如我不亲自报复雅典人,我就不是大流士的儿子。何况,我很清醒地认识到,就算我们按兵不动,无所行动,他们也不会善罢甘休,肯定会向我们的国土发动进攻。他们不但要烧掉萨第斯,还会进军亚细亚。我们面临的只有两种选择:要么主动去进攻,要么被动地等着挨打。结局也有两种可能:要么我们的一切归希腊人统治,要么希腊人的一切归我们统治。折中的道路是没有的,我们必须选择其中一条。"经薛西斯这么一说,再也没有人提出反对意见来,出征希腊的事就这样确定了。

这次会议之后,薛西斯当天晚上做了一个梦,梦见他头上戴了一顶橄榄枝编成的王冠,王冠上的嫩枝蔓延覆盖整个大地,但不久之后这顶王冠便消失了。薛西斯马上召来祭司解梦。袄教祭司解释说,这预示着全人类都要成为薛西斯的奴隶。薛西斯信以为真,随后发布了总动员令。各地的波斯人万分热情地执行了薛西斯的命令,因为每个人都想得到悬赏的赠物。

(三)紧锣密鼓:备战中的波斯与雅典

公元前484年至公元前481年,薛西斯为远征做了4年准备工作。他采取波斯第一次入侵希腊的作战方针,以陆上进攻为主,从萨第斯集结出发,经过赫勒斯滂,穿越色雷斯和马其顿,沿传统路线进攻希腊。海军沿海岸与陆军相伴而行。这条路线较长,但比横渡爱琴海安全性大,并有利于运用波斯大量陆军,发挥人多势众的优势。鉴于第一次远征军的海军在阿陀斯海角遭遇风暴而灭亡的教训,薛西斯命令在阿陀斯地峡开凿运河,以便船只不必绕行多风的阿陀斯海角。

本来船只拖过地峡并非很难办到,没有必要挖掘壕沟。薛西斯为了显示他的威力并给后世留下追忆他的丰功伟绩的东西,仍命令开挖连接赫勒斯滂和爱琴海的运河。这条运河长约2200米,宽度足够两艘三桨座战船并排行驶。这条运河开通以后,原本为大陆城市的狄翁、狄索斯等5座城市成为岛城。这是一项十分艰巨的任务。军中的各种工匠在监工皮鞭的驱使下被迫不间断地挖壕沟,就这样一直干了3年,才最终完工。

薛西斯命令在所经过的海峡、河流上架设桥梁,命令腓尼基人和埃及人制造由纸草和白麻做成的绳索并贮备军粮。为了使军队、马匹在进军希腊时不致陷入饥饿,他下令臣民把粮草贮备在最适宜的场所。因此,亚细亚所有的货船和运输船把粮草送到沿途经过的色雷斯、马其顿等地区。总之,波斯帝国的这次远征备战搞得轰轰烈烈、扎扎实实。

马拉松战役结束后,雅典人举国欢庆,沉浸在胜利的喜悦之中。雅典军的指挥者米提亚德更是名声大振,到处是赞扬之声。米提亚德非常得意,飘飘然不能自持。他想起帕罗斯人曾经在波斯面前讲过他的坏话,便想在这一呼百应之际,公报私仇。于是,他向公民大会提议,给他一笔军费和70艘三桨座战船,由他率领去攻打帕罗斯。理由是帕罗斯助纣为虐,曾出过三艘战船来帮波斯人进攻雅典。如果他的要求得到满足,他保证让雅典人得到大量黄金和财富。雅典人对他深信不疑,当即决定满足他的要求。

于是,米提亚德带兵攻入帕罗斯,围住了帕罗斯城。米提亚德遣使晓谕帕罗斯人,除非交出100塔兰特白银,否则要踏平帕罗斯城。帕罗斯人根本不考虑他的提议,答复他说"要钱没有,要命一条。"

他们用各种办法加固城池，和雅典军对峙起来。米提亚德围攻了62天，帕罗斯城固若金汤，雅典一无所获。米提亚德又想偷袭，不料偷鸡不成反蚀一把米，不慎扭伤了小腿，跌伤了膝盖。原本想威风凛凛地凯旋，结果灰溜溜地被抬回了雅典。这下可被政敌抓住了小辫子。他们在公民大会上猛烈弹劾他，说他欺骗了雅典人，应该被处死。米提亚德被抬到了法庭。

他已经不能为自己辩护，他的腿已经开始溃烂了。但他的朋友没有抛弃他，极力为他辩护，力陈他的诸多功绩。最后，雅典人还是惩罚了这位打赢马拉松战役的英雄，判处他50塔兰特的罚金。

当大部分雅典人陶醉于胜利之中时，也有人冷静地看到形势的严峻。著名政治家、军事家泰米斯托克利即是其中之一。在此之前，泰米斯托克利并不是雅典名流。他父亲极为富有，但地位并不显赫。他母亲来自异邦，不属雅典公民。泰米斯托克利从小聪明机智，富有辩才，他的老师预言他将是治世之能臣，或乱世之枭雄。公元前494年，在他的倡议、支持下，雅典上演了著名的《米利都的陷落》，观众大为震动。作者被课以罚金，但泰米斯托克利却赢得了反波斯斗士的美名。因是之故，公元前493年，他当选为次年执政官。当所有雅典人为马拉松战役的空前胜利所陶醉时，泰米斯托克利却沉思于深谋远虑之中，夜不能寐。他参加了马拉松战役，并认识到这次胜利不是战争的结束，而仅仅是开端。要拯救雅典，就要大力发展海军，这需要有足够的经费，亦须克服传统的只重视陆军的重装步兵方阵的习惯。

公元前488年，克利斯提尼倡议的陶片放逐法首次在雅典实施。在此后的两年里，雅典人用这种办法放逐了前僭主的朋友，清除了潜在的波斯内奸，也放逐了泰米斯托克利的主要反对人物阿里斯泰德。公元前487年，泰米斯托克利促成了执政官选举方法的改革，由原来的投票改为抽签。这一改革不仅使第一等级公民可以当选，第二等级公民也可以当选，有利于提高十将军委员会的地位，有益于国家政治生活的民主化和战备的加强。公元前483年，当战争的阴云已经笼罩在希腊半岛的紧张之际，一些公有资产的承租人在阿提卡南端的劳洛温银矿发现一条新矿脉，每年给雅典带来约100塔兰特的收入。雅典人喜形于色，大多数急功近利的人提议把这笔钱分光吃净。但泰米斯托克利大声疾呼，表示强烈反对，建议用这笔钱来建立一支强大的舰队。他指出，海军是雅典在即将到来的危险中生存下来的唯一希望。如果在未来的战争中，陆军不能同波斯抗衡的话，海军可进可退，灵活机动，能够发挥雅典人的海上优势。他还提醒雅典人，前两年和邻邦埃吉纳人发生冲突时，他们就因船只太少而向友好邦交科林斯借了20艘船。他们现在手头有钱，正是扩大海军的好机会。公民们被说服了，公民大会通过决议，这100塔兰特收入分发给雅典的100名最富有的公民，每人1塔兰特，责成他们每人建造一艘三桨座战船，不足款项由他们自己补贴。到战争爆发前夕，雅典人已拥有战船200艘，数量和质量均居希腊之首。事实证明，泰米斯托克利的建议在后来的战争中起到了至关重要的作用。

　　公元前481年，经过4年的充分准备，波斯大军在萨第斯开始集结了。这是一支空前庞大的军队，兵员达500余万，战船达1000余艘。希罗多德感叹道：任何军队都不能和这支军队相比。因为亚细亚的哪一个民族不曾给薛西斯率领去攻打希腊呢？除去那些巨川大河之外，哪一条河的水不是被他的大军喝得不够用了呢？有人把船只供应给他,有人参加了他的陆军,有人提供了骑兵,有人提供了随军运送马匹的船只和军中的服务人员,有人提供作桥梁用的战船,还有人提供了粮食。

到达萨第斯后,薛西斯来了个先礼后兵,派使者到希腊各地索取水和土。鉴于大流士派去的使者遭遇不测的教训和此次远征的明确目标,雅典和斯巴达被排除在受降国之外,薛西斯没有派去使者。这也是薛西斯争取大多数,打击一小撮的战术。一些胆小怕事的城邦,早被波斯唬住了,待使者一到,马上献上水和土,表示臣服。一些城邦鉴于雅典取胜在前,不急于表态,采取观望态度。还有31个城邦受雅典胜利的鼓励,不甘心受波斯奴役,联合起来,推举斯巴达为盟主。他们在科林斯召开同盟大会,发誓共同御敌。为了对付那些献水和土投降的人,向波斯宣战的希腊人严肃立誓:如果他们在战争中顺利的话,他们就把那些自愿向波斯人投降的所有希腊人的财产的十分之一奉献给德尔斐的神。

(四)德尔斐神谕:内结外联的希腊

在古希腊,人们相信人类生命中的重大事件完全为神的意旨所左右。为此,好奇而谨慎的希腊人求教于占卜者和神谕,后者以观星象、解梦、检验动物的内脏、观察鸟的飞行方式等,以预言未来。希腊各地的许多神庙里,都设有公共神谕,但最著名、最受尊重的是德尔斐的阿波罗神谕。阿波罗是希腊诸神中的太阳神,是音乐、诗歌和艺术的保护人,城市的建立者和法律的创造者,医疗之神,强力的射手和战争之神,地神和月神的继承者,谷物成长之神,是全希腊位于德尔斐的最神圣的传神谕者。在德尔斐的阿波罗神庙,特设了三位女祭司，每位均在50岁以上。经过特别训练之后，女祭司能经过一阵精神恍惚，接受阿波罗的启示。神庙大殿的地面有一条裂缝，经常冒出一种特别的气体。据说，这是从前被阿波罗所杀死的那条巨蛇的永久分解物。主事的女祭司称为皮媞亚，坐在这条裂缝上面的一个很高的三脚凳上，嘴里嚼着月桂树叶，呼吸着从下面冒出来的气体，进入一种精神恍惚的状态。在这种状态中，女祭司收到默示，说出一些很合逻辑的神谕，再由男祭司把这些话的意义译给求谕者。这种神谕往往有许多种解释，甚至相反的解释。无论将来事情如何发展，神谕永远灵验有效，万无一失。这种神谕为希腊人提供了超自然力量所带来的指导、信心和心理慰藉，也为散处希腊各地的城邦之间提供了某种程度的良知和道德的统一。

雅典人派遣使节到德尔斐，请示神谕，以问吉凶。当他们在神庙大殿如仪行礼，并坐到内部圣堂的时候，祭司说出了神谕：

> 不幸的人们啊，为什么你们还坐在这里？逃离你们的家，你们那陀螺形状的城市的高耸入云的卫城，跑到大地的尽头去吧。身躯和头同样都不能安全无恙，下面的脚手，以及它们中间的一切都无济于事，它们都要毁灭掉。因为火和凶猛的战神飞快地架着叙利亚的战车，要把这座城市毁掉。他要把不仅仅是你们的城邦，而是许许多多的城邦毁掉。他还要把神的许多神庙交付火焰吞食；它们立在那里听得流汗，因害怕而战栗。它们的屋顶上有黑色的血流下来，预示着它们无法避开的凶事。因此，我要你们离开神庙，拿出勇气来制服你们的不幸遭遇吧！

雅典使者听到这个神谕，惊恐万状。这时，德尔斐的智者提蒙向他们提议，要他们拿着表示请求庇护的橄榄枝，再一次到神庙去，以请求庇护的人的身份再次请求神谕。雅典人按照他的建议做了，他们请求神庙赐给他们一个比较好的预言；否则，他们死也不离开神庙。于是，皮媞亚向他们宣布了第二个神谕：

用许多话来请求，用高明的意见来劝说，
帕拉斯都不能缓和宙斯的怒气。
然而，我们愿向你们讲一句像金刚石那样坚硬的话。
在刻克洛普斯圣城和神圣的喀泰戎谷地目前所保有的一切都被夺去的时候，有远见的宙斯终会给特里托革尼亚（雅典娜）一座难攻不落的木墙，用来保卫你们和你们的子孙。
且莫安静地居留在你们原来的地方，因为大地上来了一支骑兵和步兵的大军；
你们应在他们来时撤退，背对着敌人；
不过，你们终有一天会和他们交战的。
神圣的萨拉米斯啊！在播种或收获谷物的时候，你会把妇女们的孩子毁灭的。

无论如何，这次神谕比前一次温和多了。雅典人把它记录下来，带了回去。雅典人对神谕的含义做了许多解释，有两种意义特别引起大家的兴趣。一些比较年老的人认为，神的启示是把卫城留下。因为从前，雅典卫城的四周有一道木栅栏。在他们看来，木墙就是指这道栅栏。另一些人则认为，神谕所说的木墙就是指船只，他们应该把船

第三章 由盛而衰：延续半世纪的希波战争

只装备起来。但是，神谕最后两句使主张木墙是船只的人无法自圆其说。解释神谕的人说，如果他们在萨拉米斯湾作战，他们就会全军覆没的。泰米斯托克利另有新解，并向人们宣示：神谕最后两句是指波斯人，而不是雅典人。因为如果是雅典人死在那里，就不会说"神圣的萨拉米斯"，而应该说"残忍的萨拉米斯"了。所以，他坚持做好海上作战的准备。雅典人认为，他的解释比神谕解释者高明，因为后者的解释要雅典干脆不进行抵抗，离开阿提卡，移民到别的地方。

雅典人下定了与波斯人决一死战的决心，便着手做各方面的准备。首先，他们采取措施结束希腊人内部之间的不和，以及相互之间的战争，无论它们是什么原因引起的，其中包括雅典人和埃吉纳人多年来冤冤相报的战争。他们认为，既然全部希腊都即将受到波斯人入侵的威胁，全体希腊血统的民族就应该结成一体，为了共同的目标而奋斗。其次，雅典人把间谍派到萨第斯刺探波斯人的军情。有三个间谍到了萨第斯，并对波斯军队进行了侦察。但是，他们行动不慎，被波斯人发觉并抓了起来。经过军事法庭审讯后，这三个间谍被判处死刑，即将被拉出去处决。正在这时，国王薛西斯听到这个消息，对军事法庭的审判颇不以为然。他命令把间谍带到他那里，询问了他们的目的之后，薛西斯竟命令他的卫兵引导他们到各处，把包括骑兵和步兵在内的全部陆军指给他们看，然后毫发无伤地把他放回去。千载之后，人们对薛西斯的这一做法还颇不理解。

事不密则不威。希腊人求之不得的军事机密，薛西斯竟拱手相让。原来，薛西斯有自己一厢情愿的幻想：如果把间谍处死，希腊人就难以事先知道他庞大到难以尽述的兵力。如果把他们放回希腊，他们把波斯大军的情况告诉希腊人，可能不劳大军费事，希腊人就吓破了胆，乖乖向其称臣纳贡了。这种愚蠢的行为后来也时有发生。薛西斯在阿拜多斯时，曾看到满载谷物的希腊船只向埃吉纳和伯罗奔尼撒航行。周围的人看到是敌人的船只，就想马上去拿捕，等待着国王下命令。薛西斯在问清楚那是敌方运粮船之后，竟说："我们不是和他们一样，也带着谷物和其他物品到同样的地方去吗？既然他们是替我们把粮食送到那里去，这又有什么害处呢？"薛西斯的这些言行充分暴露了他妄自尊大、轻视希腊人的骄傲心理。骄兵必败，是战争的普遍规律。

雅典人的另一重大举措是派使者到阿戈斯、西西里的狄诺美涅斯、科尔丘拉、克里特等地请求援助，联系新的同盟者。在全希腊面临波斯人入侵的威胁下，全体希腊血统的民族应团结为一个整体，同仇敌忾，共御强敌。

希腊同盟先派使者到了阿戈斯。在此之前，阿戈斯刚刚与斯巴达发生冲突，阿戈斯有 6000 名壮丁被斯巴达军队所杀。他们听说波斯人准备征讨希腊人，也知道包括斯巴达在内的希腊反波斯联盟要他们入盟。为此，阿戈斯人颇难选择：捐弃前嫌和斯巴达人再度共事，他们非常难以接受。于是，他们派使者到德尔斐请示神谕。皮媞亚的神谕如下：

被周围的邻人所憎恨，却为不死的神所喜爱的人啊，怀里抱着长枪，像戒备的战士那样安安静静地坐在那里吧，好好防备着你们的脑袋。这样，脑袋就可以保卫你们的身体了。

阿戈斯的使者回去之后，向元老院做了汇报。元老院根据神谕的启示，答复联盟的使者：如果阿戈斯人和斯巴达人能够缔结30年的和约并取得联盟军一半的统率权，他们就答应联盟的请求。阿戈斯人说，尽管他们有正当的权力来要求统率全部军队，但他们却愿意满足于一半的统治权。尽管神谕禁止他们加入希腊联盟，但元老院还是答应这样做。阿戈斯人希望与斯巴达有30年的和约，以便他们的子弟长大成人。否则，他们已败于斯巴达，如果再败于波斯人，就可能成为斯巴达的奴隶了。使节当中有人是从斯巴达来的，他们被授权做出答复说："缔约的事要回去提交公民大会讨论决定，他们做不了主。至于统率权，斯巴达使者说，斯巴达人有两个国王，阿戈斯人只有一个国王，不可能剥夺任何一个斯巴达国王的统率权。"不过，阿戈斯国王可以享有同斯巴达国王一样的投票权。阿戈斯人说，斯巴达和过去一样傲慢。他们与其向斯巴达人屈服，还不如受制于波斯人。随之，阿戈斯人毫不客气地对使者下了逐客令。

希腊联盟派到西西里的使者运气也不佳。西西里是希腊的殖民城邦，势力相当强大，当时的统治者是僭主盖隆。希腊使者来到西西里岛东岸的锡拉库萨，觐见盖隆，对他说："斯巴达人和他们的同盟者派我们前来取得你的帮助，以抗击异邦人。波斯人正纠合东方的全部大军从亚细亚而来。他们表面上冲雅典而来，实际上是想把整个希腊收归于其治下。所有希腊人团结一致，就可以抗击侵略者；否则，全部希腊土地就可能同遭亡国之祸。如果波斯人打败我们，他们的下一个目标可能就是你们。你们帮助我们，也就是帮助自己啊！"盖隆对希腊母邦早就憋了一肚子火。原来，西西里和迦太基人、埃盖斯塔人发生战争时，希腊诸城邦没有答应他的要求，前来帮助他。现在，时来运转，诸母邦来到他门上求助了，心里好生得意。他情绪激昂地对使者说道："我处危难之时，你们见死不救。现在我事业发达，国家昌盛，而战争又降临到你们头上了。尽管你们蔑视我，我可不学你们的样子。既然来到我门上，我还是准备派出200艘三桨座战船、20 000名重装步兵、2000名骑兵、2000名弓手、2000名轻骑兵帮助你们。此外，我还会担负希腊全军的食粮，直到战事结束。不过，我的条件只有一个：我要担任打击波斯人的希腊军队的统帅和司令官。否则，我不去，也不派别人去。"

来自斯巴达的使者叙阿格罗斯听后十分气愤，他怒气冲冲地对盖隆说："这种要我们把统率权交到你手里的建议不要再提了。如果你愿意帮助希腊人的话，你就必须接受斯巴达人的领导。如果你放不下身段接受斯巴达人领导的话，我看就不必帮我们了。"盖隆见自己的建议遭到严词拒绝，狮子大开口。他说："来自斯巴达的朋友，既然你们都这样计较统率权的问题，那我比你们更计较了。因为我的陆军比你们多许多倍，我的船只也比你们多得多。既然你们十分不喜欢我的建议，我就再做出一些让步。这样吧，你们统率陆军，我来统率水师；或者你们统率水师，我统率陆军。如果你们还不同意，那就大路朝天，各走一边，就别提结盟的事了。"雅典使者再也按捺不住了，没等叙阿格罗斯答复，抢着答道："西西里国王，希腊派我们到这里来是请求一支军队，而不是请求一位统帅。要知道，联盟海军的统率权属于我们，除非斯巴达人愿意统率水师，我们不反对。我们决不容许其他任何人担任水师统帅。否则，我们雅典人就枉为拥有海上最强力量的希腊人了。要知道，在所有希腊人当中，我们雅典人是最古老的民族，唯一没有改变居住地的民族。大诗人荷马就说，雅典人是最善于整顿和安排军队的人。我们又怎么会把统率权轻易让给别人呢？！"话不投机半句多。就这样，希腊联盟的使者在西西里与盖隆不欢而散，结盟的事也成为如梦幻般的泡影了。

希腊使者走后，盖隆坐卧不安。他既害怕这些希腊人顶不住波斯人的攻势，又不愿接受斯巴达人的领导。他苦思冥想，终于想出左右逢源的万全之策：他派了一个名叫卡德摩斯的亲信乘着三艘五十桨船，带着大量金钱与友好问候到德尔斐去。在那里，他要注视战局的变化。如果波斯人取得胜利，卡德摩斯就把他带的金钱，连同代表西西里的水和土献给薛西斯表示臣服。如果希腊人取得胜利，卡德摩斯就把这一切都带回西西里。

希腊联盟派到克里特的使者也没有争取到什么好结果。克里特人从德尔斐神庙得到这样的神谕：

> 愚蠢的人们，过去因你们援助墨涅拉俄斯而受到米诺斯加在你们人民身上的悲痛，难道你们还觉得不够吗？想想看，他们不帮助你们替死在卡米柯斯的米诺斯报仇，可是你们却帮助他们，米诺斯要愤怒到什么程度？！

克里特人听到这样的神谕，就不和希腊使者谈结盟的事，使者无功而返。

只有到了科尔丘拉，联盟的使者才颇感欣慰。他们说明来意后，科尔丘拉人痛快地满口答应。他们宣称：科尔丘拉人不忍看着希腊遭受亡国之祸。假若希腊倒下去了，第二天他们就一定会沦为奴隶，因此他们会尽最大努力提供帮助。就这样，科尔丘拉人把希腊使者哄得欢天喜地地回去复命了。可是到了派遣援军的时候，他们却改变了主意。尽管他们装备了60艘船,但经过很多周折,绕了好多圈子才出海。他们没有到盟军报到,而是在斯巴达的皮洛斯和泰纳伦的海面上抛锚,和别人一样坐山观虎斗。原来,科尔丘拉人对希腊人取胜不抱希望,认为波斯人会成为全希腊的统治者。他们和西西里一样,也是首鼠两端的做法。如果波斯人战胜了,他们就会向波斯人献殷勤说:"伟大的国王啊,当希腊人要我们站在他们的一面参战时,虽然我们的兵力并不比任何人少,而且我们拥有数量上仅次于雅典的极多战船,但我们不愿抵抗您,做让您感到不高兴的事情。"这让他们赢得波斯人的嘉许和比一般人更有利的地位。如果希腊人取胜,并责备他们失信不派援军时,他们会说他们已经装备了60艘三桨座战船,但因季风的风力而不能绕过马莱阿角及时参战,而绝不是因怯懦而没有赶上海战,这样就可以推卸责任了。

总之,希腊联盟派出使者寻求新同盟者的努力以失败而告终。察其原因,不外有三:

首先,原来希腊城邦之间的利益之争所引发的战争交往的后果不可能一句话抹平或短时期消除。这阻碍了这些城邦心甘情愿、义无反顾地加入联盟军队,同波斯人共同作战。这反映了希腊城邦内部的交往状况。

其次,各城邦都是一个交往中的利益主体。面对陌生而强大的波斯,这些城邦出于自利自保的心理,不愿冒风险同希腊联盟站在一起,而宁愿坐山观虎斗,而后见风使舵,谁胜利了就投靠谁。所以,利益因素是影响希腊各方交往的根本原因。

最后,在不少城邦的决策中,德尔斐神谕起到了很大的指导性作用。除了雅典人在接收到令人沮丧的神谕之后,仍振奋精神,下定决心与波斯人斗争到底之外，大部分城邦接受神谕的启示后，对希波战争抱消极态度。这既反映了交往的时代性特征，又反映了交往传统中积淀因素的影响和作用。尽管如此，希腊城邦之间的交往程度比波斯所纠合的庞大军队要高得多。这也是希腊取得胜利的重要原因之一。

（五）志在必得：百万大军出征

当希腊人内结外联，为准备战事而忙作一团时，波斯方面正在做着最后的准备。波斯大军在萨第斯集结，派到希腊各城邦索取水和土的使臣也陆续返回，薛西斯心中也大概有了数。此前，薛西斯命令一部分人员在赫勒斯滂修筑一条连接亚细亚和欧罗巴的大桥。负责架桥的腓尼基人用白麻索架了一座桥，而埃及人用纸莎草架了另一座桥。天公不作美，海峡上的桥刚刚架起，就刮来了阵阵强烈的暴风，把工程全部摧毁了。薛西斯接到报告，十分震怒，下令行刑官把海峡鞭打300下，并把一副脚镣投到海水里，派烙印师给海峡加上了烙印，还下令把监督造桥的人斩首。他派使者对海峡进行了强烈谴责：

> 你这毒辣的水！我们的国王这样惩罚你，是因为你伤害了他，尽管他对你毫无损伤。不管你愿不愿意，国王薛西斯一定要从你的上面渡过去；任何人不会向你奉献牺牲，你是一条险恶而苦咸的河流。

薛西斯随即下令，另架新桥。匠师们吸取前一次的教训，以最快的速度又架了新桥，这座桥梁是古代最令人赞赏的机械成就之一。这座桥由674艘三桨座战船构成，分两排横越海峡。每艘船都面对海流,用巨锚系紧。然后,匠师们用亚麻和纸莎草缆绳横过每排船,这些巨大的缆绳系缚于每艘船上,两端固定于两岸,并以绞盘绞紧。最后,他们把树砍倒后,锯成木板,横放在缆绳上,一一系紧后,把砍下的树枝铺在上面,树枝上面又铺上土,再把土压结实。为了防止牲畜在过桥时看到大海而受惊,他们还在桥的两旁安设了栅栏。这座桥梁承载力很强,足以承载大军通过。有位当地土著惊叹于这一浩大壮观的工程,认定薛西斯是天神宙斯。他心生疑问:这位人与神的共主,只用一个巨雷就可以把一个傲慢的国家毁灭,为什么却要费这么大气力征服小小的希腊呢?

薛西斯毕竟不是神,再伟大的计划也得一步步完成。公元前480年春,薛西斯胸怀扫平希腊的雄心壮志,率领浩浩荡荡的大军从萨第斯出发了。大军正待进发之际,突然发生了日食。太阳消失了,白天变成了黑夜。薛西斯看到这一天象变化,心里深感不安,就召来袄教祭司,问这是什么征兆。祭司告诉他说,这是神向希腊人预示他们的城市将被毁灭。因为太阳是希腊人的预言者,而月亮则是波斯人的预言者。薛西斯听罢解释,心里很是高兴,兴高采烈地踏上征途。

波斯的军队是这样编排的:前面引路的是搬运军粮物资的士卒和驮兽,紧随其后的是一个由各个民族混合而成的兵团。军队的一半开过去之后,有一段间隔。间隔后,是全波斯人中最精锐的1000名枪兵。枪兵之后,是装饰得极其富丽堂皇的圣马。在这10匹马背后,是8匹马拉着的神圣战车,战车手拉着缰绳,牵着白马,徒步而行。战车之上,高坐着波斯国王薛西斯。陪乘的战车手是欧塔涅斯。薛西斯后面是波斯最精锐、出身最高贵的1000名枪兵。枪兵后面是1000名精锐的波斯骑兵。骑兵后面是从其余波斯人中选择出来的10 000名步兵，这10 000人后面配置着10 000名波斯骑兵。这些人之后，又是一段间隔，最后就是各民族混合而成的杂牌军了。

波斯大军来到阿拜多斯的时候，薛西斯决定检阅一下全军。他命令阿拜多斯人在一座小山顶上修筑了一座白石宝座。薛西斯坐在这里俯视海滨，陆军、水师尽收眼底，薛西斯对自己的大军深感满意。看到自己的水师遮没了整个海峡，而海滨和阿拜多斯平原挤满了自己的陆军，自豪无比的薛西斯，转念又发了一通人生短促、去日苦多的感慨，竟禁不住怆然泪下，前后判若两人。他的侍从觉得丈二和尚摸不着头脑。薛西斯唤过曾极力劝阻他征讨希腊的王叔阿尔达班，问他此时所思所感如何。阿尔达班诚实地说出了真实感受，他说道："陛下，至今我仍感到恐惧不安，因为我看到世界上最重大的东西是敌视你的，那就是土地和海洋。人有旦夕祸福，天有不测风云。如果突起狂风暴雨，海上没有任何地方能找到一个足够大的海港容纳、搭救您的船只。为什么土地会是您的敌人呢？如果进军途中了无障碍，那您在一无所知的茫茫大地上走得越远，就越危险。因为随着时间的推移和地盘的日益扩大，万一发生饥馑，后果就不堪设想了。"薛西斯对王叔这种悲观和恐惧心理颇不以为然，对王叔说："每件事情都经过仔细缜密的考虑，是一个很大的优点。如果把小事化大，把事情向严重的程度考虑，就是谨小慎微、杞人忧天了。做事就要有冒险精神，否则将一事无成。先王们正是冒了危险，才能把国威提到这样的高度，才成就了如此伟大的功业。何况，我们选择了最好的季节出兵，有充裕的粮草储备。我们进攻的对象是有土地和粮食的农业民族，而不是游牧民族。我们征服整个欧罗巴之后就会回来。你所想到的危险是不会发生的。"阿尔达班趁机把他的另一种担忧也说了出来："陛下，先王居鲁士把雅典人之外的全部爱奥尼亚人征服了，并使他们向我们称臣纳贡。但我以为，决不能率领他们去进攻他们父祖的国土——希腊本土，即使没有这些人的帮助，我们也完全能够制服我们的敌人。万一随军的爱奥尼亚人心向他们的母邦，那我们的军队就有可能遭到巨大的损害。"

薛西斯依然不赞同王叔的看法，劝他不必多虑。因为大流士远征斯基泰人时，守桥的爱奥尼亚人掌握了波斯全军的命运，任凭他们为所欲为。但他们表现出了正义和友谊，没有做有损于波斯人的事。现在爱奥尼亚人的妻子儿女、财产宗室在波斯帝国之内，更不必担心他们会叛变。但薛西斯对王叔知无不言、言无不尽、全心全意为王室着想的忠心仍是赞赏。他嘉许王叔是所有人中唯一可以托之以玉笏的人物，鼓励他鼓起勇气保卫王室，并遣人把王叔送回首都苏萨了。

波斯大军经过七天七夜马不停蹄地行进，渡过了赫勒斯滂，踏上了欧洲大陆。水师驶出赫勒斯滂，沿着陆地前进。不久，海陆大军到达色雷斯的多利斯克斯地区。这里是沿海的一个比较大的平原，赫布罗斯河流经这个地区。大流士远征斯基泰人时，曾在此修筑了一座王室要塞，并一直派一支波斯卫戍部队在此把守。薛西斯认为，这是他列队点兵的方便场所，于是决定在此点兵列阵。

据希罗多德记载，波斯陆军有 1 700 000 人。人数是这样统计的：先把 10 000 人集中在一个地点，并让他们尽可能密集起来。然后在他们四周画一个圆圈。待 10 000 人退出以后，再按圆圈的标记建造一道 1 米多高的石墙。石墙造好后，让其他人一拨拨地站到里面去，满一圈就算作 10 000 人，就这样计算完了所有的人数。尽管这种统计有不小的误差，但毫无疑问这是一支上百万的大军。

统计完毕，战士便按民族排列起来。第一个队列是波斯人。他们头戴软毡帽，身穿五颜六色的带袖紧身衣和裤子，外穿鱼鳞般的铠甲。他们手持细枝编成的盾和短枪，挽着长弓，挂着箭筒，右挎腰佩短剑。第二个队列是米底人，他们的装束和波斯人一样。第三个队列是亚述人。他们头戴青铜头盔，穿着亚麻胴甲，携带埃及式盾牌、枪和短剑，还有安着铁尖的木棍。第四个队列是斯基泰人，他们头戴又直又硬的帽子，穿着裤子，携带本国自制的弓、短剑和战斧。第五个队列是印度人，他们穿木棉做的衣服，带着藤弓和安着铁头的藤箭。第六个队列是色雷斯人，他们头戴狐皮帽，身穿紧身衣，外罩五颜六色的外袍，脚穿长筒鹿皮靴，手持投枪、小圆盾和短剑。列队受阅的还有奇里乞亚人、叙尔卡尼亚人、迦勒底人、巴克特里亚人、阿利亚人、帕提亚人、卡斯皮亚人、阿拉伯人、努比亚人、利比亚人、弗里吉亚人、吕底亚人等。各民族阵列的统帅均为波斯贵族。担任军队将领的也有各民族的头目。

陆军中还有最精锐的部队，称为"万人不死军"。这支部队由波斯贵族组成。在全体兵员中，这支部队装束最华丽，装备最精良，作战最勇敢。这支部队始终保持在 10 000 人。如果他们当中有一个人死亡或因病出缺，马上就选拔另一个人代替他。这种部队特别不同之处是他们拥有大量黄金，带着马车，车上载着妾婢和大量仆人。他们的粮食也和其他军粮分开，由骆驼和驮兽单独载运。

波斯大军的骑兵，除了阿拉伯人的骆驼兵和战车手外，共 80 000 名。游牧民族撒伽尔提欧伊人提供了 8000 骑兵。这 8000 骑兵，除匕首外，别无武器，只有革纽编成的轮索。和敌人作战时，他们就把轮索投出去，无论套住敌人的人或马以后，就尽力向自己这边拉，从而把敌人绞死。此外，提供骑兵的有米底人、奇里乞亚人、印度人、巴克特里亚人、卡斯皮亚人、利比亚人和帕利卡尼欧伊人。骑兵的统帅由达提斯的儿子哈尔玛米特雷斯和提泰欧斯担任。

波斯海军的情况是这样的。波斯拥有三桨座战船1207艘。腓尼基人和叙利亚人提供了300艘，塞浦路斯提供了150艘，奇里乞亚人提供了100艘，吕底亚人提供了50艘，多利安人提供了30艘，爱奥尼亚人提供了100艘，岛上居民提供了17艘。各民族船员的装束、装备也千差万别，各不相同。在所有船只上，波斯人、米底人和斯基泰人是战斗员。如果算上各种运输船只，总数达3000艘之多。统率水师的是薛西斯的异母哥哥阿里亚比格涅斯、同胞弟阿契美尼斯，以及波斯贵族美伽巴佐斯和普列克萨斯佩斯。

薛西斯先检阅了陆军。他乘着战车走过每一个民族的士兵队列，不时停下来向士兵慰问，并由书记官记录下来。这样，他从一端到另一端检阅了全部步兵和骑兵。然后，他下了战车，换乘一艘西顿大船，依次航过各船船头，像检阅陆军那样，检阅了海军。随后，所有战船驶离海岸一段距离，船头向岸一字排开，投锚列队。船上的战斗员也全副武装，做好了战斗准备，站在甲板上。薛西斯坐在大船上的黄金华盖下，从一端到另一端，通过船头和陆地对海陆军同时检阅。这是何等壮观的场面！晴空万里，碧波荡漾，坐在船头的薛西斯看到无边无际的波斯大军，心里好生得意，这恐怕是空前绝后的壮举了。希腊人纵是倾其全国，并和其他西方人集合起来，恐怕也经受不住波斯的进攻。

薛西斯正在得意之际，忽然想起了与他同来的斯巴达逃亡僭主狄马拉图斯，便把他找来，问道："狄马拉图斯，你是希腊人，曾是斯巴达的僭主，现在你告诉我，希腊人有没有力量抵抗我？我以为，纵然全体希腊人和所有其他西方人集合在一起，如果不同心协力，就经受不住我的进攻。所以，我想听听你的看法，你心里有什么就说什么，不要有所顾虑。"狄马拉图斯见波斯国王发问，便坦率地答道："陛下，那就恕我坦诚直言。希腊国土向来贫瘠。但他们有智慧和强有力的法律，这让希腊人得到了勇气。希腊人正是利用这种勇气，驱除了贫困和暴政。我最熟悉的是斯巴达人。首先，他们绝不会接受您那些等同于使希腊人变为奴隶的条件。其次，即便所有希腊人都站到您这一边，他们也会对您进行抵抗的，无论您的部队多么庞大，他们的人数多么少。"薛西斯听完，不禁哈哈大笑，以为狄马拉图斯在为希腊人大吹大擂，大讲昏话呢。薛西斯认定，即使希腊人的人数和波斯人数相等，一对一单独作战也不是波斯人的对手，何况实力甚大。薛西斯还认为，在一个国王的统治下，战士们会因害怕国王的惩罚而会表现出超乎寻常的勇气，并在鞭笞的威逼之下可以在战场上以寡敌众。但希腊人的自由放任就无法产生和发挥这种勇气。

狄马拉图斯见薛西斯发笑，知道他不相信自己的话，补充道："斯巴达人的情况也是这样的。在单对单作战的时候，他们比任何人都不差。在集体作战时，他们就是世界上的无敌战士。他们虽然是自由的，但并不是在任何事情上都自由。他们受着法律的统治，他们对法律的畏惧甚于您的臣民对您的畏惧。凡是法律命令他们做的他们就做，而法律的命令永远是一样的。在战斗中，不管面前有多少敌人，他们都绝对不会逃跑，而要留在自己的队伍里，战胜或战死。"薛西斯把狄马拉图斯的话当作笑谈，客客气气地把他打发走了。

薛西斯在多利斯克斯检阅完大军，就由色雷斯向希腊进发了。一路上，不论遇见什么人，他都强迫这些人加入他的军队。他经过的土地上的色雷斯诸部落，凡住在海边的都上船参加了水师，凡住在内地的都被迫参加了陆军。军队是如此之庞大，无论在哪里吃两餐，供应的整座城市就会亏空。萨索斯岛招待薛西斯大军一日，就用去了400塔兰特白银。所有希腊北部，甚至到阿提卡边界，都因恐惧或接受贿赂而投降，并将他们的部队加入波斯的百万大军。

面对这个由多民族、多国家构成的排山倒海似的巨大威胁，南希腊诸邦没有被吓倒。有30多个主战的城邦在科林斯召开大会，公推拥有强大陆军的斯巴达为盟主，率领海陆各军北上抗敌。

箭上弦，刀出鞘，激烈的大战即将展开。

五、怎一个"惨"字了得：两大著名战役

（一）血战温泉关：虽败犹荣的斯巴达勇士

正当薛西斯的大军通过赫勒斯滂，踏上欧罗巴，开向希腊之时，希腊城邦正在科林斯召开大会，商讨对策。北希腊的帕萨里亚人派使者到科林斯，请求盟军派军协助他们一起固守奥林匹斯通路。因为他们兵力单薄，根本不可能挡住波斯大军。奥林匹斯通路是进入帕萨里亚，从而进入中希腊的两大咽喉要路之一。希腊城邦经过商议，决定派遣10 000名陆军由海路迅速北上，在那里扎营列阵，扼守这一通道。

薛西斯踏入欧洲后，一路上所向披靡，沿途希腊诸城邦或稍做抵

抗，或望风而降。马其顿人给这10 000名希腊驻军送来了消息，将波斯陆军和水师的情况向这支守军详尽描述了一番，让他们不要留在那里，以免被波斯大军摧毁。或许听取了善意的劝告，或许出于恐惧心理，或许想到兵力不足以挡住波斯军队，或许认为波斯军会从另外一个通道侵入帕萨里亚，这支部队弃岸登船，又返回了科林斯。结果，为希腊城邦所抛弃的帕萨里亚人别无选择地投降了薛西斯。

回到科林斯的希腊军队再一次商讨应战计划和策略。联军将领各抒己见，最后决定派兵扼守连接北希腊与中希腊的温泉关，同时把海军派驻埃维亚岛的阿尔提米苏姆海岬。这样，海军和陆军相互策应，相互支援，共同抗击波斯人的入侵。

温泉关是一条海岸边的狭窄通道，是由北希腊进入中希腊的唯一险关。如果温泉关失守，中希腊就无险可守了。温泉关西面是陡峭险峻、无法攀登的悬崖，东面是一片直通海岸的沼泽地，中间只有宽约1.5米仅供一辆战车过往的通道。先前中希腊的福基斯人为了防止住在希腊北部的帕萨里亚人的入侵，在这条窄路上修了一堵墙，行人只得从墙上开的门洞里出入。所以，温泉关是一处一夫当关、万夫莫开的易守难攻之地。与这一陆地天险隔海相望的是狭长的埃维亚岛。它们之间隔着一道非常狭窄的海峡，易于筑起海上壁垒，挡住大队敌船。阿尔提米苏姆海岬位于埃维亚岛的北部。希腊军队安排完毕，就分海陆两路从科林斯出发了。陆军开向温泉关，海军驶向阿尔提米苏姆海岬。

率领军队驻守温泉关的是盟军总指挥——斯巴达国王列奥尼达，时年28岁。列奥尼达是斯巴达国王安那克桑德里达斯的第三个儿子。论资排辈，他是当不上国王的，他也从来没有想过成为国王。但是，自父王驾崩后,其长兄克利奥米尼斯没有男嗣,死后其二哥多利尤斯即位。多利尤斯在西西里被杀,结果把他推上了王位。列奥尼达带了7000名战士。其中,伯罗奔尼撒人有4000名(包括斯巴达重武装兵300名),维奥蒂亚人有1100名(包括底比斯人400名),福基斯人有1000名。此外,还有迈锡尼人、科林斯人、比雷埃夫斯人等。希腊盟军的这支部队应该说是先遣部队。希腊盟军这样做的意图在于:盟军陆军总指挥率军到达,可以使其他入盟城邦学他们的榜样,积极参加战斗,同时也使那些还在动摇的城邦丢掉投降念头。如果联盟军队稍有迟缓,就有可能使那些首鼠两端、见风使舵的城邦公开站到波斯人那边。谁也没想到,这支部队竟成为温泉关血战的唯一部队。为什么援军没有及时到达呢?每年例行的祭神活动贻误了大事。斯巴达人向来奉神虔敬,近乎呆板。马拉松战役期间,他们坚持月圆后才出兵,使雅典人独立与波斯人拼杀。这次同样因之贻误了战机。他们认为温泉关可以抵挡一阵子,不可能很快分出胜负。在派出先遣部队后,他们举行了耗时的卡尔涅亚祭和奥林匹亚祭。薛西斯的水师离开塞尔马后,以10艘快船作为先锋,一直开向斯亚索斯。在那里只有三艘希腊船放哨瞭望。波斯快船发现了这三艘希腊船,便快速扑了过来,其中两艘希腊船被捕获。另一艘的水手手脚麻利,弃舟登岸,很快跑得杳无踪迹。波斯人把擒获的希腊士兵悉数充作奴隶,从中挑选了一个最英俊的小伙子,作为祭品,一刀砍了他的脑袋。这个小伙子的名字叫列昂,意为"狮子",他的不幸遭遇也可能与他的名字有关。

　　侥幸活命的希腊水手马上点燃烽火,给自己的军队通风报信。驻守在阿尔提米苏姆的希腊海军看到烽火,立时惊慌起来,赶紧把海军转移到卡尔多斯。波斯水师进入海峡,先到的船只停泊在岸边,后面的船只就依次抛锚扎营。这一带的海滨并不宽，船头朝海，排成 8 排。一夜相安无事。次日天明，天气突变。猛烈的东风吹来，在海面上掀起了小山般的巨浪。在波斯水军中，那些预见到暴风来临并停靠岸边的，及时把船拖到岸上，保全了自己和船舶。但大部分在近岸海域中的船只难逃厄运，有的被卷走，有的被撞毁，有的葬身鱼腹，得以保存下来的也伤痕累累。待大风停息，粗略统计一下，波斯人损失船只不下 400 艘。还未开战，波斯就折损了一小半战舰。至于损失的人员和物资，更是不计其数。一个叫阿米诺克列斯的马格尼西亚人，趁这次船祸狠狠发了一笔横财。事后不久，他拾到许多被冲到岸上来的金银杯盏，并找到了波斯人的武器，以及其他用笔墨难以尽述的财富。

希腊人听到波斯水军遭遇大风的消息，欣喜若狂，赶忙向他们的救命恩人——希腊海神波塞冬行灌奠之礼。希腊水师马上决定回师阿尔提米苏姆海岬，认为那里只留下残存的少数波斯船只了。待风平浪静之后，波斯水师又重新组织起来，驶离这倒霉的地方，行进到阿菲提补水并停泊。途中，水师后头的 15 艘船行动迟缓，被大部队落在后头。他们在驶过阿尔提米苏姆海岬的时候看到了希腊船只，但他们误以为是自己人，就毫无戒备地开了过去，结果被希腊轻松拿获。这样，大风之后，波斯水军又折了 15 艘战船。

波斯陆军这时也到了温泉关前，在关前的米洛斯岛安下大营。温泉关的希腊守军听到波斯大军步步逼近，不少人也慌了神，竟开会讨论起是否撤退的问题来。一部分伯罗奔尼撒人主张放弃温泉关，退到伯罗奔尼撒去保卫科林斯地峡——由中希腊进入南希腊的关口。当地的福基斯人和罗克里斯人非常气愤，大骂他们不够义气。在这关键时刻，面对杀气腾腾的庞大敌人，希腊城邦盟军陆军总指挥列奥尼达沉着冷静，从战略的高度坚决主张固守温泉关。他一面鼓励士兵做好迎战准备，一面火速派人向有关城邦请求紧急援助。因为他手下兵员太少，无法与波斯大军相抗衡。

正当希腊军讨论之际，薛西斯派了骑兵探子来刺探军情。薛西斯在帕萨里亚早已听说，斯巴达的列奥尼达统率一小支部队驻守在这里。探子策马驰近希腊军营，侦察瞭望一番。工事里面的情形他看不到，但工事外面的人他看得一清二楚。当时，驻扎在工事外头的恰好是斯巴达人。这些人的武器堆积在一块儿，有些人在认认真真地做操，有些人在若无其事地梳头，根本不理会探子。探子也很惊诧，既没有人理他，也没有人追他。他看个够之后，便平平安安地回到自己的营寨。探子回营后，把他的所见所闻向薛西斯做了详细禀报。

薛西斯闻报，也颇觉奇怪。在他看来，希腊军即使没有逃之夭夭，也肯定因面临灭顶之灾而毫无斗志了。于是，他又召来斯巴达前僭主狄马拉图斯垂询，问他斯巴达人的所作所为到底是什么意思。狄马拉图斯禀报说："陛下，这些人是为了这条通路前来与我们作战的，他们现在正在准备这场战争。按照斯巴达人的习惯，每当他们将要冒生命危险的时候，他们总要梳理他们的头发。我还要如实奉告您，如果您把这些人和留在斯巴达的那些人都征服了，人类当中就没有别的人敢与您对抗了。现在要和您交战的是全希腊最杰出的王国和城邦、最英勇的战士。"但是，薛西斯认为他的话极不可信，进而问他斯巴达这么少的人怎么能和他的大军相抗衡。狄马拉图斯见薛西斯固执己见，就无可奈何地说："陛下啊，如果我说的和事实不符，那就请把我当作一个撒谎的人来看待吧。"

薛西斯不信希腊军吃了熊心豹子胆,对波斯大军还敢负隅顽抗。他决定按兵不动,等待敌人自行逃亡。4天过去了,希腊人仍然无动于衷,既不逃跑,也没挑战,根本不把波斯大军放在眼里。薛西斯等得不耐烦了,认为希腊人留在那里只不过是显露无耻和愚蠢。他把米底人和奇里乞亚人派了出去,命令他们把敌人生擒活捉并带到他跟前来。

双方一交手,他们才领教到希腊人的厉害。米底人最先冲了上来,结果死伤惨重,而希腊人伤亡极少。两轮进攻下来,温泉关稳固如初,关前阵地上满是波斯战士的尸体。波斯国王的人多,但顶事的很少,这使薛西斯大为恼火。他下令让最精锐的部队"万人不死军"上阵。许多人以为这场战斗很容易解决,但交起手来,并非如此,波斯人比米底人也强不到哪里去。狭路相逢勇者胜。波斯人的武器短,也没有盔甲,又不能发挥其数量上的优势。斯巴达人的战术也比波斯人高明。比如:有一种战术是诈败逃走。当波斯军追击并将要追上希腊人时,他们又来一个回马枪,把许多敌人刺倒在地。总之,波斯人用什么办法进攻都没能攻占隘口,只得退兵。

两军作战之际,薛西斯在高处观战。看到波斯人连连败绩,竟有三次从王座上跳起来,破口大骂败下阵来的波斯军都是饭桶。就这样,战役一直战到天色渐晚,双方才各自收兵回营。第二天,双方列阵再战,但战况如昔,波斯军队依然讨不到什么便宜,没有丝毫进展。他们原以为希腊军人数这么少,纵然伤亡不大,毕竟疲劳作战,寡不敌众,应无法对抗了,但希腊人按着队伍和城邦,轮番出战,只留下福基斯人在山上把守,防止敌人迂回包抄。这样三天打下来,波斯军伤亡不少,但寸土未夺,无计可施。

面对这种事态，薛西斯第一次不再狂妄自大，而感到手足无措起来。正当薛西斯一筹莫展之际，当地一个名叫埃彼阿提斯的人求见。他告诉波斯国王，他知道一条绕过山壁通向温泉关的小道，只要薛西斯给他一笔重赏，他就答应做向导，抄小路直捣温泉关背后。薛西斯犹如绝处逢生，真是大喜过望，立刻命令"万人不死军"首领叙达尔涅斯及其麾下的士兵准备出发。大约掌灯时分，在埃彼阿提斯的带领下，波斯军从营地出发了。

这条道路是当地人发现的一条险峻的羊肠小路，它的起点是峡谷中间奔流的阿索波斯河。这条山路沿着山壁蜿蜒而行，直到罗克里斯要塞。从这里下去，就是温泉关了。原来，福基斯人在温泉关口修筑工事防御进攻的时候，当时米洛斯人就引导着帕萨里亚人从这条路去征讨福基斯人。过后，米洛斯人就觉得这条道路完全无用了。

在这条山路旁的侧山岭上，有 1000 名福基斯重武装兵守卫着他们的国土和这条通路。连日来关前战事虽酣，山上却无事，他们不免有些大意。波斯人摸黑行进了一夜。由于山上长满了橡树，福基斯人丝毫不知道波斯人的到来。当波斯人临近，脚下踏着树叶的沙沙声在宁静的气氛中传来时，福基斯人才觉不妙，赶紧披挂上阵。但是波斯人已经到跟前，他们当时就吓了一大跳，他们原以为不会遇到什么敌人呢。统率这支波斯军队的叙达尔涅斯也惊出了一身冷汗，害怕又遇到了斯巴达人这种强硬的对手。希腊叛徒埃彼阿提斯赶忙安慰他，说这不是斯巴达人，而是福基斯人。叙达尔涅斯马上胆子壮了起来，命令手下一阵猛射。福基斯人受到枪林箭雨的袭击和威胁，以为波斯人把首攻目标选准了他们，赶快逃至山顶，据险自守。波斯军队并不追赶他们，向列奥尼达的后方直插了过去。

听说敌人抄后路袭来，列奥尼达心中叫苦不迭，急忙召开紧急会议。有些胆战心虚的与会者振振有词地说，留得青山在，不怕没柴烧，趁现在还来得及，赶紧撤退，免遭全军覆没的危险。而主战的人则表示纵然战死，也决不后退半步，誓与阵地共存亡。列奥尼达见主张撤退的联盟者情绪低落，斗志全无，即使作战，恐怕也难有什么作为。强扭的瓜不甜。列奥尼达大手一挥，愿留则留，愿走则走，悉听尊便。于是，大多数城邦军各自回国，只留下列奥尼达和他手下300名斯巴达战士。按照斯巴达的传统，士兵永远不能放弃自己占据的阵地。据说，列奥尼达早就清楚，留在这里必会战死，但可以名彪青史，传诸后世，还可以保住斯巴达。战争开始之际，斯巴达曾到德尔斐请示神谕。祭司预言说，要么斯巴达被摧毁，要么他们的国王死掉。神谕的内容如下：

> 哦，土地辽阔的斯巴达的居民啊，对你们来说，或者你们那光荣强大的城市毁在波斯人的手里，或者斯巴达的土地为出自赫拉克勒斯家族的国王的死亡而哀悼。因为牡牛和狮子的力量都不能制服你们的敌人。他有宙斯那样的力量，而且他到时你也无法制止，直到他取得二者之一，并把它取得的东西撕得粉碎。

和斯巴达人一块儿留下的有700名帖斯佩亚人，他们自愿留下来，决心与斯巴达战友同生共死。此外，还有400名底比斯人，他们不是自愿，而是作为人质被强行留下的。在后来的战斗中，底比斯人最终还是投靠了波斯人。

日出之际，薛西斯开始发动进攻。波斯军如猛虎下山，直扑而下，与绕山、攀山的情形大不相同。这时，希腊军在列奥尼达的率领下不再坚守毫无意义的隘关壁垒，而是退到比较宽阔的地带，抱着必死的决心，列队迎战。波斯军如潮水般涌过来，很快两军就搅在一起，你死我活地拼杀起来。希腊人知道敌人从后路包抄，生还无望，就豁出一切地拼起命来，斩杀敌人无数。他们大多长枪断了，改用佩剑砍。佩剑断了，改用拳和牙。在这番苦战中，英勇的斯巴达国王列奥尼达先行战死。为了抢夺他的遗体，波斯人和希腊人展开了激烈的拉锯战，希腊人4次击退了敌人，把国王的遗体拉走。当敌人越来越多时，希腊人且战且退，又退回到原来的工事里，在一座小山头上列阵再战。一时间，双方杀得天昏地暗，日月无光，阵地上尸首狼藉，鲜血染红了大地，而诸多希腊士兵也相继倒下。波斯人毕竟人多势众，他们从正面进攻，摧毁工事；从侧面进攻，四面进击。最后，杀红眼的波斯人在一声号令之下，把标枪下雨般投向希腊士兵。至此，守阵的希腊官兵全部壮烈牺牲。

波斯人在这场战斗中也损失惨重。作战的时候，波斯军队的长官在部队后面，用皮鞭抽打士兵使之前进。因此，许多人被挤到海里淹死，更多人相互践踏而死，加上战死的人，伤亡竟达20 000余人。其中，就有薛西斯的两个兄弟阿布罗科美斯和海帕兰西斯。

在斯巴达人中，除国王列奥尼达之外，另一个英雄狄耶涅凯斯，亦为斯巴达人民所怀念。他是最勇敢的战士之一。交战之前，有人告诉他，敌人如此之多，以至于他们射箭时竟可以把太阳遮住，狄耶涅凯斯毫不惊慌，幽默地说，他的朋友给他带来了一个十分吉利的消息。如果波斯人把太阳遮住，那他们就可以在日阴下，而不是阳光下与敌人作战了。他的乐观态度感染、激励了战友们的斗志。在斯巴达的数百名将士中，欧律托斯和亚里士多德莫斯因为生病而得到允许后，离开了阵营，在离温泉关不远的后方养病。听到大战爆发，欧律托斯便要求佩带武器，命令他的奴隶引领他去参加战斗，最终牺牲在战场上。他的战友亚里士多德莫斯气馁了，留在后方，后来安全地回到斯巴达。回去后，他遭到人们的非议和蔑视，称他为懦夫，没有一个人愿意同他说话。在后来的战斗中，他英勇战死，洗雪了这次耻辱。当时，还有一个名叫潘提特斯的斯巴达人被作为使者派到帕萨里亚去了，没有参加战斗，平安回到了斯巴达。他在人们的非议中，自缢而死。可见，斯巴达人对荣誉多么看重。但斯巴达人顽强抵抗，招致了波斯国王对他们无比愤恨。薛西斯一改往常善待英勇战死的敌人尸体的做法，把列奥尼达的头砍下来，插到柱子上示众。但斯巴达人和其他希腊人永远纪念英雄们在温泉关战役中的英勇行为。

现在，温泉关依然耸立着几块引人注目的石碑，永远让世人纪念这段历史。希腊人为温泉关战役中阵亡英雄之墓题写的碑文为：

四千名伯罗奔尼撒人曾在这里对三百万敌军奋战。
黄土埋葬了你们，
列奥尼达，威武的拉科尼亚（斯巴达）国王，
一起在这里战死的光荣勇士！
此役中你们遭到波斯人的箭雨和快马的无数次冲击。

第三块碑文刻在温泉关入口的一尊石狮子身上，以此纪念列奥尼达：

> 我现在高踞在石头上守护的这个人，
> 如果称他为雄狮，
> 我也不如他英勇，
> 在他的坟上我连自己的爪子也不敢擦一擦。

有一块专门纪念战死的全体斯巴达人的碑文：

> 过客啊，去告诉斯巴达人，
> 我们是遵从他们的命令长眠在这里的。

  这些碑文都是古希腊著名诗人西谟尼德撰写的，内容虽短，意义悠长。它们作为顾全大局、临危不惧、忠于职守的精神象征，永远值得后人学习和怀念。1903年，鲁迅先生曾在《浙江潮》撰文《斯巴达之魂》，借温泉关战役的事迹，激励中国青年为中华民族崛起而奋斗。他称赞道："巍巍乎温泉门之峡，地球不灭，则终存此斯巴达武士之魂；……"时至今日，常有许多人到那里凭吊旧迹，缅怀英雄。

  温泉关之战使薛西斯首次领教了希腊人的厉害，想到以后的战斗，他心里多少有点儿不踏实。他又把狄马拉图斯召来，想进一步探究对付斯巴达人的办法。他说："狄马拉图斯，你是个诚实的人。事实证明，你所说的都是实话。现在请你告诉我，剩下的斯巴达人还有多少？他们是不是都这样打起仗来不要命？"狄马拉图斯回答："陛下，斯巴达人的总数是比较多的，他们的城市也比较多。其他斯巴达人虽然不是这般拼命，但也都是很英勇的。"薛西斯向狄马拉图斯征求击败斯巴达人的良策，因为狄马拉图斯曾是斯巴达僭主，对此应该心中有数。

于是，狄马拉图斯向薛西斯献计说："国王啊，依我之见，您最好派水师中的300艘战船到斯巴达沿岸，占领沿岸的基西拉岛，以此岛为根据地，向斯巴达人发起攻击。如果敌人在他们的家门口，他们就决不会派出援兵援助其他城邦。这样，您的陆军就可以横扫希腊了。最后，就只剩下孤零零的斯巴达了，那时再对付它就容易得多了。如果不这样做，您就必须一步步地来。要征服斯巴达，必须通过科林斯地峡。而在那里，全体伯罗奔尼撒人都会和您对抗，到时战争会更加顽强，也更加激烈。如果按我的建议，科林斯地峡以外的城邦有可能不战而降，全都站到您这边来。"说这话时，波斯水师提督、薛西斯的兄弟阿契美尼斯恰好在座。他提出了不同的看法，认为如果按狄马拉图斯的建议，派出300艘战船，加上先前大风暴中损失的400艘战船，波斯战船就少了一大半，在数量上对希腊水师的优势就不大了，也就没有胜算的把握了。他认为不分散兵力为好。况且，陆军和水师现在可以相互协调作战。如果派300艘战船孤军远征，未必能达到目的。薛西斯最终听从了阿契美尼斯的意见，对狄马拉图斯的意见也表示赞许。其实，哪个人不向着自己的母邦？狄马拉图斯身在曹营心在汉。在波斯首都苏萨时，他一听到薛西斯决定征讨希腊的消息，马上派人通过秘密的方式把这条消息送给了斯巴达人，继而通告了其他城邦，为希腊诸城邦应战提供了极为宝贵的信息。所以，他的建议的真实性和可行性都是靠不住的。

（二）海军：不对称的水上较量

温泉关战役期间，驻守阿尔提米苏姆海峡的希腊水师与波斯水军也交火了。

希腊水师的情况是这样的：雅典人提供了127艘战船，科林斯人提供了40艘战船，墨伽拉人提供了20艘战船，哈尔基斯人提供了20艘船的兵员（船是雅典提供的）。此外，埃吉纳人提供了18艘战船，西基昂人提供了12艘战船，斯巴达人提供了10艘战船，厄庇道鲁斯人提供了8艘战船，埃雷特里亚人提供了7艘战船，特洛伊人提供了5艘战船，斯蒂里亚人提供了两艘战船，凯阿人提供了两艘五十桨船。罗克里斯人也带来7艘五十桨船前来助阵。这样算下来，希腊水师只有三桨座战船270多艘，与波斯的800余艘相比，确实要少得多。希腊水师统帅是斯巴达人欧里比亚德斯。

原来，水师组建之初，就风传说要把海军的领导权交给雅典人，因为他们的船只占总数的一半。但斯巴达及其他联盟者表示反对，放言说如果海军司令不是斯巴达人的话，他们宁愿不参加这支水师，以免受雅典人指挥。这是希腊城邦之间矛盾冲突的反映。比如：埃吉纳人与雅典人积怨甚深，只是大敌当前，才勉强走到一块儿。如果让雅典人做他们的领导，那是万万不可接受的。雅典人鉴于大敌当前，以大局为重，同意让出海军领导权。

希腊水师刚到阿尔提米苏姆海岬时，看到无边无际的波斯战船停泊在海面上，马上就有人惊慌了，商量着怎样撤退到位于希腊内地的家乡。这可急坏了埃维亚岛的埃雷特里亚人。他们请求希腊水军统帅欧里比亚德斯，要等他们把家人送走之后，水军再商议撤退之事，但没有得到应允。埃雷特里亚人另想了一个办法：他们贿赂雅典水师统帅泰米斯托克利30塔兰特白银，条件是埃雷特里亚人与波斯人展开保家卫国的战斗时，希腊水师必须留在那里，为保卫埃维亚岛而战。

接受贿赂后,泰米斯托克利并没有独吞,他从中拿出 5 塔兰特作为礼金献给欧里比亚德斯,并说服他主张全军留下来抵抗敌人。在军事会议上,欧里比亚德斯按照泰米斯托克利的意见公开表明立场,主张留下来静观战局发展,做好与敌军作战的准备。其他将领别无异议,只有科林斯的水师统帅阿狄曼图嘟哝着不愿留下。会后,泰米斯托克利又把三塔兰特白银送到阿狄曼图船上,并向他起誓说:"我送给你的礼物比波斯国王因你脱离联盟而送给你的礼物要丰厚,所以你决不会离开我们。"阿狄曼图见到白花花的银子,岂有不喜之理,马上转变了态度。经过泰米斯托克利的一番地下活动,希腊水师初步稳定了军心。

波斯水军到达阿菲提海面时,正是下午,看到了停泊在阿尔提米苏姆海面的少量希腊船只,波斯军本想立即进攻,但又怕希腊军在即将来临的夜幕掩护下逃掉。他们的目的是不放走一艘希腊船只。经过研究,波斯制订了这样一个计划:从水师中选拔出 200 艘船,绕道航行,迂回到希腊水军后方。届时,波斯水师共同出动,前后夹击,如瓮中捉鳖一样,把希腊船只悉数抓获。在即将派出的奇兵未到位前,不启战端。然而,这一军事情报被一个名叫塞里亚斯的人潜游到阿尔提米苏姆通报给了希腊水军。

希腊人听到这个情报,马上召开会议,商讨对策。最后,他们决定在波斯派出来的船只未到位之前,抢先向波斯水师发动进攻,一则探其虚实,再则寻找突破波斯水军防线的战术方法。临近黄昏之际,希腊水师全部出动,向波斯海军开来。波斯海军以为希腊人一定是发疯了,居然胆敢以少数船只抢先发动进攻。于是,波斯海军也向海上进发,以为轻而易举就可以战胜希腊人。他们列成圆阵从四面八方包围了希腊水军;希腊水军则船尾聚拢,船头向外,向波斯海军列阵接战。但在波斯水军中，许多爱奥尼亚人是被迫参加战斗的，对母邦怀有深厚的感情，他们在战斗中自然不会真正卖力气。两军短兵相接时，双方均努力奋战，希腊人当场拿获了 30 艘波斯船只。希腊船只舰船相靠，首尾呼应，未有损失，只有人员伤亡。战至夜幕降临，双方未分出胜负，就此罢战，收兵回营。波斯水军的战果比他们原来期望的要差多了。

当时正值仲夏时节，就在双军交锋的当天夜里，整晚一直暴雨雷鸣。希腊人习以为常，不以为怪，也早有防备。但波斯人被吓得魂飞魄散。上一次暴风雨中损失 400 艘船的惨象还历历在目，这次许多波斯人认为他们要完了。在战斗中，破损的船只碎片和战死的士兵尸体冲到了波斯水军停泊的阿菲提海面，甚至影响了船桨的活动。波斯海军派出去迂回航行的 200 多艘船遭遇更惨。他们在海上遭遇这种暴风雨，被吹到他们不了解的水域，撞上了岩礁，全部遇难。这样一来，波斯水师又折了 230 艘船只，在数量上与希腊水师差距已经不大，不占绝对优势了。

次日天亮，狂暴的大海又恢复了平静。波斯水军被暴风雨折腾了一夜，终于松了口气，满足于暂时得到片刻安宁，根本不想再去进攻敌人。而希腊军队在听到迂回航行的波斯水军覆没时，更是大受鼓舞，摩拳擦掌，积极备战。

第三天，波斯水师终于出动了。他们对希腊军以如此少的船只竟搞得他们如此狼狈，很气愤，决心再战一次，报仇雪恨。这一天，恰好和温泉关决定性一战同时发生。波斯水师进军之际，希腊人按兵不动。波斯水师变换队形，船只排成半月形，想把希腊人紧紧包围在圆阵里面。希腊人还是船尾聚拢、船头向外应战。两军短兵相接，战斗开始了。

这场海战，双方实力相差不大。但是，波斯军阵容庞大、人数众多却吃尽了苦头。此外，他们语言不通，各自为战，指挥不一，导致船只混乱，己方船只相互冲撞起来。尽管如此，波斯军仍坚持战斗。战至黄昏，双方鸣金收兵。希腊船只、人员损失甚大。雅典人折了一半战船，但波斯人伤亡损失更大。

希腊水师收兵回营后，马上有探子来报告了列奥尼达及其军队在温泉关的遭遇。希腊人闻讯，马上决定撤退，以科林斯人为先导，雅典人断后。

雅典人沉着冷静。雅典军统帅泰米斯托克利早就认为，如果把爱奥尼亚人和卡里亚人从波斯大军中分裂出来，希腊人就有足够的力量对付其余波斯军队了。撤离之前，他把雅典人中最精锐的一些船只派到波斯军肯定经过并取饮用水的地方，在那里的岩石上刻上许多策反爱奥尼亚人和卡里亚人的标语文告。文告写道：

> 爱奥尼亚人啊，你们向你们父祖的国家作战并把希腊人变成奴隶，此乃不义行为。如果做得到，你们最好加入我们这边。如果你们做不到这一点的话，请你们不要参加战争，并请卡里亚人也和你们一样做。如果这两点你们都做不到，我们仍请求你们在作战那一天不要把全力都使出来。请注意，你们是希腊的子孙，而我们与波斯人的争端起初正是因你们而起的。

泰米斯托克利这一招很厉害，收到了双管齐下、一箭双雕的功效：如果爱奥尼亚人看到这则文告，并能投到他们这边来，是再好不过的事情；如果爱奥尼亚人死心塌地跟着波斯人，无动于衷，薛西斯知道了文告，也会对爱奥尼亚人产生不信任的态度，这样就离间了波斯军队内部之间的关系。

（三）空城计：希腊的战略转移

取得温泉关战役胜利的波斯陆军在帕萨里亚人的带领下从特拉奇尼亚侵入了罗克里斯。这一地区是伯罗奔尼撒多利安人的故土。波斯军收服了多利安人，又进入福基斯地区。福基斯人有的逃到山上，有的逃亡他国，所剩无几。波斯军在福基斯大肆破坏，纵火把城镇和神庙烧为灰烬。波斯军进入潘诺佩俄斯后，兵分两路。一路由薛西斯率主力部队向雅典进发，一路向德尔斐神庙进军。波斯人沿途烧杀抢掠，攻向德尔斐的目的是劫掠那里的财宝，献给薛西斯。

德尔斐人听到一支波斯军队杀过来的消息，惊恐万状，请示神谕是把神庙的财富埋到地下，还是运送到其他安全的地方。神谕说，他们不要移动任何东西，神会保护自己的财产。德尔斐人像吃了一颗定心丸，从容不迫地做自己的打算了。他们把妻子儿女、老弱病残送到与之隔海相望的亚该亚地区，把财物搬到帕耳纳索斯山的山洞里藏了起来。除了60人和祭司之外，全体德尔斐人倾城而出，埋伏到城外的山上，唱起了空城计。波斯军队到来时，德尔斐人布下疑兵，先把波斯军恐吓一番，然后从山下冲杀下来，波斯军从未遇到这种阵势，以为是战神阿波罗发威，赶忙撤退，途中折损兵员无数。

温泉关失陷之后，中希腊就失去了屏障。雅典人所在的阿提卡直接暴露在波斯军的铁蹄之下。希腊水师在撤离阿尔提米苏姆海岬后，雅典人提出水师驻守萨拉米斯湾的请求。萨拉米斯湾是阿提卡邻近的一个比较狭窄的海湾。雅典人想把妻子儿女安全迁出阿提卡，再商讨下一步如何抵御波斯军。但是，以斯巴达人为首的希腊军只想把守由中希腊进入南希腊的科林斯地峡以保卫自己的城邦，对地峡外的地区一概不顾了。随着其他一些城邦派来的水军加入，希腊水师在萨拉米斯湾的规模比在阿尔提米苏姆海峡作战时规模还大。欧里比亚德斯召集大家开会，商议下一步的作战方案。大部分人主张到科林斯地峡去，在那里为保卫伯罗奔尼撒进行海战。他们提出的理由为：如果在萨拉米斯湾的战斗中被打败了，他们就会被包围在萨拉米斯岛，得不到任何救援，也没有退路。如果希波海军在科林斯地峡附近展开海战，希腊人在必要时可以退到自己人的陆地。就在这时，有人来报，薛西斯率领的波斯大军已经踏入阿提卡，攻克了雅典城。留守的雅典人全被杀死，神庙被抢劫一空，卫城被付之一炬……听到这个消息，大家马上炸开了锅，个别将领不等会议出结果，就中途退场，回到自己的船上扬帆远遁了。而留下来的人大部分仍然坚持要为守卫科林斯地峡作战。会议一直持续到深夜。

　　雅典人对会议结果颇为不满。如果去科林斯地峡作战，就相当于把他们的家乡完全弃之不顾，而去保护别人的国土。这是兵力占联军水师大多数的雅典所不能接受的。雅典失陷了，但大部分人已经转移出来了，复国的希望还在，打败波斯人的可能性还有。于是，雅典水师统帅泰米斯托克利夜访希腊水师总指挥，动之以情，晓之以理，请求他召集将领们再次开会，他有话要说。等大家再次到齐了，泰米斯托克利心情迫切地发表了长篇演讲，他分析道："如果我们选择在科林斯地峡附近的海域作战，无论如何对我们都是不利的。首先，那里海面广阔，有利于人众船多的波斯人。我们的船只又重又少，不宜在大海上作战。况且，去科林斯等于白白放弃萨拉米斯、墨伽拉和埃吉纳，波斯陆军也会乘机占领这些地方，接着就会到科林斯，这就等于把波斯人引到了伯罗奔尼撒的大门口。即使海战取胜了，敌人还在家门口，威胁着伯罗奔尼撒。如果战败了，那南希腊就保不住了。相反，如果听从我的意见，在萨拉米斯作战，将有诸多优点。第一，我们在狭窄的萨拉米斯海湾与波斯人作战，胜算很大。我们船只数量少，但机动灵活。敌人船只多，施展不开。第二，我们可以保全寄托了我们妻子儿女的萨拉米斯。第三，无论胜负，同样是保卫伯罗奔尼撒，而不是把敌人引到那里。"泰米斯托克利话音刚落，一直主张退到科林斯的科林斯人阿狄曼图攻击他说，一个没有了祖国的人是不应该话多的，也不应该有资格投票表决盟军行动。他要泰米斯托克利先找一个城邦作自己的后援，再说作战的事。泰米斯托克利马上义正词严地对他进行了痛斥，明确指出：只要雅典人拥有200艘满载乘员的船只，雅典人就会有城邦和比科林斯人的领土还要大的国土。在希腊人当中，没有谁能击退他们的进攻。

泰米斯托克利发表这番意见之后，向全军统帅欧里比亚德斯摊牌了。他正色道："如果你留在这里，表明你是一个堂堂正正的男子汉大丈夫。如果不这样，那你就会把整个希腊搞垮，因为我们全部作战力量都在我们船上。我们可以依靠我们的水军到亚平宁半岛殖民，开辟新天地。你们如果失去我们这样的同盟者，后果将会如何？请深思而谨行。"欧里比亚德斯权衡利害后，改变了原来的意图，听从了雅典人的话，决心留守萨拉米斯，准备战斗。因为他知道，如果命令水师撤到科林斯地峡，雅典水师就会离他而去。剩下的希腊水师是不可能抵挡住波斯人的。

（四）转折：萨拉米斯海战

这时候，波斯水师也来到了雅典的海港帕勒隆，停泊在那里。随着沿途被征服民族在胁迫下加入了波斯大军，一番损兵折将之后，波斯陆军和水师的规模和先前相差不大。薛西斯亲自来到水师大营，召集将领开会，听取他们的意见。几乎所有人一致认为应当进行海战，只有随军出征的女首领阿尔忒弥西亚提出反对意见。她说道："在海战中，我绝不是最卑怯的；在战勋方面，我也不是最差的。我认为直接坦白我的想法或许对国王有好处。我认为最好不要进行海战，因为敌人的海上力量比我方要强，国王已经占领雅典和希腊其他地方，达到了出征的目的，何必再冒险海战呢？如果我们不急于海战，船只一直靠近陆地，或一直向伯罗奔尼撒进击的话，我的陛下，您就很容易达到目的。据我所知，敌人水师粮草不多，不会维持太久，他们就可能各自逃回自己的城邦，而无意为雅典海战的。相反，如果急于海战，万一水师失利，陆军也连带遭殃，那可就被动了。"她说这番话时，她的一些朋友为她担忧，而嫉妒憎恨她的人则幸灾乐祸地认为她自找倒霉。将领们都认为薛西斯会龙颜大怒，把她拿下治罪。薛西斯一向尊重这位为波斯大业而战的崇高女性，也非常喜欢她的意见。尽管如此，薛西斯还是采纳了大多数人的看法。在他看来，先前海战失利，主要是他本人不在场而导致士兵不努力的结果，而这次他要亲自督战。

此时此刻驻守萨拉米斯的希腊人正处于恐慌不安之中。特别是从伯罗奔尼撒来的那些人，他们停驻在萨拉米斯湾，本以为就是在为保卫雅典人的国土而战。一旦战败，他们就会被封锁在萨拉米斯岛而无法后退，自己的国土也保不住了。他们先是窃窃私语，心里怪欧里比亚德斯为何如此不智。后来，他们召开了一次联席会议。他们主张，必须到科林斯地峡，不惜一切代价守住那里，而不是留下来为敌人已经占领的城邦作战。而雅典人、埃吉纳人和墨伽拉人坚决主张留下，为保卫他们当时所在的地方而战。

雅典水师统帅泰米斯托克利看到主张撤退的意见占上风，悄悄退出了会场。他回到自己的船上，命令他的一个亲信乘船到波斯水师那边，命令他一定要送达一个信息，对他们这样说："雅典人的将领背着其他希腊人派我来向你们报告。他是站在国王一边的。他希望你们获胜，而不是希腊人获胜。希腊人已经被吓得手足失措，正准备逃跑。如果你们能防止他们逃窜的话，那你们就成就了前无古人的功业。他们意见产生了分歧，不想再对你们进行抵抗了。如果与波斯人交起手来，雅典人会临阵倒戈，帮助你们。"说毕，这位雅典人就离开了。

波斯人竟对这则消息信以为真。他们连夜行动，先是水师把整个萨拉米斯湾封锁起来，让敌人船只插翅难逃；而后又派遣一支军队登上了萨拉米斯岛和大陆之间的一座小岛上，认为一旦爆发海战，他们可以在这个要冲之地救援自己人，还可以歼灭敌人。希腊人听到他们被封锁的消息，一时傻眼了，但很快冷静下来，既然没有选择和退路了，只能准备决一死战了。正所谓："置之死地而后生。"泰米斯托克利虽未读过中国古代兵书，倒是颇有韬略的。

次日天刚破晓，海面上霭霭晨雾尚未散尽之时，薛西斯便迫不及待地披挂整齐，让人将王座放在可以俯视萨拉米斯海湾的艾加里奥山上，随身带着许多侍从和史官。他要亲自督战，观看波斯军大胜的盛况，并让史官把将士的英勇业绩当场记录下来，载入史册，万古流芳。

公元前480年9月20日，一场海上恶战爆发了。希腊人认识到他们面临的险恶局面，迸发出冒死求生的勇气和不是鱼死就是网破的决心。他们一开始就向波斯军发起了猛攻。波斯水师在薛西斯的亲自督战下，也都争先恐后，欲立战功，只有一些爱奥尼亚人在应付。但是，海上作战靠的不仅是勇气，主要还是靠技术和协调配合。希腊人船小，轻松自如地在狭隘的海湾里左冲右突。波斯人船只庞大，数量众多，刚开始就乱了队列。前面的迎战，后面的欲要立功而猛冲，结果撞坏了自己的船只。作战中，波斯水军统帅、薛西斯的哥哥阿里亚比格涅斯阵亡，波斯水军群龙无首，更加混乱，只得各自为战。比较而言，波斯士兵伤亡更多。在战斗中，落水的希腊人都游到萨拉米斯去了，而波斯水军大多数因不会游泳而淹死在海里。

一些逃上岸的腓尼基人跑到薛西斯那里，控告爱奥尼亚人有背叛行为，临阵脱逃。就在这时，爱奥尼亚的萨莫色雷斯人的一艘战船正向雅典船进攻，并将目标击沉。旁边一艘希腊埃吉纳人的船冲过来，又把萨莫色雷斯人的船撞沉。但是，擅长投枪的萨莫色雷斯人在船沉之前用标枪把敌船上的船员一扫而空，然后跳上对方的船只并占有了它。薛西斯看到他们的赫赫战功，感到十分庆幸，听到腓尼基人的指控极为愤慨，认为这些懦夫不配控告比他们勇敢的人，命令手下把几个控告者斩首示众。

曾劝阻薛西斯不要海战的女首领阿尔忒弥西亚的战船因受到雅典水师追击而拼命逃亡。逃跑之中，有一艘波斯水师的船只无意中挡住了她的去路，逃命心切的阿尔忒弥西亚竟命令船只直冲过去，把己方的船只撞沉了。雅典人看到她进攻波斯水师，便认为她是雅典盟军，放弃了追击。而在山上观战的薛西斯看花了眼，以为阿尔忒弥西亚击沉了敌舰，对她大加赞赏，说道："我手下的男子变成了妇女，而妇女变成了男人。"

战斗持续了一上午，未分出胜负，但波斯水师的劣势明显表露出来了。他们仍然奋勇作战，但主帅阵亡，兵源复杂，语言不通，号令不一，指挥混乱，行动无序，致使大量战船拥挤在一起，反复受到组织良好、机动性强的希腊舰队的冲击。战至夕阳西下，波斯水师已无心恋战，撤出萨拉米斯湾，逃到帕勒隆去寻求强大陆军的保护。希腊人则把飘浮在那一带水域的所有残破船只都拉到萨拉米斯，着手准备新的战斗。他们以为不甘失败的波斯军肯定会卷土重来。海战的同时，雅典的重装步兵渡海登上了普西塔列阿岛，把岛上的波斯军全部歼灭了。

（五）一败涂地：失去斗志的波斯王

波斯水师在此次战役中遭受重创，但他们并没有丧失战斗力，而且他们在数量上仍超过希腊水军。波斯陆军基本上未遭受重大损失。在这种情况下，如果波斯军士能重整旗鼓、振作士气、奋勇再战的话，鹿死谁手，尚未可知。但御驾亲征的薛西斯经此败绩之后，神情沮丧，竟打起了退兵的主意。他考虑到爱琴海的雨季即将来临，将使他的庞大军队面临给养困难。如果希腊人乘胜追击，驾船直捣赫勒斯滂，焚毁浮桥，薛西斯就有可能无法返回故国，最终客死欧罗巴。念及此，薛西斯不寒而栗，恨不得马上插翅飞回苏萨。但是，在广大将士面前，他又不好表露。于是，他先做了一番表面文章，告诉将领们，他打算修筑一条通过萨拉米斯的大堤，并把腓尼基商船连成浮桥和壁垒，俨然一副打算再打一仗的架势。

但是，薛西斯的作为和心思都瞒不过他的亲信马铎尼斯。马铎尼斯曾力劝薛西斯亲征希腊，现在也看出来薛西斯佯装再战，实欲撤退。他担心薛西斯无功班师回国后，会追究他的罪责，暗下决心，要么征服希腊，要么光荣战死。马铎尼斯经过深思熟虑，向薛西斯建议说："陛下，不要以为我们偶有失利便遭受了什么重大不幸。决定最终胜负的是人马，而不是木材。至今，那些自以为取得辉煌胜利的人，谁也不敢下船到陆地上与您对抗。如果您同意，我们马上就可以进攻伯罗奔尼撒；如果您想等等，也未尝不可，但千万不可半途而废，让希腊人耻笑。海战失利的是腓尼基人、埃及人、塞浦路斯人，而不是波斯人。波斯没有什么可以归咎的。如果您不想留在这里，您可以带兵回去，留下30万军队给我，待我把希腊奴役后把它献给您。"

薛西斯乘机借梯子下楼，对善解君意的马铎尼斯心里真有几分感激。于是，他一本正经地召开顾问会议，征求大家的意见。薛西斯一向敬重的属下——女王阿尔忒弥西亚发表意见说："国王啊，我以为您最好回国，让马铎尼斯及其所需要的军队留下。如果结果如他所说，他率军平定了希腊，征服了所有希腊人，这一成就还是您的。因为这是您的仆人所做的事情。如果结果不是这样，既然您和您的全家平安无事，希腊人就必须常常为保全他们的性命而战斗。如果马铎尼斯牺牲了，那希腊人杀死的只不过是您的仆人，他们的任何胜利都不是真正的胜利。至于您，已经把雅典占领并烧毁，已经完全达到您这次远征的目的了。"这番话使薛西斯深感满意，因为这恰是他自己的想法。这样，他就可以理直气壮、名正言顺地回国了。会议上，其他人也都认为此举可行，事情就这样决定了下来。薛西斯把从军的几个庶子托付给阿尔忒弥西亚，要她把他们先送到以弗所。然后，他又召见马铎尼斯，让他尽量挑选需要的将士。当天晚上，他命令水师趁夜起航，全速返回赫勒斯滂去保卫那里的浮桥。来时遮洋蔽海的波斯水师，离开时已折了 2/3。被希腊水军打败后，他们更是草木皆兵。他们在途中驶近扎金索斯岛，看到一些陆地伸向海中的海岬时，竟认成敌船，慌忙逃了很长时间。知道那不是船，而是海岬时，他们才集合起来继续航行。

薛西斯的陆军循着来时的路撤到北希腊的帕萨里亚平原。在那里，马铎尼斯从大军中选择了 30 万精兵留驻下来，这里粮草充足，便于补给，也有利于第二年春季继续作战。薛西斯在帕萨里亚稍待几日，就率领剩下的人马日夜兼程，45 天就赶到了渡口。行军途中，波斯军如丧家之犬，见人就抢，见粮就夺。没有粮食可抢时，他们就吃树皮、树叶和草根，加之军中发生了瘟疫和痢疾，死者无数。到了赫勒斯滂，他们终于有了充足的粮食，久饿的兵士又放开肚皮大吃大喝，结果又有许多人成为饱死鬼。薛西斯站在渡口一看，原来的浮桥已让暴风雨吹得荡然无存。直到看到自己的船只，薛西斯惊魂才定。回到萨第斯清点人数，波斯大军所剩无几。出征时何等气势宏阔、豪气冲天，回来时却如此狼狈，薛西斯触景生情，不禁潸然泪下。

希腊大胜之后，一直准备着迎接新的战斗。但几天下来，不见波斯人的动静，经过侦察，他们才知道波斯水军已扬帆远遁，逃回去了。希腊人马上召开会议，商议对策。泰米斯托克利认为希腊水军应在岛屿中间推进追击敌船，直达赫勒斯滂并毁掉浮桥，切断波斯军的退路。但欧里比亚德斯与他意见相左，认为切断敌人的退路，相当于置敌人于死地，还是莫追穷寇为好。波斯军还有很强的实力，一旦情急反扑，希腊人未必招架得住。还是由他们去吧。其他将领也纷纷同意这个意见。有亡国之恨的雅典人孤掌难鸣，只好作罢。

希腊人就地分配完战利品之后，就乘船到科林斯地峡联盟军总部所在地论功行赏了。希腊人通过投票决定谁是战功最大的希腊人，并授勋给他。在祭坛上投票时，每个人都认为自己功劳最大，而投了自己的票，但他们大多把第二位投给了泰米斯托克利。结果，第一位都是一票，无人当选；第二位是泰米斯托克利，得票最多。或许出于嫉妒，希腊人没有做出授勋的决定，就各自退回自己的城邦了。

尽管如此，泰米斯托克利在全希腊名震一时。整个希腊都推崇他，认为他是最有智慧的希腊人。由于没有得到相应的荣誉，泰米斯托克利立刻到盟主斯巴达那里，希望在那里得到补偿。斯巴达人隆重地欢迎了他，并给予他崇高的荣誉。他得到了和最高统帅欧里比亚德斯一样的橄榄冠和一辆斯巴达最好的战车。当他离开斯巴达时，有300多名显贵的斯巴达人护送出境。泰米斯托克利在斯巴达得到的礼遇是空前绝后、绝无仅有的。尽管波斯人暂时退出战斗，但希腊人并未放松警惕。尤其是深谋远虑的泰米斯托克利，他排除斯巴达人的阻挠，修复加固了被波斯人破坏的雅典城，并进一步修建了比雷埃夫斯的城墙，极大地加强了抵御外敌的力量。

温泉关战役和萨拉米斯海战在希波战争史上具有重大意义。温泉关战役，希腊人虽败犹荣。列奥尼达麾下的4000多名勇士抵抗数十万波斯大军，曾一时让目空一切的薛西斯一筹莫展。如果不是奸细引路，被敌人抄了后路，希腊军肯定还能坚守更长时间。波斯军取得了胜利，但也付出了伤亡 20 000 余人的代价，初步挫消了波斯军队的锐气。萨拉米斯战役是一次决定性战役，是希腊人对波斯海战的第一次重大胜利。它使希腊人恢复了战胜波斯人的信心和勇气，是挽救希腊的重大胜利。从此以后，希腊联军扭转了被动局面，开始转守为攻。波斯军经此惨败，自然是一记沉重打击，但帝国辽阔的国土和丰富的人力物力资源，以及仍有一支庞大陆军，使波斯人仍未放弃征服希腊的念头。

六、一蹶不振：希波战争的延续与结局

（一）两份礼单：波斯与希腊的外交斡旋

马铎尼斯在帕萨里亚扎营过冬。他一边积极备战，一边采取外交攻势。他认为，如果离间希腊诸城邦，对其分而治之，胜算就更大些。于是，他派出和雅典人有密切关系、业已投降波斯的马其顿僭主亚历山大赶赴雅典，想办法把雅典拉拢过来。因为在希腊诸城邦中，雅典人多势众，作战勇敢，让波斯人遭受了马拉松战役和萨拉米斯战役的惨败。如果亚历山大能够斡旋成功，他就很容易在海上称霸，而在陆地上更没有谁能与之对抗了。

亚历山大奉马铎尼斯之命来到雅典，向雅典人通告了马铎尼斯的和解意图。他说："雅典人，马铎尼斯接到来自国王的命令，让他做这样的事情：把你们的领土还给你们，还允许你们自己选择更多土地。随便你们选择什么地方的土地都可以，你们还可以一如既往地按

照自己的法律生活。他答应把烧掉的你们的神庙全部修复起来。但是，前提是你们愿意与国王缔结盟约。窃以为，你们不可能战胜国王，也不可能永久抵抗他，还是讲和为好。既然国王有意原谅你们，你们也可以十分荣耀地跟他讲和了。你们不要小看这件事情。在所有希腊人当中，伟大的国王只想赦免你们的罪过，只想和你们做朋友。"亚历山大的这份波斯礼单委实十分丰厚，难免让人心动。亚历山大讲这番话的时候，斯巴达使者也恰巧在场。原来，斯巴达人一听说波斯人派使者去了雅典，马上紧张起来。他们害怕雅典人若是真和波斯人缔结了和约，那形势就大为不利了。雅典人采取拖延时间的办法，故意等到斯巴达使者来了，一块儿接见。雅典人知道，如果斯巴达人听到波斯遣使讲和缔约的消息，一定会坐立不安，火速派人前来的。波斯人和斯巴达人同时面对面拉拢雅典，是雅典人的有意安排。

亚历山大刚说完，斯巴达使者就紧接着开出了他们的礼单："斯巴达人派我们来请求你们不要在希腊引起任何变动，也不要接受波斯方面的任何建议。这场战争因你们而起，你们的领土又是战争初期的焦点，但把整个希腊都卷进去了。如果你们又带头使希腊受到奴役，这是无论如何也说不过去的。我们仍同情你们的困难处境，斯巴达人及其同盟者宣布，只要这场战争继续下去，他们愿意扶养你们不能参战的妇女和其他家人。如果你们还清醒，就不要相信亚历山大的话。因为你们也知道，波斯人既无信义又不诚实，实在是靠不住的。"雅典人见目的达到，时机成熟，先是正气凛然地对亚历山大说："我们知道波斯军的人数比我们多好多倍。但是，我们渴望自由，并将尽能力之所及来保卫我们自己。请转告马铎尼斯，只要太阳还按着目前的轨道运行，我们就不会和波斯缔结协定。我们将要继续不停地对它作战，并相信诸神和天上的英雄会帮助我们，因为它曾蔑视和焚毁了诸神的神庙和神像。"然后，雅典人转向斯巴达使者，说道："你们既然知道雅典人的性格和情操，又担心我们会和波斯人缔约，虽然合乎情理，但并不光彩。要知道世界上没有足够数量的黄金和任何富饶肥沃的土地足以买动我们站到波斯人一边来反对希腊。首先，我们诸神的神庙和神像被波斯人烧掉和摧毁，我们必须尽力为它们复仇，怎么又能和干出这些勾当的人缔约讲和。其次，全体希腊人在血缘和语言方面是有亲属关系的。我们的宗教信仰和生活习惯也是相同的。如果我们单独和波斯媾和，那是不妥当的。我们现在让你们知道，只要有一个雅典人活着，我们就决不会与波斯人缔结协定。感谢你们的关心和好意。至于我们的困难处境，我们会尽力克服忍耐，不给你们添麻烦。但就目前而言，请你们尽快派军队来。因为波斯人未能如愿，肯定会向我们进攻。我们应该抢先进军到维奥蒂亚迎敌。"说毕，雅典人送客，波斯和斯巴达的使者各自回去。

马铎尼斯听到亚历山大的汇报，即刻从帕萨里亚出发，率领大军向雅典进发了。波斯军行进到维奥蒂亚时，底比斯人试图阻留马铎尼斯，请他就地扎营布阵，这样就可以不经战斗而使整个希腊降服。在底比斯人看来，只要以前同心协力的希腊人仍然团结一致地共同行动，就算倾全世界的兵力征服他们也十分困难。倒不如驻扎该地，然后派使者携带大量金钱到诸城邦当权人物那里，用糖衣炮弹分化瓦解他们，从而使希腊人分成两派。此后，波斯人仗着站在自己一边的那一派希腊人的帮助，可以毫不费力地把反对派制服。底比斯人的建议确实是高明精辟的，把时局的脉搏摸得一清二楚，后来希腊与波斯的关系演变也充分证明了这一点。

但是，刚愎自用、求胜心切的马铎尼斯根本不听从底比斯人的劝告，他一意孤行，坚持进军。好大喜功的马铎尼斯用各岛屿上点起的一系列烽火来通告身在萨第斯的薛西斯他的进军情况和战绩。公元前479年7月，马铎尼斯在时隔10个月之后，再一次进占了空无一人的雅典城。在他们到来之前，大部分雅典人已闻风转移到萨拉米斯海面的船上去了。

占领雅典之后，马铎尼斯又派出使者到萨拉米斯的雅典人那里，带去了和上一次相同的建议。他认为，尽管雅典人对他抱有不友好的态度，但在他用武力席卷阿提卡并将它置于自己统治之下的情况下，雅典人的顽固敌对态度或许会有所缓和。

波斯使者来到萨拉米斯，在雅典公民大会上传达了马铎尼斯的通告。雅典人二度亡国，流离在外，群情激愤，坚决反对议和。但不知民意的五百人会议成员吕西阿斯主张接受这个建议。怒火中烧的雅典人被吕西阿斯的说法气炸了。那些对波斯人怀有深仇大恨的雅典人不顾可以发表不同意见的民主原则和法律程序，竟捡起石头，把吕西阿斯给砸死了。疯狂的人群怒气未消，又冲到吕西阿斯家里，一阵乱石又把他一家老小全砸死了。

雅典人拒绝了波斯人的建议，但并未放弃利用这次劝降的机会。他们原本留在阿提卡指望着斯巴达人派兵援助。但敌人已经到了维奥蒂亚，援军仍不见踪影，雅典人才把全部财物转移到安全地带，然后渡海到萨拉米斯。同时，他们又派使者到斯巴达，谴责斯巴达人容许波斯人进攻阿提卡，而不和雅典人协力在维奥蒂亚迎击敌人。然后，他们警告斯巴达人，如果雅典倒戈，波斯人的许诺斯巴达人是清楚的。如果斯巴达再不派援军，雅典将接受波斯的和平条件。

原来，斯巴达人这时正在举行叙阿琴提亚祭，用以纪念战神阿波罗和误中阿波罗所掷铁饼而死的俊美少年雅辛托斯。在他们看来，奉祀神的事情是当前最重要的事。与此同时，他们正在科林斯地峡修筑工事壁垒，甚至已经修到了胸墙。斯巴达元老接见了雅典使者，不露声色地听完雅典使臣的指责，让他们第二天听候答复。就这样，斯巴达人一直拖了10天，地峡上的工事也几乎完工了。第九天，斯巴达在夜间暗中派遣了5000名斯巴达重装步兵、5000名庇里阿西重装步兵、35 000名希洛人开赴前线。次日，当雅典使者继续抨击斯巴达人只顾寻欢作乐，完全不顾及困境中的同盟时，斯巴达元老说，他们的军队已经接近科林斯地峡，正向波斯人进军呢。雅典使者颇感吃惊，在弄清事情真相后，就火速起程追赶大军去了。

阿戈斯人曾经答应过马铎尼斯，力图阻止斯巴达出兵作战。当他们听说斯巴达摄政王帕萨尼亚斯和他的大军已经开赴前线时，赶紧派使者到阿提卡向马铎尼斯通风报信。马铎尼斯闻讯，马上决定撤离阿提卡。因为这里不适于骑兵作战，万一作战不利，除了一条少数人便可截击的狭窄道路之外，没有任何其他通路。他计划退到底比斯，在一个邻近友好城邦并适于骑兵作战的地方决战。撤离之时，马铎尼斯满怀对顽固不化的雅典人的仇恨，把雅典城付之一炬，把所有的城壁、家宅、神庙完全摧毁破坏，以泄心头之恨。

（二）灭顶之灾：普拉提亚战役

马铎尼斯接到消息说，希腊人都集合在科林斯地峡一带。他率领军队进到科林斯地峡附近的底比斯。尽管底比斯是波斯的属邦，波斯军为了修筑坚固的工事，把底比斯的树木全部削平了。斯巴达军队也来到科林斯地峡一带，沿途相机行事的各邦纷纷加入他们，并和雅典人在厄琉西斯会师后，一同来到维奥蒂亚。波斯军队和希腊军队隔着阿索波斯河，北南相对，布阵扎营。河北岸的波斯大营地势开阔，河南岸的希腊军营则布置在喀泰戎山的山麓地带。当时，希腊联军有重装步兵 38 700 人，轻装步兵近 70 000 人，总数约为 11 万。波斯军虽有底比斯助战，但在力量对比上并不占绝对优势。

马铎尼斯见希腊人不下到平原上来，便命令自己的骑兵去冲击敌人。波斯骑兵列成方阵向希腊人发动了进攻，结果使希腊人遭受很大损失，尤其是墨伽拉人所驻守的地方很容易受到骑兵攻击。墨伽拉人熬不住，只得向联军总指挥、斯巴达摄政王帕萨尼亚斯禀报说："尽管我们在敌人的重压下一直勇敢顽强地坚守阵地，我们不能独力对抗波斯骑兵。如果不把其他军队派来换防，我们就要把它放弃了。"帕萨尼亚斯闻讯，马上征询诸城邦军队的意见，问谁愿意去那里换防，把墨伽拉人给换下来。只有雅典人自告奋勇，愿意接受这项任务。

雅典人带着弓兵接管了墨伽拉人的阵地。波斯骑兵列成方阵进攻的时候，雅典人一阵箭雨乱射。冲锋在前的波斯骑兵统帅马西提的马肋部中了一箭，痛得马后腿站立，把主人摔了下来。雅典人乘势一拥而上，当场捉住了那匹马，并把力图顽抗的马西提当场杀死。混乱之中，其他骑兵竟未发现主帅已经落马阵亡。他们回旋并退却之时，没有人发号施令了，才发觉主帅已落在敌军手里。于是，全部波斯骑兵会合一处，想把尸首夺回。雅典的 300 人军队眼看抵挡不住，就要放弃尸首之际，同盟军赶到加入了战斗。波斯骑兵再也支撑不住，不得不退却，不但没有抢回马西提的尸体，还损失了一部分骑兵。

波斯骑兵回营后，全军震怒，举行了隆重的葬礼，哀悼马西提阵亡。他们剃掉了头发，剃掉了所有马匹和驮畜的毛发，长时痛哭，哀声遍地，哭声震动了整个维奥蒂亚。马西提是全波斯军中仅次于马铎尼斯的统帅。初次作战，即折主帅，一层阴影笼罩在波斯军心中。而希腊人取得这次小胜之后，勇气大增，士气更加高涨。

随后，希腊人决定移师普拉提亚。这里有加尔加菲亚泉，水源情况良好，也比原地更适合于布阵。他们沿着喀泰戎山麓，来到普拉提亚，在泉边一些不高的小丘间和一块平原上依照不同的民族而列下了阵营。马铎尼斯听说希腊军移师普拉提亚，便也沿着阿索波斯河来到希腊军的对岸扎营对峙。两军配置安顿完毕，就开始奉献牺牲，占卜战役的吉凶了。双方获得了同样的结果："取守势，则吉；渡河作战，则凶。"但是，希腊援军不断增加。

两军对峙了 8 天。底比斯人建议马铎尼斯派军队守住喀泰戎山的山道，这样可以切断敌人的供给和外援。马铎尼斯采纳了这一建议，天黑的时候，便派遣骑兵到喀泰戎山路去。这次出兵收获颇丰。原来，一支希腊粮草军恰好经过，被波斯骑兵逮个正着。波斯骑兵经过一番厮杀，把剩下的人畜粮草全部赶到波斯军营地。

又过了两天，双方仍都不愿先启战端，而波斯骑兵仍不断袭击希腊军队。波斯主帅马铎尼斯心浮气躁，沉不住气，为这种无所事事而极感苦恼。于是，他便和薛西斯所信任的另一位军事统帅阿塔巴苏斯商议。阿塔巴苏斯提出了和底比斯人相同的意见：全军应该进驻底比斯城，广储粮草，以备敌人进攻，同时派使者带上大量金银财宝到诸城邦去，毫不吝惜地散财收买，瓦解希腊联盟军，从而达到各个击破的目的，希腊霸权便唾手可得了。这叫不战而屈人之兵。阿塔巴苏斯是有先见之明的。他的建议符合双方的实际形势。但刚愎自用、顽固暴躁的马铎尼斯自认为波斯军比希腊军要强得多，应当尽快挑起战争，而不能再忍耐下去，眼看着希腊人越聚越多；对于占卜，不必管它，也不必强求，应该按照波斯的风俗习惯开始作战。他是全军最高统帅，他这样拍板决定时，其他人默不作声，没有提出异议。于是，马铎尼斯下令做好一切战斗准备，第二天拂晓开始战斗。

当天深夜，万籁俱寂，将士们沉睡在梦乡里的时候，马其顿僭主亚历山大悄悄离开自己的营盘，来到雅典人的驻地，向他们送去了马铎尼斯的作战计划和希腊人面临的形势，并向希腊人提出了自己的建议。他说他的远祖是希腊人，他决不愿意看到希腊人受到奴役，马铎尼斯因为在占卜中没有得到吉兆，一直没有发起挑战。但第二天拂晓，他无论如何要发动战斗了。一是他害怕希腊军队越来越多，二是军中粮草仅供几天用的。最后，他要求说，如果希腊人在这场战争中获胜，无论如何也要把他们马其顿人从奴役状态下解救出来。随后，亚历山大又神不知鬼不觉地偷偷回到自己的驻地。希腊人闻讯立刻做了相应的准备和部署。

第二天拂晓，马铎尼斯先派出骑兵向希腊人进攻。波斯骑兵射箭投枪，使希腊军遭受很大损失，并捣毁和堵塞了希腊全军的水源——加尔加菲亚泉。波斯骑兵和弓箭手还阻止了希腊军从阿索波斯河取水。希腊军颇为头痛，一时找不到对付他们的好办法。希腊军经过商议后决定，暂时撤到阿索波斯河心的一座小岛上，那里不仅有充足的水源，还可以避免波斯骑兵侵扰。为了不让波斯军队发现他们移动并派骑兵追击，他们决定第二天晚上10点钟悄悄出发，并派另一半军队前去解救喀泰戎山那边的粮草大军。

希腊人又忍受了波斯骑兵一整天的袭击，夜间时刻一到，他们就开始按计划撤离。但是，希腊诸城邦的大部分军队并没有转移到指定地点，而逃到普拉提亚城前的赫拉神庙前驻扎下来。

看到盟邦军队已陆续离开营地，斯巴达摄政王帕萨尼亚斯下令所有斯巴达人同样拿起武器，跟在友军后面到指定地点待命。但是，斯巴达军队中的庇塔涅军团将领拒绝服从命令，他认为从波斯人面前逃走，是斯巴达人不可接受的耻辱。如果单独把这一军团留下，他们无疑会白白送死。帕萨尼亚斯万般无奈，只得命令斯巴达人暂时按兵不动，他本人赶去游说庇塔涅军团将领，劝他与大队人马一块儿转移。但是，他们激烈辩论、争吵了几乎整个晚上，谁也没有把对方说服。庇塔涅将领搬了一块石头放在帕萨尼亚斯脚下，说他就用这块石头来投票反对在波斯人面前逃走。帕萨尼亚斯气得跳脚骂他是疯子，骂他神经错乱。但对方就是不让步。这时，雅典军使者来到这边营地，想看一下斯巴达军到底要怎样行动。帕萨尼亚斯命令他把目前的情况告诉雅典人，并请雅典人和斯巴达人一起行动，共同撤退，随即发布了斯巴达人撤退的命令。他认为，如果其他斯巴达人全部离开，顽固的庇塔涅军团是不会独自留在后面的。事实也确实如此。当列成战阵的雅典人和斯巴达人沿着不同道路开拔之时，庇塔涅军团将领看到他们真的把自己抛下了，也下令手下拿起武器，跟随大军一同撤离。

马铎尼斯听到希腊人乘着黑夜撤退的消息，认为希腊人经受不住对峙而逃跑了，立即下令全军追击。波斯盟军看到波斯人出发追击希腊人，也立刻举起军旗开始追击了。事出仓促，波斯大军既没想整顿队形，也没有按原来的部署，而是乱成一团地高声呼啸着开始攻击了，似乎可以马上把希腊人一网打尽了。

帕萨尼亚斯看到波斯大军猛追过来，马上命令军队停止前进，做好战斗准备。与此同时，他派人给雅典人送信，请求快速支援。但赶来支援的雅典军被底比斯重装兵挡住，双方在另一处厮杀起来。当时，斯巴达人的重装步兵和轻装步兵共有5000人，与其一直在一起的忒格亚人有重装步兵和轻装步兵3000人。按斯巴达人的惯例，军队出击前必须先占凶吉，才可以采取行动。他们用盾牌挡着敌人的箭雨，焦急地等待着祭司的占卜结果。但是他们牺牲占卜的动物没有出现吉兆，而军队伤亡越来越大。波斯人用藤盾连成一道壁垒，从后面射出了雨点般的箭支。波斯骑兵投枪击倒了许多斯巴达人。帕萨尼亚斯这时紧张得心脏快要从嗓子眼里跳出来了，急速地祈祷诸神赐予他们吉兆，尽快允许他们还击。他还在祈求之时，忒格亚人不等命令下达就一马当先地冲了出去。这时，牺牲终于得到吉兆，祭司大喊一声："胜利来了。"所有斯巴达人马上一跃而起，勇猛地向敌人杀去，波斯人也抛掉了弓箭迎战。

刚开始，战斗在波斯人的藤盾壁垒前激烈进行。后来，这道屏障被冲破，两军混战在一起。战斗异常激烈并持续了很长时间，作战双方都非常英勇。到最后，战斗竟演变成肉搏战。波斯军作战毫不逊色，他们抓住了对方的长枪，将其折断。藤盾被刺飞了，他们就拔出短剑和弯刀，甚至抱住对手连咬带抓。但是，波斯军没有盔甲等防护武装，训练也比不上以战争为职业的斯巴达人，渐渐地被斯巴达人占了上风。

马铎尼斯骑着一匹白马，率领着1000名最精锐的士兵对斯巴达人构成了很大威胁。只要有他在，波斯士兵便奋不顾身，英勇向前。正当马铎尼斯在阵前督战，左右驰骋之际，一名斯巴达士兵所掷的标枪击中他的头部，他当场栽下马来。波斯军队疯狂地一拥而上，企图救回主帅，但被斯巴达人的长枪成排刺倒。主帅阵亡，波斯军队马上军心动摇，一下全线崩溃，全都没命地逃跑了。波斯大军中的各附属国军，完全是唯波斯人马首是瞻。他们看见波斯人逃跑，甚至还没有交战，也立刻逃跑了。这时，波斯骑兵为了阻止希腊军追击友军，又冲上去阻挡希腊军，结果被斩杀殆尽。

从一开始就力主采取守势、不发动战争的阿塔巴苏斯不赞成马铎尼斯的所作所为，在行动上留了一手。当马铎尼斯下令追击时，他佯装响应，但同时明告他麾下 40 000 将士：全体随他到任何地方，不管多快，都要步伐一致地跟着他。所以，他装作率领他们去参加战斗，但行动要迟缓得多。当他看到前面的波斯大军已经在逃跑时，便拨转马头，尽快逃跑起来。他既不到原来的营垒，也不进底比斯城，而是直奔福基斯方向。他想在那里尽快逃到赫勒斯滂，回到亚细亚。

溃退的士兵逃进了他们原来用树木建造的营垒，并尽一切努力加固营垒。随后，他们和斯巴达人展开了一场激烈的争夺战。后来，英勇顽强、善于攻城的雅典人消灭底比斯军之后，也赶来助战。两军兵合一家，终于攀上城壁，并打开了一个缺口。希腊军就从这个缺口如潮水般涌去。城壁一陷落，里面的波斯军就乱了阵势，成千上万被吓得半死的士兵被追击到一些狭小的地方任由希腊人宰割，完全失去了抵抗能力。就这样，经过普拉提亚战役，偌大的波斯大军除阿塔巴苏斯带之逃回亚洲的 40 000 人之外，幸存下来的不过 3000 人，而希腊人仅牺牲 1360 人。

（三）再次受创：米卡尔之战

马铎尼斯及波斯军在普拉提亚惨遭灭顶之灾的同时，希腊海军在米卡尔海岬又取得了一次辉煌的胜利。当时,希腊海军先驻扎在提洛岛。萨摩斯岛的一些使者背着波斯人来到提洛岛,以他们共同崇奉的诸神的名义请求把他们这些爱奥尼亚人从奴役状态下解放出来,并把波斯人驱逐出去。他们说,波斯人的航行技术很差,他们的船只根本不可能和希腊人船只相抗衡。他们保证说,如果希腊母邦怀疑他们的诚意,他们愿意把一些人押在那里当人质。希腊海军统帅——斯巴达副王李奥特契德见萨摩斯人言辞恳切,出于至诚,就答应了他们的请求,并与之缔结了盟约。随后,希腊海军驶离提洛岛,开赴萨摩斯。

波斯海军听到希腊海军开来的消息,马上决定向大陆进发,企图在那里得到波斯陆军的庇护。波斯水师自知海上作战敌不过对方,三十六计,走为上策。于是,波斯水师就驶到了米卡尔海岬。这里驻扎着一支 60 000 人的波斯陆军,是薛西斯留下来守卫爱奥尼亚的。波斯水师将领下令把他们的船只拖到岸上,并在船只四周修筑了一道防壁,用来保护船只并作为他们的避难所。

希腊海军得知波斯水师闻风退回了大陆,也直接追了过去,并做好了登陆作战的各种准备。他们驶近海岸边的敌人营地时,没有任何人乘船来迎战。船只都被拉上了岸,用一道壁垒围了起来,有一支陆军沿着海滨列阵以待。希腊海军统帅李奥特契德先采取分化敌人的策略,让一名使者向波斯军中的爱奥尼亚人宣布说:"波斯人决不会懂得我给你们的命令。我们交战的时候,你们每一个人首先都记着自由,然后则是交战的口令'赫拉'。"他这样做的目的,或者真正起到策反作用,或者使波斯人不再信任他们的同盟者。

波斯人果然中了圈套。他们首先解除了萨摩斯人的全部武装,又把米利都人派去守卫通往米卡尔山地的通路。然后,他们把盾牌接起来做成了一道防卫屏障。这边，希腊人弃船上岸，整顿了战斗队列，一步步向波斯人逼近。结果，两军又战在一起。一队雅典人冲倒了波斯军的盾壁，两军绞杀在一起。拼杀一番之后，波斯军抵挡不住，且战且退到他们此前修筑的壁垒里。希腊人紧紧地追在后面，也一齐冲了进去。最后，波斯军的营垒被攻克，除波斯人还在顽强抵抗外，其余盟军则逃之夭夭了。而波斯军中的爱奥尼亚人临阵倒戈，再一次背叛了波斯人。这无疑是雪上加霜，波斯军更是抵抗不住。结果，两位陆军将领战死沙场，两位海军将领杀出一条血路，侥幸捡了一条命。希腊人取得大胜之后，一把火把波斯的船只烧了个干净，然后让原属波斯的爱奥尼亚城邦的萨摩斯人、岐奥斯人、莱斯博斯人等加入了他们的联盟，并要求他们发信誉之誓，保证永不叛离。

希腊海军离开米卡尔海岬，驶向赫勒斯滂。他们以为薛西斯所造的进入希腊的浮桥还在那里，企图到那里把桥摧毁，一来切断在希腊作战的波斯陆军的退路，二来阻止薛西斯再次兴兵进入希腊。到了那里，他们才发现原以为安然无恙的浮桥早已荡然无存了。这时，对海上霸权素无兴趣的斯巴达人便决定乘船返回希腊，而雅典人则决定留下来向这个兵家必争的战略要地发动进攻。斯巴达顺水推舟，把海军指挥权拱手让给了雅典人，高高兴兴回家去了。殊不知，这一下让出了他们对整个爱琴海的霸权，雅典人掌握了海军大权，就把塞斯托斯包围了。塞斯托斯位于赫勒斯滂北岸，控制着爱琴海通往黑海的赫勒斯滂的咽喉，也是波斯人城防最坚固的地方。雅典人围住了塞斯托斯，但一直未能攻克下来，围城战一直持续到深秋。城外的希腊人因背井离乡、攻城失利而不耐烦起来，请求将领们把他们带回希腊。雅典将领说，除非把城攻克，或被当局召回去，否则决不能无功而返。

雅典人只能耐心忍受了。

此时,塞斯托斯城内的波斯人也到了山穷水尽的地步。他们把能吃的全部吃光以后,趁夜里偷偷弃城逃走了。雅典人通过这一胜利,打开了希腊通往黑海的商路,对雅典海上霸权的扩张及其奴隶制经济的发展具有重大意义。所以,雅典人认为此次胜利比普拉提亚战役的胜利更有价值。

(四)握手言和:希波战争的终结

公元前478年冬天,雅典集合爱琴海各岛屿和小亚细亚的诸城邦、色雷斯沿岸城邦等所有主张对波斯作战的代表在提洛岛上召开了结盟大会。会议决定,盟会总部设在提洛岛,史称提洛同盟。加盟城邦原则上一律平等,均在盟会上拥有一票表决权。雅典拥有军事优势,掌握了盟军指挥权,实际上控制了这个组织。会议决定:为了报复波斯人对希腊的侵害,诸城邦应继续与之战斗。为此,诸城邦要组建共同船队,有船的出船,没船的出钱。战争费用由各城邦根据其岁入和承担义务决定,贡金最初每年总额为200塔兰特,后来增加到460塔兰特。同盟金库设在提洛岛的阿波罗神庙。

提洛同盟结成之后,希腊联军继续向波斯占领的一些岛屿进攻。公元前476年,雅典海军同盟远征色雷斯海岸,把波斯人赶回了亚细亚,使这一带的希腊城邦都归附了雅典。不甘失败的波斯帝国在小亚细亚的攸里梅敦河口集结重兵,准备再次进攻希腊。公元前466年,雅典同盟海军先发制人,再一次大败波斯海军。至此,雅典已经取得了爱琴海、黑海和小亚细亚沿岸的控制权,其海上霸权如日中天,渐入鼎盛时期。

提洛同盟诸城邦起初是平等关系。但雅典势大气粗,掌握了指挥权,渐渐把其他盟邦看作附属城邦,不听话就收拾它们。公元前467年,纳克索斯不堪忍受年年缴纳盟税,第一个宣布退盟。雅典大动干戈,把纳克索斯硬生生地打得被迫回归同盟。起初盟邦有53个,没有多长时间就增加到了250个。公元前460年,埃及爆发了反波斯起义。雅典海军同盟赶赴支援,结果被波斯舰队一举歼灭200艘船,40 000名将士全军覆没,同盟金库提洛岛也暴露在敌人的威胁之下。雅典趁机把同盟金库转移到雅典卫城。同盟会费成为雅典的财政收入,雅典与其他盟邦成为隶属关系,甚至其他城邦的内政、司法诸权也统一到了雅典手里。

公元前449年,雅典海军同盟和波斯海军大战于塞浦路斯古都萨拉米斯,波斯军再一次大败。波斯国王认识到,要想从希腊人手里夺取领土已毫无希望,战争再打下去,内部必出乱子。于是,他接到战报,马上命前线将领派人求和。此时,提洛同盟也面临着盟邦叛离以及斯巴达为首的伯罗奔尼撒同盟不断挑衅,结束战争于己有利,于是派全权代表卡里阿斯到苏萨进行和谈。双方达成协议,史称《卡里阿斯和约》。和约规定,波斯放弃对爱琴海的霸权,允许小亚细亚的希腊城邦独立,也就是承认了雅典的势力范围。作为回报,雅典答应不干预波斯对其属地的统治,放弃对埃及起义的干涉。至此,两大宿敌握手言和,持续近50年的希波战争最终结束。空前规模的希波战争以波斯失败而告终,让后人掩卷深思不已。

(五)希波战争:传统与交往的较量

无疑,决定希波战争结果的因素是首先需要探讨的问题。人们也总结了一些因素。但这些因素给人的感觉是分散的,毫无关联的。谁都知道,战争的胜负是各种因素综合作用的结果,但所有这些因素是如何发挥作用的呢?

笔者认为,考察战争交往形式,要从历时性传统因素和共时性交往状况这两大方面来考察。传统代表各自历史发展的积淀和由此所形成的物质、精神、制度等方面的财富,以及在这些财富基础上产生的强大的惯性作用。交往状况代表战争双方之间、战争双方各自的静态存量和动态互动关系,反映了各自内部同一化的程度,以及由此产生的共同性力量。历时性传统因素和共时性交往状况构成了纵横交织的时空网,也囊括战争涉及的各类因素,以及它们之间的种种关系。小到某个人的思想,大到一个国家的决策;小到个人行为,大到战役进展,无不构成特定的状态,也导致不同的结果。

真正的智慧不是天启的神谕,也不是事后的总结,而是对传统的认识和把握,对有关主体的交往状况的了解和洞察。

从历时性传统因素看,分处欧罗巴和亚细亚的希腊和波斯因不同的地缘因素、不同的发展道路,积累了不同的物质、精神、制度等方面的财富。

在希波战争中,希腊方面的主力是斯巴达和雅典。斯巴达是在征服过程中形成的国家,属于多利安人的一支。他们征服了拉科尼亚,并占领了麦西尼亚,把当地土著居民贬为奴隶,称为希洛人,专门为他们耕种土地。而斯巴达人始终保持着军人角色。在征服过程中,原来的部落管理机构转化为镇压被征服者的暴力机关。斯巴达人不从事任何生产活动,专以征伐为业,也形成了强有力的军事制度和尚武精神。每个斯巴达公民都接受作战训练,自20岁至64岁都有服兵役的义务。在这种严格的训练下，斯巴达重甲步兵——由公民组成披重装甲、挥长矛的密集步兵部队诞生了。军队的勇敢、纪律和作战技能保障了斯巴达的安全，同时贯彻其理想，所以其最高权力和荣誉均在军队里。久而久之，他们形成了特有的道德守则：战死沙场为最高荣誉与喜乐；战败偷生，对于母亲而言也是难以宽恕的耻辱。斯巴达人的母亲与即将出征的儿子道别时常说："与你的盾牌同归，或死在你的盾牌上。"斯巴达人为此目的，采取无情的优生政策。凡是初生婴儿有任何可能存在的缺陷都会被扔下悬崖摔死。再就是严格的训练制度。男童7岁即得离家，接受军事训练和其他教育。每个人都要经受无数困难、逆境和痛苦而毫无怨言。他们冬夏露营在外，直到30岁尚不知家庭为何物。所有男性公民30岁至60岁在公共食堂用膳，伙食粗疏而不得全饱，以磨炼其意志。简单而刻苦的训练持续到人生末期。服从纪律是斯巴达人的第一美德。不管怎样，斯巴达体制催生了当时世界上最优秀的战士。他们成为伯罗奔尼撒的霸主，也承担了对付波斯军的主力之责。强大的军队、完善的军事制度、精良的装备、不怕牺牲的英勇作战精神，都是斯巴达人在物质、制度、精神等方面的传统因素，在希波战争中发挥了巨大作用。

雅典所在的阿提卡地区秋冬温和多雨，夏季炎热干燥。那里土壤贫瘠，几乎所有地区的地下水均接近地表，即使最简单的农业生产也很困难，冒险性极大的贸易航海业，以及需要耐心培植的橄榄和葡萄，孕育了雅典文明。公元前1600年前后，爱奥尼亚人进入阿提卡地区，与当地人融合，此后也未遭到多利安人的侵扰。雅典人接近海岸并拥有众多优良海港，多从事海上贸易，而不打算征服别人的土地，据为己有。在自身的发展中，他们经过长期的贵族和平民间的斗争，农民和手工业者保住了小生产者的地位和公民权，这在政治制度上体现为多次民主改革和民主制度的确立。尽管这一进程曲折而又艰巨，但雅典人仍以勇气、骄傲、自制力向前迈进。民主制度的确立，使雅典人享受了在行动、言论、思想等方面的自由权利，学会了遵守他们经慎重考虑后制定的法律，并以极大的热忱爱护作为他们团结、权力和责任对象的城邦。所以，当波斯帝国决定摧毁这个名为希腊，实则由分散各处的城邦联合体，或迫使诸城邦向其称臣纳贡时，遭到了雅典人断然拒绝。甚至在德尔斐神谕说雅典人将有灭顶之灾时，雅典人也决不屈服。总之，雅典人热爱自由、决不屈服于任何外来压力的精神，多年海上航行的经验和技术，与此相应的海军优势及其民主制度，无一不是他们的优良传统，而这些优良传统在希波战争中发挥了巨大作用。

波斯民族也是一个优秀的民族，也有许多优良传统。他们自从迁入伊朗高原之后，屡受异族的奴役和压迫。他们在困境中崛起，当家做了主人。他们有着勇敢、质朴和诚实的美德，重视教育，重视把年轻人培养为勇敢的战士。他们心胸开阔，善于向其他民族学习各种美好的事物。然而，时位之移人是不可抗拒的规律。随着波斯人变为亚洲许多民族的统治者，他们变得日渐骄奢起来。波斯最精锐的部队"万人不死军"的将士即使远征希腊时，也要带着侍妾奴仆，军粮也与一般军人分开享用。所以，远征希腊时，波斯军虽然保持着尚武、勇敢等优良传统，但其时的战斗精神和状态与推翻米底人压迫时相比，完全不可同日而语。养尊处优、力图百尺竿头更进一步的波斯人，与为自由和生存而战的斯巴达人、雅典人等希腊人相比，在精神风貌上迥然不同。波斯人在军事装备、军事制度、作战能力等方面是当时首屈一指的强者,但在斯巴达人、雅典人面前,还是有所欠缺的。

从共时性交往状况看,波斯和希腊各有特点。但从军事交往的需要看,希腊比波斯更有优势。

首先,从交往范围看,波斯表面上比希腊要广得多。在波斯的强大压力下,希腊诸城邦决心奋力抵抗。有些城邦在战争中虽然也有过动摇,也打过退堂鼓,但在斯巴达、雅典的有力领导和表率作用下,希腊诸城邦相当紧密地团结在一起。波斯控甲数百万,附属国和归附城邦数目可观,但并不是铁板一块。爱奥尼亚人、马其顿人等和希腊本土紧密相连,身在曹营心在汉,多次向希腊联军透露军事机密,甚至临阵倒戈。被胁迫而来的其他民族,也多是迫不得已,只要波斯人顶不住,他们绝对会不经交战就先行逃跑,只顾自己的死活,顾不上波斯的胜算。所以,波斯内部的团结程度远不如与之对抗的希腊诸城邦。马拉松一役,雅典军以一当十,首挫波斯军。温泉关一役,波斯人付出了很大代价之后,在奸细引路下,才夺取了温泉关。萨拉米斯海战则完全反映了这一状况的利弊。希腊水师少而精,波斯水师过于庞杂,语言不通,指挥混乱,号令不一,军心不齐,甚至可以说没有完全整合为一支能够作战的军队,内部协调水平之低可见一斑。观诸世界历史上以多负少的战例,大多类似于波斯的状况。波斯之败,理固宜然。

然而,战争胜败是纵横交织的时空网络上所有因素共同作用的结果。在战争中,统帅无疑也是关键因素。个人交往与群体交往密不可分,正如群众和英雄的关系一样。从希波战争来看,波斯方面的主要人物薛西斯刚愎自用,专制独裁,对希腊先是极端轻视,自认为凭其强大兵力，可以不战而屈全希腊之兵。各城邦只会望风而逃，而不敢与之对抗。《孙子兵法》曰："兵者，诡道也。故能而示之不能，用而示之不用，近而示之远，远而示之近。"薛西斯竟让希腊间谍把波斯的军备看了个一清二楚，然后又把人家送了回去，实在愚蠢至极。经过几场战役，遭到挫折之后，他对这场战争的态度发生了180度大转变，以为希腊不可战胜，率先打退堂鼓，只留下马铎尼斯和部分兵马在希腊支撑局面。而马铎尼斯也非明智之辈，也染有薛西斯轻敌的毛病，他不听从底比斯人和阿尔达班的建议，好大喜功，心浮气躁，举止失当，导致兵溃身死。而希腊方面，既有英勇抵抗、镇定自若的斯巴达统帅列奥尼达，也有足谋多智、运筹帷幄的雅典统帅泰米斯托克利。正是他们这些人团结一致，分化敌人，领导希腊人从失利走向胜利。《孙子兵法》曰："将者，智、信、仁、勇、严也。"兵家用智为首。主帅之智在于先见而不惑，能谋虑，通权变，非智而不可料敌应机，恰恰波斯主帅在这一方面较之希腊将领远远不及。

在希波战争中，除了交往中动态的人的因素外，也有静态的天时地利因素。波斯劳师远征，战线漫长，补给困难，异地作战，不占天时地利。波斯水师多次遭到暴风雨袭击，损失惨重，未及开战先折耗了一半船只。初次出师，海军完全毁于风暴。相反，希腊人在自己的国土上进退自如。敌人逼近阿提卡，实力不足以抵抗时，雅典城邦全民移到船上，让波斯人只得到一座空城。《孙子兵法》把战争胜负的因素归纳如下："主孰有道？将孰有能？天地孰得？法令孰行？兵众孰强？士卒孰练？赏罚孰明？吾以此知胜负矣。"从战争交往涉及的这些重要因素看，波斯军明显处于劣势，不过是一只貌似强大的彻头彻尾的纸老虎。希波战争的结局，也是顺理成章的事。

然而，希波战争毕竟是这一阶段的暂时交往。从较长时段来看，波斯帝国创造了灿烂的文明，内部交往一直在不断加强，纵然波斯帝国在希波战争中失败了，也不过是局部失利，对处于强盛时期的帝国来说，消极影响并不大。它还是一个很有潜力和后劲的大帝国。但是，战争威胁消除后，希腊诸城邦又故态复萌，相互之间争斗起来，争霸战争连绵不绝。这种内斗不仅消耗了自身的实力，还把一度赶走的波斯人又迎请来帮助它们。风水轮流转。这次波斯没怎么费力就由100年前的大输家变成了大赢家，成为希腊诸城邦命运的仲裁者。公元前387年，科林斯战争在波斯的施压和调解下结束，波斯就像对臣下发号施令一样对希腊诸邦传达了国王阿塔薛西斯的指示。希腊交战双方必须按下列条件实现和平："小亚细亚诸城邦和塞浦路斯岛归波斯国王所有，其他希腊城邦一律独立。任何一方不接受上述条件，波斯便对其发动战争……"再也团结不起来的希腊诸城邦别无选择地接受了"国王的和平"。希波这种战和关系，体现了文明交往的基本特征和规律：各民族、各帝国之间的相互关系，取决于每一个民族、每一个帝国的生产力、分工和内部交往的程度。文明交往中有发展速度的变动暂时性、先进与落后的互变性等。

尽管这一时期战争是希波之间的主要交往形式，但绝非全部。在军事交往的带动、促进和影响下，希波之间有着政治、经济、文化等方面的交往。这一时期，希波为了加强自身力量，瓦解分化对方，施展了各式各样的外交手段和谋略。双方也成为各自内部反叛者的保护者。斯巴达国王狄马拉图斯在薛西斯身旁充当顾问，雅典名将泰米斯托克利领导指挥了萨拉米斯海战，但后来也逃到波斯，被委以重任。雅典海军统帅科农曾率领波斯海军打败了斯巴达海军。而波斯方面也有叛逃希腊的事例。波斯和某些希腊城邦曾一度建立了臣属关系。

与军事交往相伴的是意义重大的文化交往。在希波战争中，波斯成为东方文化向希腊传播的主力：它不仅把自身的文化向西方传递，而且把巴比伦、埃及等地的文化向西方输送。除了军队之外，还有诸多科学家、外交家、商人等有意无意地扮演了文明交往的使者。波斯帝国的祆教对古希腊哲学有重大影响，赫拉克利特等古希腊哲学家或多或少地受到过祆教的影响。薛西斯率兵远征时，总是带着祆教祭司，举行各种宗教仪式。大祭司奥斯当斯亦随军出征，与希腊知识分子交往频繁。古罗马作家老普林尼在《自然史》中称其为古希腊哲学家德谟克利特的老师。他说奥斯当斯是最早的巫师作家，古希腊人不仅渴望得到这种新技术，而且欣喜若狂。此即文化交往中的典型事例。

希波战争期间，苜蓿输入希腊。苜蓿原产于波斯境内的米底，是一种很好的马饲料。古希腊人把桃子称为波斯苹果，以为桃子出自波斯。其实，古希腊人错了。桃子原产自中国，波斯只不过做了媒介，把它从中国经由波斯而输入地中海地区而已。由此可见，希波战争对双方文明交往起了很大的促进作用。可以说，波斯人是东方物质文明和精神文明向西方传播的推进者。

虽然在希波战争中失败了，波斯帝国不认为自己是战败者。雅典两次被攻占，埃雷特里亚人被卖为奴，波斯宣布它达到了远征目的。尽管古希腊人过分夸大他们的胜利，埃斯库罗斯等人认为波斯帝国很快就会土崩瓦解。但对于地大物博、人口众多的波斯帝国来说，这只不过是局部失利，不能动摇其根基。物极必反，势盛则衰。波斯帝国也逃不过这一规律的支配。

第四章
日暮途穷：波斯帝国的衰亡

一、祸起萧墙：帝国内部的混战

（一）祸乱宫廷：持续不断的宫廷斗争

创业难，守业更难。古今中外，大凡开国帝王，都励精图治，克勤克俭，经过千辛万苦才创下一番基业，为日后的国家强盛打下基础。生于忧患，死于安乐。后世继位的君主高枕无忧地享受着父祖的劳动果实，更有不肖子孙肆意放纵，为所欲为，最终身死国灭，这几乎是普遍规律。波斯帝国也逃脱不了这一规律的支配。

薛西斯就是波斯由盛转衰的君主。大流士子女众多，其中不乏治世之才。薛西斯并非大流士长子，因其生母是居鲁士的女儿才得以登上王位。他相貌英俊，体格健壮，但生性懒惰，优柔寡断，贪杯好色。他没有建功立业的愿望，也没有强国安邦的雄才大略。居鲁士、冈比西斯、大流士三代帝王开疆拓土，建制施政，薛西斯在帝国强盛之际登上王位，享受着父祖创立的基业，遵循着他们创建的制度。薛西斯远征希腊，主要是马铎尼斯极力鼓动，而他本人又缺乏自知之

第四章 日暮途穷：波斯帝国的衰亡

明的结果。一旦领教希腊人的英勇，他就被吓破了胆。萨拉米斯一战，未见战役胜负，薛西斯即先行逃回亚洲，全然没有先王们的英雄气概。

薛西斯荒淫乱伦引发了波斯宫廷第一场内争。从希腊败回亚洲的薛西斯居住在萨第斯。遭到重创后，他不思重整旗鼓，卷土重来，而是纵情声色起来。

薛西斯看上了弟弟马西斯忒斯的妻子，百般威胁利诱。但这妇人坚决不顺从他的意愿。碍于兄弟情面并顾及举国的影响，薛西斯也不便采取强硬的手段。万般无奈，薛西斯让儿子大流士娶马西斯忒斯的女儿为妻，认为这样做有可能迫其就范。大流士完婚后，薛西斯便回到首都苏萨去了。回宫之后，好色的薛西斯移情别恋，又看上了新婚的儿媳妇——马西斯忒斯的女儿阿塔翁帖。

薛西斯诱奸并占有了儿媳妇，其子大流士敢怒而不敢言。当然，这些都是偷偷进行的，他尤其害怕嫉妒心很强的王后阿美斯提发现这一秘密。但事情还是败露了。王后为薛西斯亲手绣织了一件华美的外袍。薛西斯很是喜欢，整天穿在身上。阿塔翁帖竟也十分喜欢这件外袍，就撒娇地向薛西斯索要。薛西斯害怕王后由此抓住把柄，表示除了这件东西，他可以给她一座城池、大量黄金，甚至让她统率一支军队。但阿塔翁帖执意要这件外袍。薛西斯对她宠爱有加，就把外袍送给了她。阿塔翁帖得到后，喜出望外，到处向别人炫耀。

没有不透风的墙。王后听到后，十分恼怒。她倒不怎么怨恨这不谙世事的女孩子，而是对她的母亲之管教不严大为不满，决心伺机予以惩处。不久，正逢薛西斯生辰之日，国王在宫廷大摆御宴进行庆贺。宴间，王后郑重向国王提出要求，把马西斯忒斯的妻子（阿塔翁帖的母亲）交给她。薛西斯方知秘密泄露，也清楚一旦王后控制了这妇人，会十分残暴地对待她。尽管他于心不忍，但按波斯法律，国王在举行御宴时，不能拒绝王后的任何请求。于是，薛西斯无可奈何地答应了。

王后把马西斯忒斯的妻子带到后宫，立刻动用酷刑。她割掉了这位妇人的乳房，还割掉了她的鼻子、耳朵、嘴唇和舌头，然后送其回家。马西斯忒斯看到妻子竟遭受这样惨不忍睹的暴行，忍无可忍。他立刻召集儿子们及下属商议，打算外逃到巴克特里亚，并在那里发动叛乱。马西斯忒斯是巴克特里亚的总督，当地人也十分爱戴他，他一旦逃到那里，即使不能推翻薛西斯，也可以割据一方。薛西斯探知了这一消息，派遣了一支军队，把马西斯忒斯及其全家、侍从和卫队全部杀死在半路上。对于薛西斯的作为，波斯人多为不齿，只是噤若寒蝉而已。自此之后，波斯帝国君臣离心，上下失和，乱象丛生，开始走下坡路。

公元前465年，无能而邪恶的薛西斯在统治波斯20年后，终于招来了自己的果报。他正在寝宫熟睡时，被宫廷卫队长官阿尔达班和亲信宦官阿米塔伊俄斯暗杀。薛西斯被埋葬在早就挖掘好的坟墓里。此坟墓在大流士墓东侧，是从悬崖上挖进去的崖石墓穴，尽管没有碑刻墓铭，但修得十分精致。

薛西斯的继承者照理应是长子大流士。但大流士有足够的理由痛恨他父亲，因为薛西斯诱奸了他的妻子阿塔翁帖。于是，谋乱弑君的阿尔达班毫不费力地嫁祸于大流士，劝说18岁的王子阿塔薛西斯以弑父的名义杀死了大流士。阿塔薛西斯即位为波斯王。此后7个月，阿尔达班成为波斯实际上的国王，他的名字甚至以国王的名义出现在一些编年史里。阿尔达班私欲恶性膨胀，不仅谋杀了薛西斯及其子大流士，还想干掉阿塔薛西斯，以便取而代之，正式登上王位。这次，他没有成功，薛西斯的女婿美伽巴佐斯粉碎了阿尔达班的谋叛企图，将其杀死。自此以后，美伽巴佐斯在阿塔薛西斯统治时期长期内扮演着重要角色。

一波未平一波又起。阿塔薛西斯继位，破坏了长子继承制的惯例，也引起了其他王子窥视王位的野心。公元前462年，薛西斯的另一个儿子——阿塔薛西斯的哥哥叙斯塔司佩斯在遥远的巴克特里亚发动叛乱，提出了王位要求，阿塔薛西斯亲率大军前去平叛。经过两次大战，阿塔薛西斯大获全胜，这场叛乱很快被平息下去。

（二）埃及起义：边疆人民的不满

宫廷内斗削弱了波斯自身的威望和力量，让心怀异志的人有了可乘之机。公元前460年，埃及爆发了起义。这场起义是埃及第26王朝末代法老普萨美提克三世的儿子雅赫摩斯发动的。大流士在位末年，埃及首次爆发起义。薛西斯派兵镇压了起义，任命阿契美尼斯为埃及总督，但他没有剥夺当地世袭王公的权力。雅赫摩斯控制着利比亚行省，加紧培植势力，伺机东山再起。听说叙斯塔司佩斯在巴克特里亚发动叛乱时，雅赫摩斯以为时机成熟，便高举义旗，发动起义。他驱逐了令人痛恨的波斯税官，招募了大批雇佣兵，并派人请求雅典人帮助。一时间，埃及各地民众群起响应，形成燎原之势。尤其是尼罗河三角洲地带，埃及人纷纷宣布拥护起义。但在尼罗河谷地，各军事要地驻扎着波斯军队，一时未能反叛。

根据事实判断，尽管雅赫摩斯的起义如火如荼地开展起来，毕竟力量单薄。如果没有外援，他们很容易被阿契美尼斯所镇压。好在雅典人及时赶来援助埃及人，使他们多支撑了几年。

此时，雅典正处在强盛时期。在希腊，雅典军多次打败波斯人，把他们赶回了亚洲。希波战争期间建立起来的提洛同盟，被雅典一手把持，其他盟邦成为属国。公元前468年，雅典及其麾下盟军在攸里梅敦河口再次击败波斯海军后，其海上霸权如日中天。在雅赫摩斯的请求下，雅典与埃及结盟并派出200只三桨座战船和40 000多名将士，开赴埃及，其战略目的在于从埃及得到充足的谷物，而不必冒着危险远航到黑海和南俄地带购买粮食。在波斯帝国虎视眈眈地敌视下，大量粮船出入赫勒斯滂，的确十分危险。

埃及、雅典联军与波斯军队在尼罗河三角洲地带的帕普雷米斯相遇。两军经过激烈交锋，波斯军大败。主帅阿契美尼斯阵亡，死不见尸。后来，波斯人仿制了一具尸体，送回波斯。与此同时，雅典海军与波斯的腓尼基海军相遇，雅典人再次取胜，腓尼基有50艘战船或被击沉，或被俘虏。大获全胜的雅典人自然得意非凡，乘胜攻下孟菲斯。但是，波斯驻军坚守军事堡垒，坚决抵抗。雅典人一直未能拔除这颗钉子。公元前456年，波斯再次组织大军出征埃及。这支军队有30万之众，配备300艘腓尼基战船，由颇具指挥才能的美伽巴佐斯统率。波斯军前进到孟菲斯，与仍坚守在堡垒内的原波斯驻军里应外合，与埃及、雅典联军展开激战。这次结果是埃及军队被击溃，雅赫摩斯受伤被俘。雅典军力战不支，退守到普洛彭提斯岛，又在那里坚持抵抗了一年半的时间。

与此同时，波斯军队费力地把尼罗河的一条支流挖通，使雅典人坚守的小岛周围的水退却。小岛成为孤零零的陆地。雅典人的战船成为旱船,一步也行不得。孤注一掷的雅典人焚烧了战船,出战波斯军。绝大部分雅典军士在波斯人的攻击中战死,6000名幸存者答应有条件投降。波斯军统帅美伽巴佐斯答应将他们带到苏萨,代他们向国王求情,以便饶恕并释放他们。埃及人和雅典人都知道波斯人拥有从不说谎的传统美德,想到美伽巴佐斯言必信、行必果,他们生还有望,就放弃了抵抗。

波斯新任命的总督阿萨姆带着大量腓尼基战船和陆军来到埃及。这时,雅典尚不知道埃及、雅典联军已经全军覆没,就派了50艘战船前来增援。这些战船刚进入尼罗河口,就被腓尼基海军轻松地收拾掉了。腓尼基人报了先前被雅典人击败的深仇。埃及那些侥幸活命的人,退到尼罗河三角洲沼泽地带的一座小岛上,拥戴雅赫摩斯宗族的一个后裔为国王,继续进行游击战。但他们成不了什么气候,波斯新总督就没有下定决心斩草除根,任其自生自灭了。

随着希腊人惨败,埃及起义以失败而告终。从军事角度看,这次战争表明,即使庞大的希腊军队也不可能彻底打垮波斯军队。波斯帝国疆域辽阔,后备力量充足,中央政府坚强有力,能够在短时间内组织一支庞大的军队派上战场。希腊在小亚细亚的殖民城邦也不得不再次臣服于波斯帝国,甚至独立的希腊城邦也有可能受到严重威胁。

(三)美伽巴佐斯叛乱:帝国衰亡的先兆

宦官专权和外戚干政是中外历史上诸多王朝曾存在的政治现象,是一个王朝走向衰亡的征兆。因为这预示着王朝的决策制度和机构受到不正常干扰和破坏,以及君主作为最高决策者丧失权位,是王权受到削弱的象征。从薛西斯开始,波斯帝国的宦官和外戚开始参与国事。其间，宦官阿米塔伊俄斯参与了谋杀薛西斯的阴谋。薛西斯的王后出于嫉妒，残酷地杀害了王弟马西斯忒斯的妻子，引发了后者竟欲谋叛的意图。阿塔薛西斯即位后，已成为王太后的阿美斯提更是频繁干涉国事，终于引发了美伽巴佐斯叛乱。

美伽巴佐斯出身开国功勋世家，祖父美伽巴佐斯是与大流士共同起事的七大贵族之一，其父佐皮鲁斯是大流士最为宠信的功臣，为攻陷巴比伦立下了汗马功劳。美伽巴佐斯本人是薛西斯的女婿，功勋卓著。当阿尔达班谋害了薛西斯，又想杀害阿塔薛西斯时，美伽巴佐斯挺身而出，英勇果断地杀死了谋叛者，深得新王阿塔薛西斯的信赖和重用。埃及爆发起义、总督阿契美尼斯战死时，美伽巴佐斯又受命统兵进入埃及，以其高超的指挥才能，非常利落地击败了雅典军。不仅如此，美伽巴佐斯恩威兼施，答应宽恕叛乱者雅赫摩斯和6000名雅典兵士，起誓要替他们向国王求情。波斯人重诺诚信的美德广为流传，战俘对此深信不疑，不再做置之死地而后生的挣扎，而是随他来到了苏萨。

王太后阿美斯提为替王叔阿契美尼斯报仇，强烈要求阿塔薛西斯处死雅赫摩斯和雅典战俘。但是，美伽巴佐斯向国王汇报了他们的投降过程，据理力争，要求宽恕这些人，软弱的阿塔薛西斯一时颇感为难，下令暂缓对这些战俘进行惩罚。此后5年，王太后一直纠缠不休地坚持严惩这些战俘。国王再也顶不住压力，把雅赫摩斯判处刺刑，50名希腊将军被砍了头。事情的结局对美伽巴佐斯是一记沉重打击。他的允诺和誓言落空，他的名誉在国内外受到了严重损害。王太后情绪化的短视行为激怒了美伽巴佐斯，再次引发了地方叛乱。公元前450年，美伽巴佐斯在他的总督辖区——两河流域发动了叛乱，其子佐皮鲁斯和阿尔泰庇欧斯协助其父,共同对抗波斯宫廷。

在国王的授权下,埃及人奥西里斯率领大军前去讨伐。两军作战之际,奥西里斯及对方主帅腿臂受伤,跌落马下。中央军败绩,奥西里斯被俘。美伽巴佐斯对奥西里斯未曾加害,而是以礼相待,两人竟成为好朋友。美伽巴佐斯后来把奥西里斯送回了苏萨。

国王再次派遣其王弟——巴比伦总督美诺斯塔涅斯率兵前去镇压。这次讨伐者的运气并不比前者好。在战斗中,美诺斯塔涅斯头部和肩部中箭,和他的军队大败而回。经过两次辉煌的胜利之后,美伽巴佐斯的荣誉心得到了补偿和满足。美伽巴佐斯本是一时气愤才反叛中央的,并没有篡位夺权的野心,现在是见好就收的时候了。在苏萨王宫内部,美伽巴佐斯的故交派使者前来劝降。因为无论美伽巴佐斯胜负,都是让亲者痛、仇者快的事情。美伽巴佐斯宣称,他向来忠诚于国王,可以罢兵,前提条件是他仍留在自己的总督辖区内。在多方斡旋下,国王终于原谅了美伽巴佐斯的叛乱行为,并宣布不予追究。美伽巴佐斯被召到宫廷侍奉国王,但他的厄运并没有结束。在一次狩猎中,美伽巴佐斯在凶猛的狮子口下救了国王一命,国王不但不感激,反而责其在国王面前无视死亡之痛苦而杀死了一个动物,对其怀恨在心,下令将其斩首。由于美伽巴佐斯是驸马爷,后宫再次求情,他被改判流放到波斯湾边荒无人烟的库尔塔,支持美伽巴佐斯的阿尔托克美斯被放逐到亚美尼亚。于是,美伽巴佐斯的儿子佐皮鲁斯再次效法其父,公开发动叛乱,反对国王。公元前441年,佐皮鲁斯到了雅典,在那里得到友好热情的接待。因为美伽巴佐斯救护在埃及被俘的雅典人有功,雅典人答应为他提供帮助。于是,佐皮鲁斯公开向波斯国王挑战,率领麾下军队和雅典援军进攻小亚细亚的考诺斯。

当地居民表示愿意臣服佐皮鲁斯，但拒不接受雅典人入内。佐皮鲁斯不答应考诺斯的条件，率部攻城。他爬上城墙时，被一块石头击中头部，顿时丧命，其军队立时溃散，雅典人也撤回本国。这次叛乱至此失败。

美伽巴佐斯在流放地受了5年煎熬。由于患上麻风病，他同妻子回到苏萨。国王终于原谅了他，再也没有人认为他有什么威胁。76岁那年，他寿终正寝。

美伽巴佐斯叛乱是波斯帝国衰亡的先兆。首先，帝国内部原来正常有序的权力体系被打破。随着宦官和外戚势力的崛起和参与，政治权力的分配和平衡发生很大变动。帝国内部的斗争不仅表现在王位争夺上，还开始出现了地方权贵拥兵自重、对抗中央的先例。波斯贵族内部的斗争也给那些被征服地区的分裂势力创造了机会。中央政权内部、中央和地方的交往不是按既定的制度往来，而是出现了最激烈的战争形式。这种战争交往破坏了旧的交往秩序，但未必能建立新的稳定的交往秩序，这使帝国失去了凝聚力，中央政权也逐渐丧失对地方的控制力。

其次，波斯帝国内部的政治交往和外部交往紧密联系在一起，帝国的兴衰与对外交往的关系密切。美伽巴佐斯的反叛起因是他极力保护雅典战俘。其子更是逃到希腊，借助雅典军的力量公开向波斯国王宣战。自此以后，波斯帝国的兴衰过程中许多重大事件往往与外来势力相关联。其内部交往始终受着对外交往的重大影响。

最后，自美伽巴佐斯叛乱开始起，波斯民族许多优良的传统开始受到巨大冲击，这削弱了帝国精神层面的号召力和向心力。波斯人把说老实话视为美德，认为说谎是世界上最不光彩的事情。波斯王阿塔薛西斯和王太后阿美斯提不顾美伽巴佐斯招降时对希腊人、埃及人做出的庄严承诺，公然向这一传统挑战，激起了美伽巴佐斯叛乱。波斯人拥有极强的集体观念，正是依靠这一观念，居鲁士、大流士东征西讨，才无往而不胜。薛西斯死后，诸王子为争夺王位或发动宫廷政变，或发动地方叛乱。内斗不休反映了集体观念的逐步丧失和其内部的逐渐分裂倾向。在这一过程中，国王与臣民之间的主仆关系受到严重的冲击和挑战。自此，国王威权渐失，号召力也逐渐丧失。

二、支离破碎：帝国的逐步解体

（一）政权不稳：接二连三的叛乱

波斯帝国是依靠军事征服建立起来的大帝国，尽管它的建立适应了奴隶制经济发展的需要，促进了帝国境内各地区、各民族之间多方面的交往和发展，但征服者与被征服者之间的矛盾并未彻底消除。明主在位，中央政权强大，各地就相安无事。一旦帝国中央政权发生内讧和分裂，各地的分裂独立势力便乘机揭竿而起，掀起了此起彼伏的起义或叛乱。由此，波斯帝国一步步走向瓦解。

阿塔薛西斯没有什么雄心壮志，一旦内部叛乱镇压下去，就高枕无忧地享受了，完全没有心思开疆拓土。他生性软弱，在位施政深受其母后阿美斯提的影响。公元前425年，王太后高龄逝世不久，他和王后达玛斯皮亚在同一天去世。他的一个儿子即位，史称薛西斯二世。但是，统治了仅仅45天，在节日饮宴后的沉睡中，薛西斯二世就被其兄弟塞基狄亚努斯杀死。塞基狄亚努斯是阿塔薛西斯的一个巴比伦妃子所生，他的行动得到了其父的亲信宦官法尔那克亚斯的协助。阿塔薛西斯的亲信重臣巴格拉佐斯把阿塔薛西斯夫妇、薛西斯二世一同拉到帕尔斯王室墓地埋葬了。塞基狄亚努斯就此篡位称王。

阿塔薛西斯的另一个儿子欧克胡斯也由一个巴比伦妃子所生。欧克胡斯和自己同父异母的妹妹帕萨提斯成婚，并被任命为叙尔卡尼亚的总督。塞基狄亚努斯对这位颇有实力的兄弟心有余悸，多次命令他到首都苏萨来。欧克胡斯口头答应，暗地里却尽量拖延，以便召集起一支军队，自称为王。不久，欧克胡斯赢得了埃及总督阿萨姆、骑兵司令阿尔巴督斯和宦官头目阿尔托撒列斯的支持。公元前423年2月13日，欧克胡斯在巴比伦即位称王，号为大流士二世。随后，率兵开向首都苏萨。

到苏萨后，大流士二世就发现这里的军队并不拥护塞基狄亚努斯。他谋杀薛西斯二世、残害前朝重臣巴格拉佐斯，引起了将士的愤怒和不满。欧克胡斯接受王后帕萨提斯的建议，诱使塞基狄亚努斯接受了将帝国分而治之的建议，然后又出其不意地逮捕了塞基狄亚努斯，对其谋逆行为进行了严惩。让其吃喝一顿后，把他放在一根横梁上，下面放着满是燃烧过的灰烬的垃圾箱。塞基狄亚努斯滚进灰烬被烫而死。

大流士二世即位不久，他的亲兄弟阿西德在美伽巴佐斯的儿子阿尔泰庇欧斯的支持下，发动叛乱并提出王位要求。在招募来的希腊雇佣兵的帮助下，阿西德取得了两次战争的胜利。但是，希腊雇佣军被大流士二世收买，脱离阿西德，不再为他卖命。从此以后，金钱成为波斯国王手中最有力的武器。愚蠢的反叛者在得到宽大处理的许诺下，竟放下武器投降了。然而，誓约在波斯再也没有约束力。反叛者阿西德和塞基狄亚努斯一样，被扔进了火堆里。公元前412年，叛乱者吕底亚总督皮苏提涅斯也遭到了同样的结果和命运。

歼灭这些反对者后，大流士二世的王位才算安稳下来。大流士二世在位20年间，宦官势力大增，但对其影响最大的，还是他的妹妹兼妻子帕萨提斯。大流士二世在位期间，宫廷政变和地方叛乱接连不断，帝国开始进入了解体阶段。特里图奇麦斯本是大流士二世的女婿、公主阿美斯提的丈夫，继其父担任叙尔卡尼亚总督。但是，他爱上了同父异母的妹妹罗克珊娜，因为她美丽而有男子汉的特殊气质。为了摆脱妻子，特里图奇麦斯竟阴谋策划了一次宫廷政变。首谋者把公主捆起来，装到一个袋子里，并想用利剑猛刺她。也许他们意识到政变难以成功，此次有去无回。千钧一发之际，大流士二世给全副武装的总督侍从（国王耳目）来了封信，指示他击杀特里图奇麦斯。阴谋破产，公主得救，特里图奇麦斯美梦未成，命丧黄泉。这次给了王后帕萨提斯充分展示其残忍的机会。红颜祸水的罗克珊娜被大卸十八块。所有与谋叛有关联的，包括他的母亲和兄弟姊妹，全部被活埋。例外的是他的一个哥哥和姐姐。他哥哥提萨非尔涅斯率军驻在萨第斯，对付叛乱者和希腊人，功绩显著，被特赦。其姐作为王子妃，被极力保护了下来。

其间，先是米底爆发叛乱，被很快镇压了下去；接着，拥立大流士二世即位有功的宦官阿尔托撒列斯又心怀不轨，企图自己登位称王。阿尔托撒列斯是个太监，他也娶了妻子。他的妻子把他的阴谋泄露了出去，王后命令将其扣押。这位谋叛者尚未行动，就以失败告终。

公元前416年至公元前411年，一个名叫叙达尔涅斯的人被提升为埃及所属达马丁地区的军区司令。埃及总督一回苏萨，他就抓住机会发动叛乱，并得到祭司的支持，以反对埃及的犹太雇佣军。塞浦路斯当地王公埃瓦戈拉斯逃到雅典，送去了大量谷物，并得到雅典回馈的公民权。他一直伺机返回塞浦路斯发动叛乱。

（二）分化制衡：与希腊的连横外交

大流士二世被政变和叛乱搞得焦头烂额，疲于应付，幸得上天赐予他希腊人内斗不止的机会，他才免遭希腊人侵扰。此时，他又有两位非常得力的封疆大吏——提萨非尔涅斯和法那巴佐斯镇守小亚细亚，充分运用高超的外交手腕和希腊人的内部矛盾，帝国得以苟延残喘。

早在公元前459年至公元前445年，雅典、科林斯、埃吉纳、斯巴达为争夺希腊霸权而发生战争。希腊和波斯的战争尚未结束，双方暂时达成妥协，缔结了30年和约，但矛盾并未解决。希波战争结束后，雅典不但不解散提洛同盟，反而加紧控制入盟各邦，使之成为争夺海上霸权的工具。这不仅引起了内部诸城邦的反抗，更遭到伯罗奔尼撒盟主斯巴达的反对。两者都想称霸全希腊，矛盾越来越激化。公元前431年，双方终于爆发了伯罗奔尼撒战争，席卷了希腊诸城邦，延续了27年。对于这场战争，波斯坐山观虎斗，乐观其成。

战争期间，雅典因内部分歧而屡遭败绩。公元前415年，雅典军冒险远征西西里，结果全军覆没。公元前412年，斯巴达为彻底消灭雅典海军，竟遣使与宿敌波斯结盟，以承认波斯对小亚细亚希腊诸城邦的统治为交换条件，取得波斯大量金钱，以便重建海军。处境恶化使盟邦纷纷脱离同盟，雅典势力更弱。公元前404年，斯巴达将领吕山德在波斯的金钱资助下,率军逼近雅典,迫使雅典人接受苛刻的条件,举城投降。至此,伯罗奔尼撒战争以雅典的失败而告终,此间正是波斯大流士二世统治时期。在维护帝国利益,与希腊交往的过程中,波斯将军提萨非尔涅斯和王子小居鲁士表现出了卓越的政治才能和高超的外交水平。

公元前413年,萨第斯总督皮苏特涅斯发动叛乱,提萨非尔涅斯初出茅庐,被派带兵前去镇压。提萨非尔涅斯出身名门,其父叙达尔涅斯曾任总督。其姐嫁给了王储。其弟娶公主为妻,后来因为爱上自己的妹妹,欲图谋反叛而被杀。提萨非尔涅斯才能非凡,颇通权谋。他收买了叛乱者的希腊雇佣军,迫使叛乱者乖乖投降,然后把俘虏送回苏萨,交由国王处分。由于平叛有功,提萨非尔涅斯被任命为萨第斯的新总督。叛乱期间,皮苏特涅斯引狼入室,得到雅典人的帮助,并鼓动小亚细亚的希腊城邦发动叛乱。此时,雅典远征西西里失败,无力东顾。在此形势下,提萨非尔涅斯充分利用外交手段,通过金钱收买和武力威胁,分化瓦解了对抗势力。在他的主持下,波斯和斯巴达和解,签订和约,共同对付雅典。原来同仇敌忾、一致对抗波斯的希腊城邦,现在依次与波斯签订和约,反而攻打起同族同种的城邦来。提萨非尔涅斯没有经过太大的军事努力和规模庞大的征服活动,就在小亚细亚决定性地打击了有威胁的敌人,保持了各方之间的力量平衡,扩展了帝国自希波战争失败以后在小亚细亚沿岸地区的影响和利益。在他纵横捭阖之时,王子小居鲁士奉命来到小亚细亚。两人在战略思想上存在分歧,导致二人失和。小居鲁士年轻气盛,野心勃勃,在小亚细亚大肆扩张势力,并把目光瞄准了波斯王位。

三、《长征记》：小居鲁士夺位之争

（一）小居鲁士：锋芒毕露的二王子

大流士二世与王后帕萨提斯生有4个儿子。其中，长子阿尔撒克斯是大流士二世尚未即位时在巴比伦藩地所生，次子小居鲁士是他即位后所生。最初，长子阿尔撒克斯被理所当然地认作王位继承人。但是，当他的妃子之弟发动叛乱，阿尔撒克斯极力为其爱妻向母后帕萨提斯求情。王后饶恕了他的妃子，但从此不再喜欢他，而是转宠他的弟弟小居鲁士。

持续近30年的伯罗奔尼撒战争行将结束之际，斯巴达与提萨非尔涅斯结成同盟。提萨非尔涅斯企图借助斯巴达人的力量恢复对小亚细亚海岸原属波斯而希波战争后归属雅典的希腊城邦的统治；而斯巴达人则得到波斯人的援助以维持其舰队，对抗雅典。但提萨非尔涅斯注重分化瓦解敌人，注重希腊内部的力量平衡。曾有雅典人亚西比德进言说，希腊敌对双方如果都不得胜，疲于久战，并趋衰竭才对波斯有利。提萨非尔涅斯在达到了他的目的后，失去了继续援助斯巴达人的热情，逐步削减，最后完全取消了原定对斯巴达人的金钱资助。斯巴达人对此愤愤不平，向在位的大流士二世提出抗议。大流士二世派次子小居鲁士出任吕底亚、大弗里吉亚和卡帕多奇亚总督兼小亚细亚军事统帅。于是，小居鲁士便实际上顶替了提萨非尔涅斯，解除了他的兵权，只为他留下一小块儿总督辖区。时为公元前407年，小居鲁士年仅 17 岁。

小居鲁士秉承大流士二世的旨意，一反提萨非尔涅斯分而治之、多方牵制的做法，全心全力地支持斯巴达人。斯巴达新统帅吕山德来到萨第斯，向小居鲁士控告了提萨非尔涅斯大耍两面派，违约失信的做法。小居鲁士热忱直爽，慷慨大方，向他提供 500 塔兰特的援助。这些资金用完了，小居鲁士不惜动用私有财产，乃至要卖掉自己的金银宝座。这样，斯巴达海军每艘船每月能得到 30 明那的补助，一个水手每天能得到 4 欧博洛斯（约 0.7 克）白银军饷，而且每月递增。听说斯巴达战船的水手提高了薪水，雅典雇佣来的水手纷纷到斯巴达船上服役，弄得雅典海军将领狼狈不堪。当提萨非尔涅斯对此提出异议，要求恢复以前分而治之的政策，而不必这样大把花钱时，受到小居鲁士的训斥，心里很不痛快。斯巴达在战争后期累计得到 5000 塔兰特的白银援助，这在它对雅典战争中起了关键作用。斯巴达对小居鲁士感激不尽，倾向支持小居鲁士本人，而不是忠诚于波斯帝国。岂知这正是小居鲁士的如意算盘，他需要强有力的外援支持，以实现他自己的理想。

小居鲁士锋芒太露，招致了不少麻烦。小居鲁士处死了随军的两个外甥，原因只是他们在小居鲁士面前没有按皇家规矩把手藏在衣袖里。这种小题大做、专权擅杀的行为引起了随军国王秘书赫拉美涅斯的不满，他暗地里向大流士二世报告，说这是谋叛之兆。此时，大流士二世病入膏肓，召小居鲁士回首都侍奉。公元前 405 年，小居鲁士奉命离开小亚细亚，来到垂危的父王跟前。公元前 404 年 3 月，大流士二世病逝，长子阿尔撒克斯即位，史称阿塔薛西斯二世。

（二）兄弟反目：小居鲁士的异常举动

阿塔薛西斯二世上台后的第一个举动是处死波利克拉特斯，他是王后弟弟特里图奇麦斯的随从。特里图奇麦斯谋反、残害公主，波利克拉特斯刺杀了他的主人。波利克拉特斯的这一行动受到王后怨恨，却受到王太后帕萨提斯赞赏。新王的这一举措使王后大为不满，便想让她宠爱的儿子小居鲁士取而代之。

机会终于来了。根据波斯传统，新王登基要在帕萨加迪古都的神庙里举行加冕仪式。神庙的祭司要为他穿上开国先王居鲁士的礼服，让他吃无花果饼，咀嚼一种松类植物，喝一杯酸奶。仪式正要开始之际，提萨非尔涅斯带来一位祆教祭司，他是小居鲁士亲近的一位导师。祭司告发说，小居鲁士想趁阿塔薛西斯二世换袍之际，刺杀国王。埋伏在神庙角落里的小居鲁士被搜了出来，并受到了谋逆的指控。愤怒的阿塔薛西斯二世打算下令处死这位企图暗杀自己的亲兄弟。在后台谋划此事的王太后极不自然地站出来，利用母亲的权威为小居鲁士求情。于是，小居鲁士不仅得到宽恕，而且被允许返回他的辖区小亚细亚。

小居鲁士受辱而回，怀恨在心，开始做反叛夺位的准备工作。原来，小居鲁士早就指望父王大流士二世指定他为继承人。首先，他是王太后的宠儿。更重要的是，他是"皇荫贵生"，已经成为国王的兄长阿塔薛西斯二世则不是。80年前，薛西斯以同样的理由被选定为波斯王，而排除了他的一位兄长。小居鲁士年纪虽轻，但也颇有城府，懂得礼贤下士，收买人心。每当朝廷有人来访，小居鲁士总是屈尊下就，热情款待，结果那些人对他比对国王还要忠诚。他非常注意蓄养当地波斯人，充当他的精干战士，让他们对他始终有好感，甘愿为其赴汤蹈火，在所不辞。

小居鲁士是个有心人。他在小亚细亚参与战事，对希腊士兵的素质和战略战术多有了解，认为他们在许多方面优于波斯，极为秘密地征募起来一支希腊军队。首先，他下令辖下各城将官精选希腊士兵，以防备提萨非尔涅斯的进攻。事实上，这些城邦在小居鲁士的鼓励下，除米利都外，几乎全叛归于小居鲁士。同时，小居鲁士又派人去见国王，以王弟的身份要求把小亚细亚诸城邦转归他管辖，而不由提萨非尔涅斯继续治理。一方面，小居鲁士把收来的贡品大量献给国王，以换取国王的欢心；另一方面，他又动员王太后为其在国王身边吹风。阿塔薛西斯二世没有觉察到小居鲁士的谋叛企图，对他的要求言听计从，一概满足。

克利尔库斯是一名斯巴达流亡者，他投靠小居鲁士，为其效力。小居鲁士对他特别赏识，给了他 10 000 大流克金币。克利尔库斯以这笔钱为经费，征集了一支军队，以切索尼斯为基地攻打赫勒斯滂地区的色雷斯人。因为这些色雷斯人总是侵扰希腊人的过往船只，结果附近的希腊城邦纷纷自愿向克利尔库斯提供经费，支持这支军队。这样，克利尔库斯为小居鲁士秘密地供养着这支军队。

阿里斯提鲁斯本是色萨利人。他在国内面临政敌的严重压力时，慕名找到小居鲁士请求帮助，向他求借 2000 名雇佣兵三个月军饷，以便他能压倒对方。慷慨大方的小居鲁士当即给了他 4000 人 6 个月饷银，并要求他在未同小居鲁士商议之前，不要与对方言和。这样，阿里斯提鲁斯也为他供养着一支秘密军队。

小居鲁士又指使朋友维奥蒂亚人普罗克西努斯去征集重兵，扬言要征讨庇西狄亚人。他还让希腊将领索非涅图斯和苏格拉底尽可能招募更多希腊兵士前来助战。他声称要借助米利都流亡者攻打不听调度的提萨非尔涅斯。

公元前401年，小居鲁士觉得时机成熟，条件具备，便借口要把庇西狄亚人全部赶出辖境，下令属下到萨第斯集结。养兵千日，用兵一时。早就要报效小居鲁士的波斯、希腊军队欣然从命。等到队伍全部到齐，前来报到的希腊士兵有泽尼亚斯带领的小亚细亚诸城邦4000名重甲步兵，普罗克西努斯带来1500名重甲步兵和500名轻甲兵，索非涅图斯带来1000名重甲步兵，苏格拉底的约500名重甲步兵，帕西昂带来的300名重甲兵和300名轻盾兵。

被小居鲁士欺压得直不起腰的提萨非尔涅斯见小居鲁士如此厉兵秣马，觉察其绝不是针对庇西狄亚人的。因为对付庇西狄亚人根本用不着这样大动干戈。于是，提萨非尔涅斯率骑兵日夜兼程，奔赴苏萨，向国王禀报小居鲁士的异常举动。阿塔薛西斯二世根据提萨非尔涅斯的汇报，着手谋划对策，应付谋叛的小居鲁士。

（三）化险为夷：西里西亚的双簧

小居鲁士率领各路人马从萨第斯出发，向东挺进。在人口稠密、经济繁荣的库纳克萨，小居鲁士停留了7天。色萨利的麦农率领600名重甲步兵和500名轻盾步兵，赶上来加入大军。小居鲁士又进军到赛莱尼。这也是弗里吉亚地区繁荣的大城市。他在此停留了30天。其斯巴达朋友克利尔库斯带领1000名重甲步兵、800名色雷斯轻盾步兵和200名克利特骑兵又加入了大部队。同时赶来的还有索西斯率领的300名重甲步兵、阿卡狄人阿基亚斯的1000名重甲兵。在这里，小居鲁士对自己的军队进行了检阅，计有希腊雇佣军11 000名重甲兵和近2000名轻装兵。

小居鲁士率军到达克司特汝佩迪安城时，逗留了5天。他已经3个多月没发军饷，士兵屡次找他讨要。这些希腊雇佣兵为赚钱而来，认钱不认人。小居鲁士总是表示有希望，让士兵耐心等待，实际上他也一筹莫展。就在这时，波斯附属的西里西亚王后来访，雪中送炭，送给小居鲁士大量金钱作为礼物。小居鲁士马上发给部队4个月的饷银。

小居鲁士进军到蒂里亚枯城，又在那里停留了3天。应西里西亚王后之请，小居鲁士在该城外的平原上对自己的部队进行了一次正式检阅。小居鲁士首先检阅了手下的波斯军队。他们骑兵成队、步兵成连地行进并接受检阅。希腊军队按命令临战整队列阵，各将官自整队伍，排成四列纵队。希腊士兵个个头戴青铜护盔，身穿紫袍、护胫，手执脱套盾牌。将官号令一下，他们便高举兵器，按阵形一体行进。他们越走越快，最后竟大喊着跑了起来，直奔营帐。波斯军为之震惊，西里西亚王后竟乘车逃奔起来，引得希腊军队一阵哄笑。见希腊军队并未有什么异常举动，西里西亚王后才惊魂未定地停下来，向小居鲁士大肆赞扬希腊雇佣军的威武雄壮。小居鲁士见希腊雇佣军使手下的波斯军这样震惊也很高兴，似乎看到了战胜其兄、夺取王位的希望。波斯帝国武备不修，由来已久。自薛西斯远征希腊以来，挫于马拉松，再挫于萨拉米斯湾，波斯帝国战无不胜的神话破灭了。开国君主居鲁士大帝马上打天下，崇拜战神。后世君主个个生于深宫，不爱武装爱红装。上之所好，下必从焉。举国上下失去了开国时东征西讨的士气和实力。波斯帝国君臣金钱收买与外交手段，维持着附属的服从和帝国的统治。小居鲁士正是看到这一点，不惜借助希腊雇佣兵，争夺王位。

小居鲁士率军离开了弗里吉亚，出了自己的总督辖区，就允许希腊雇佣军随便抢掠。这是西里西亚地盘。他命麦农带一些队伍把西里西亚王后送到王城，并处决了阴谋反对他的两个波斯贵族。

听到小居鲁士率军到来，并纵兵抢掠，西里西亚王叙涅西斯便率都城塔尔苏斯的军队和居民逃到山上一座碉堡里躲了起来。小居鲁士入城后多次召请西里西亚王叙涅西斯来见。叙涅西斯声称他从未在强者面前低过头，除非王后能说服他并得到保证。在王后的劝说下，叙涅西斯终于决定投奔小居鲁士，就从山上下来。两人相见时，叙涅西斯又奉上一大笔钱。小居鲁士以波斯王的派头送给他一些在朝廷代表荣誉的礼物：配有镶金笼套的骏马、金项链、金匕首、手镯和波斯袍。小居鲁士还答应他不再在他的辖土内抢劫，遇到逃走的奴隶一定抓回来送还给他。

名不正，则言不顺。言不顺，则事不成。小居鲁士此番进兵，并未打出反对国王的旗号，而是言称攻击庇西狄亚人。现在已经越出了他的总督辖区，也未见庇西狄亚人的影子。士兵开始怀疑他们要去反对国王，拒绝继续前进。这可愁坏了希腊雇佣军的将官。

克利尔库斯首先试图强迫士兵前进。每当要前进时，他和他的驮畜便遭到士兵投来的石块的阻挠，克利尔库斯险些被石块打死。克利尔库斯认识到强制终无用处，便召集士兵开会。会上，他站起来大哭了一通，士兵莫名其妙。他道出了自己所处的两难境地："弟兄们，此时我难过万分。小居鲁士结交了我，对我这个流亡在外的人不仅十分尊重，而且赐以万金。我没有据为己有或任意挥霍，而是花在你们身上。为了帮助希腊，我率领你们进攻色雷斯人，把他们赶出了切索尼斯。后来，小居鲁士召请，我们才一同前来，以便需要时能助他一臂之力，报答他的受惠之恩。今天，你们拒绝前进，我面临艰难的选择：要么离开你们服从小居鲁士的命令，要么背弃他和你们在一起。但无论如何，我要与你们在一起，同甘苦共患难。这样就不会有人说，我克利尔库斯把希腊人领进异邦之后，又出卖并抛弃了他们。既然你们不愿服从我，我将跟随你们。因为你们对我来说，就是祖国、亲朋和盟友。离开你们，我将成为无源之水、无本之木，必将一事无成。"士兵听他这么说，以为他们不再向王都进发，对他大加赞颂。泽尼亚斯和帕西昂手下的2000多名战士竟带着武器和军需来投奔克利尔库斯。

小居鲁士见此情景，深为忧虑，多次派人去请克利尔库斯到他那里议事。表面上，克利尔库斯拒不接受邀请；背地里，他捎信给小居鲁士，请他放心，他会摆平此事，但仍需小居鲁士不断地派人来请他。

小居鲁士和克利尔库斯如此三番地上演了一出双簧戏。克利尔库斯又把士兵召集起来，开会商讨何去何从的问题。他入情入理地说道："弟兄们，我们必须做出选择了。拒绝跟他走，我们就不再是他的兵了，但同时他也不再是我们的薪饷主了。可是，我知道他认为自己被我们误解了，所以他三番五次派人来请我。我回避不去，是因为我感到对不起他，羞愧难当。我也怕我因不义被他抓住而受到惩罚。我们应该考虑好去留的问题。留在这里，怎样才能最安全。因为，若与他为敌，小居鲁士可是极危险的敌人。他力量强大，兵精粮足，距我们不远,这一点大家都清楚。如果离去,我们就要考虑怎样安全地离去,以及将来如何获得给养。没有给养,兵和将都毫无用处。请大家仔细考虑,提供一个万全之策。"说毕,克利尔库斯静候大家的反应。

士兵纷纷站起来发言,有些是主动发表意见,有些是克利尔库斯的亲信,受其指使而发言。其中,有个人假装急切要返回希腊,提议克利尔库斯马上率他们回国,如果他不愿意,他们就另选统帅。希腊兵士可以在波斯军中的市场上购买给养,并向小居鲁士要船和向导。如果小居鲁士不答应,就占领制高点,以免小居鲁士先发制人,把他们消灭。这个士兵刚说完,克利尔库斯就借坡下驴,假惺惺地表示坚决推辞再任军队统帅。话音刚落,这个士兵的意见就遭到逐条批驳,被指出这些都是不切实际的幻想。另一个士兵则提议,应选派合适的人员随同克利尔库斯去见小居鲁士,问他到底想做什么。如果和以前一样,他们就应该跟从他。如果比过去艰难危险,他们就要求他加银加饷,带领他们继续前进,或者允许他们安全返家。这一建议被士兵一致通过。其实,这不过是克利尔库斯安排的一出戏,是他本人的真实想法。

克利尔库斯和士兵代表一同去见小居鲁士,并向他陈明他们的疑虑。小居鲁士告诉他们,他的敌人阿布罗考玛斯这时在幼发拉底河一带,他出兵是想对付他。如果他们在那里,就对他施以适当的惩罚;如果他逃走了,届时再另做打算。代表回去后据此向士兵做了汇报。尽管士兵仍然怀疑小居鲁士是领兵去反对国王的,但仍认为最好还是跟着去,只不过要求增加薪饷。小居鲁士答应每人每月由原来的 1 个大流克增加到 1.5 个。于是,希腊雇佣军又随着小居鲁士继续前进了。

进军到伊苏斯,这是西里西亚的最后一城,濒临大海,繁荣富足。小居鲁士在那里停留了3天。由拉希戴蒙人毕达哥拉斯统率的35艘战船在一个埃及人领航下经以弗所来到这里,加入了大军行列。小居鲁士的属下——原来同攻米利都的塔摩斯带着25艘战船也赶来会合。另一个拉希戴蒙人也率领700名重甲步兵同来参战。曾为阿布罗考玛斯服役的重甲步兵也来这里会合,投身小居鲁士帐下听令。腓尼基总督阿布罗考玛斯听说小居鲁士带兵前来,就领着属下30万大军投奔国王去了。

小居鲁士率军到了幼发拉底河畔的塔波萨库斯城,召集希腊将官,告诉他们此番进军是去巴比伦讨伐国王。他命令将官们向士兵们说明,并想法说服他们继续前进。将官们回营之后,召开大会向士兵们做了通报。士兵们听罢极为气愤。他们对此行早有怀疑,直到今天才被告之真相,大喊上当。但是,行军至此,再走回头路几乎是不可能的。箭在弦上,不得不发。士兵们于是提出要求,除非他们得到特别的赠礼,否则拒绝前进。小居鲁士答应到达巴比伦时每人发银5明那,并一直发全饷到他把希腊军队重新带回爱奥尼亚。按原来的惯例,雇佣军在战役结束后回家路上所用的时间不计军饷,大部分希腊士兵对此表示同意。

其他希腊军尚未做出决定之前,麦农把自己的部队调到别处,对士兵们说:"弟兄们,目前小居鲁士正请求希腊人随他去讨伐国王。在其他希腊人采取行动之前,你们应当渡过幼发拉底河。如果其他希腊人决定随往,你们率先过河,这一功劳将记在你们身上。这样,小居鲁士会认为你们热衷于他的事业,并会感激和报答你们。如果其他希腊人决定不随往,那我们可以再毫无损伤地回来。但你们是唯一听命的人，小居鲁士会雇佣你们担任守备，满足你们的愿望。"士兵们一听有理，便抢先渡河了。小居鲁士闻讯，极为高兴，当即通令表彰，并给麦农额外送去了一份厚礼。这样，希腊雇佣军随同小居鲁士全部渡过了幼发拉底河。

经过巴比伦，在一个平原上，小居鲁士再一次检阅了全军。他命令克利尔库斯担任右翼指挥官，麦农担任左翼指挥官，而他本人统领波斯军队居中路。这时，叛逃国王的人来到小居鲁士处，给他带来了国王军队的某些情况。小居鲁士召集希腊将官开会商议作战计划，并进行战前总动员。他说道："希腊的勇士们，我把你们带到这里来作战，不是因为我没有足够的波斯军队，而是因为我相信你们比很多波斯人更勇敢、更坚强。现在，我想让你们知道将要参加一场什么样的争战。我们的敌方人多势众，大吼而来。可是，如果你们坚持下去，绝不动摇，你们就会发现我们国家的人是何等可怜。我这样说很难为情，但这毕竟是事实。诸位，我父王的疆土辽阔无比，现在都由我哥哥的友辈分省区治理。如果我们获胜，我将安排我们的人去督管这些地区。因此，成功之后，我不是没有足够的东西分给大家，而是怕没有足够多的朋友分享。至于你们这些希腊士兵，每人将额外得到一顶金花冠。"希腊雇佣军将士们听到小居鲁士这番慷慨许诺，甚为满足，纷纷摩拳擦掌，打算放手拼杀一回。几乎所有下属都促请小居鲁士驻扎在后方，不要亲自参加战斗。

此时，部队整装待发之际，希腊雇佣军共计有10 400名重甲步兵，2500名轻盾兵，波斯军队10万，还有20辆滚刀战车。国王方面，据报有兵40万和200辆滚刀战车。国王阿塔薛西斯二世本人统率6000名骑兵列阵于中军，国王手下的大将主要有提萨非尔涅斯、戈布里亚斯和阿巴赛斯。

小居鲁士沿幼发拉底河摆开战阵，严阵以待。然而，他们等了10天，也不见国王军队的影子。公元前401年9月3日上午，小居鲁士帐下亲信帕提基亚斯骑马飞奔而至，以波斯语和希腊语逢人便喊国王带领大军前来作战时，已经松懈的军队一阵慌乱。小居鲁士当即下令各就各位，准备接战。希腊雇佣军整体构成小居鲁士全军的右翼，波斯军队构成中军和左翼。克利尔库斯居希腊军右翼，靠近幼发拉底河；普罗克西努斯紧靠着他，其他人依次排列。麦农率军居希腊军队左翼。波斯军队方面，帕弗拉戈尼亚率10 000骑兵和希腊轻盾兵居右，小居鲁士及600骑兵亲自坐镇居中，副官阿里尤斯和其余波斯军队居左。这些部队全都佩戴胸甲和护胫，除小居鲁士外都戴着铜盔。小居鲁士免盔出战。所有战马都有额甲和披胸，战士们除其兵器外，还佩有希腊军刀。

时至下午，先是见到远处升起一团像白云似的烟尘，过了一阵儿，平原上进入视野的是一道漫长伸展着的墨烟。敌人越来越近了，到处闪耀着武器的寒光。据报，提萨非尔涅斯率重甲骑兵居左，依次排列着藤盾兵、重甲步兵、刀兵和弓兵。这些部队按民族分队列阵前进，各自形成一个紧密的方阵。在他们前面，是滚刀战车。滚刀从中轴往两旁伸出，也装在车身下，指向地面。他们的意图是直驱敌军兵阵，将敌队捣烂。波斯军队并未像以前那样吼叫着前进，而是无声无响、步法缓慢而匀整地前进着。战场上气氛空前紧张，除了王军前进的脚步声，任何声音也没有。

此时，小居鲁士策马沿队前进，身边带着副官和几个随从。他命令克利尔库斯率部向敌军中央进击，因为国王肯定会在那里。但是克利尔库斯看到敌军中央列队坚守，加之国王军队数量众多，他位居左翼中央，但超过小居鲁士的左翼。克利尔库斯害怕他会两侧受敌，不愿把右翼从河边引开。他回答小居鲁士，一切会顺利进行。

国王的军队匀整地前进着，越来越近。小居鲁士驰回本位，其军队仍然原地不动。两军相距不到700米时，希腊雇佣兵唱起颂歌，开始向敌人进击。方阵中一部分首先冲击，落后的人开始奔跑，同时发出了对战神的呐喊，其中有些人以矛击盾发出响声，吓唬敌军马匹。几乎未经交手，王军便败阵而逃。希腊雇佣军则全力追击，并相互传话，注意保持阵容。

小居鲁士看到希腊雇佣军获胜，并在追击敌人，心里很高兴，侍从官这时在旁边以王称之。他仍然率600名轻骑兵严守阵角，观望对方的动静。他知道国王尚镇守在波斯军队中央。而实际上，作战时所有波斯军队将官均居所部中央，一则安全，二则传令迅速。国王所部军队在小居鲁士左翼之外，阵前无人与之交锋。于是，他便迂回过来企图包抄敌军。

小居鲁士害怕国王抄希腊雇佣军后路，切断他们之间的联系，便向国王冲去。小居鲁士的600名兵士以一当十，战胜了国王前面的队伍，使其6000名骑兵溃逃。据说，他还亲手杀死了指挥官阿塔革赛斯。追击敌人时，小居鲁士的骑兵也分散开了，身边只留下极少数人。这时，他看见了密阵中的国王，抑制不住冲动，大喝一声："你在这里！"说完，他便冲了上去，向国王的胸膛猛击。国王的胸甲被穿透受伤。就在这时，国王周围的卫士用投枪重重地击中了小居鲁士的眼睛下方。小居鲁士一头栽下马来，气绝身亡。二人各自的随从之间也展开了激战。后来，小居鲁士身边的侍卫军终因寡不敌众，全部阵亡，有 8 名忠勇的高级侍从战死在他身边。小居鲁士就这样结束了一生。

小居鲁士阵亡后，他的头和右手被砍下来示众。在国王军队的强大压力下，阿里尤斯投降，希腊雇佣军将领克利尔库斯、麦农、阿基亚斯、普罗克西努斯、苏格拉底等均为提萨非尔涅斯设计捕杀。四面受敌、群龙无首的希腊雇佣军又选出了 5 个新的指挥官。其中，雅典人色诺芬代替了普罗克西努斯。在波斯军队的威胁和沿途军民的袭击下，希腊雇佣军付出惨重的代价才通过两河流域、亚美尼亚，回到黑海沿岸。这段历史被色诺芬所著《长征记》详细记载下来。

在色诺芬笔下，小居鲁士是居鲁士大帝以来最有权威、最具治世之才的波斯人。他好学、谦虚、勇敢、慷慨大方，他讲守信义，从不食言毁约。他知恩图报，朋友众多。朋友追随他，恳切地以财宝、城市，甚至生命相托付，但他对敌人是严酷无情的。他奖罚分明，体恤下属，施惠慷慨，礼贤下士。色诺芬断言，没有一个人，希腊人或波斯人，比他为更多人所爱戴。但无论怎样伟大，毕竟这位王位争夺者兵败而死，本已衰弱的波斯帝国又遭到狠狠一击。

（四）因小失大：引狼入室的后果

小居鲁士的夺位之战是波斯帝国在交往中走向衰亡的一面镜子，极具典型意义。

本来，小居鲁士与兄长争夺王位，纯粹是帝国内部的政治斗争。王位，是帝国最大利益的体现。为了争夺它，王族贵胄弑父杀兄，不复有人伦道德。小居鲁士和国王阿塔薛西斯二世作为这种政治交往的主体，正是争夺这一利益的。小居鲁士皇荫贵生，并得母后宠爱，即位为王之心肯定早已有之。一旦阿塔薛西斯二世继位，小居鲁士幻想破灭，自然不会善罢甘休。而大流士二世派遣他到小亚细亚主持军政事务，为他滋长这种野心提供了温床。自此以后，王位之争不再是帝国内部的政治交往，而是内外部势力纠合在一起，与对外交往息息相关的复杂现象。

到达小亚细亚后，小居鲁士一改提萨非尔涅斯分化瓦解希腊人的方针，全心全力支持斯巴达。除了他个性方面的因素外，政治利益的考量也在其中。小居鲁士在和希腊人交往中，认识到他们的军事装备精良、技艺高超、战术先进等优势，认识到要争夺王位，获得希腊军队的支持是不可或缺的因素。于是，他大慷帝国之慨，极力笼络希腊人心，收买希腊雇佣军，以便将来为其卖命。这反映了帝国精神的退化和堕落。集体观念极强的波斯人，不再在乎大把花国家的钱，收买自己的人马，而是与以前不共戴天的敌人握手言和，引狼入室，把昔日的对手引入都城，与自己国家的军队拼杀。王室尚且如此，又怎么要求本来经过征服而形成的十分松散的帝国国民呢？

然而，严重的后果不止于此。这次夺位之战，小居鲁士把帝国衰弱的真相全盘托给了希腊人。且不说小居鲁士是否真正说过希腊人多么勇敢而波斯人多么可怜的话。色诺芬在《长征记》中以事实揭露了帝国的软弱、统治阶级的腐朽和广大人民的离心离德。这本书对后来马其顿人东侵起了巨大的鼓舞作用。与大流士三世在伊苏斯会战前，亚历山大对部下做动员时，就谈到了色诺芬和万人雇佣军远征。由此看来，小居鲁士无论被吹捧得如何伟大，他对波斯帝国的灭亡都负有一定的历史责任。

于是，波斯帝国的衰亡场景呈现这样一幅连续画面：一方面，从纵向看，优良的传统在逐渐丧失，而末世的腐朽日益甚嚣尘上。原来的俭朴、诚实、勇敢等品格不见了，代之以骄奢、欺骗和软弱。对待敌人，他们不再同仇敌忾地奋力拼杀，而是利用金钱收买、利用职权和外交欺骗。欺骗不会长久，金钱也非万能。他们在同希腊人打交道时糖衣炮弹屡试屡灵，但面对要灭其国的亚历山大时，再也派不上用场。波斯帝国已经消沉下去的尚武精神，再也振作不起来了。团结一致为分裂内斗所代替。王室内为利益而杀戮，为一己之私不惜借用外人之手。波斯帝国渐渐蜕变成了纸糊巨人，强风一吹，即刻倒地。

另外，横向的内外交往影响着帝国衰亡的进程，各种因素的交往和势力的消长，使这一过程充满了许多变数。希腊内部的相互争战，使波斯帝国暂无外患之忧，它能够腾出手来依次扑灭各地燃起的反叛之火。当帝国内部反叛势力与外部敌对势力相勾结时，帝国又找到了新的应对方式——用国库充盈的金钱收买、瓦解敌人，居然收获甚大，使帝国能撑着架子继续维持下去。小居鲁士领着希腊雇佣军进入帝国，图谋夺位时，帝国的空架子才被外人看得一清二楚，为日后外敌入侵埋下了祸根。

波斯帝国在纵横交织的各种因素推动下，逐步走向了终点。

四、寿终正寝：帝国走向灭亡

（一）金钱外交：党同伐逆，暂挽分崩

随着小居鲁士争夺王位的失败，支持小居鲁士的斯巴达与波斯

帝国的同盟关系也宣告破裂。斯巴达对自身支持谋叛者的行为不思求得原谅，而是利用追随小居鲁士与波斯军队作战取得的经验，收留了历经千辛万苦才回到小亚细亚的万人雇佣军。为保护小亚细亚的希腊人，维持自身的霸权，斯巴达与波斯帝国驻扎在当地的总督提萨非尔涅斯和法那巴佐斯打了起来。一时间，不仅希腊殖民地，整个小亚细亚的波斯统治也被动摇。在这紧急关头，波斯帝国的金钱收买政策再次奏效。斯巴达王阿基西罗斯虽然在帕克托罗斯取得一次辉煌的胜利，并迫使提萨非尔涅斯去职，但就在这时，阿基西罗斯奉诏回国。因为在波斯帝国金钱的收买下，雅典、科林斯、阿戈斯和底比斯合伙进攻斯巴达。

现在，雅典又成为波斯帝国的同盟者。著名雅典将领科农现在也来到波斯总督法那巴佐斯帐下听令，并于公元前394年率军打败了斯巴达海军，间接恢复了雅典的海上霸主地位。这次胜利的结果是，法那巴佐斯统领着一支波斯海军，在其雅典将官的指挥下，蹂躏了伯罗奔尼撒沿海。在波斯帝国的金钱援助下，雅典重修了长墙，雅典原来的死对头底比斯，现在也来帮助修复这项工程。

这就是波斯帝国的取胜之道，利用金钱外交使较弱的希腊城邦组织起来共同对付斯巴达，重建了希腊诸城邦间的力量平衡。斯巴达挡不住这种内外夹攻，被迫遣使向波斯帝国求和。公元前387年，波斯国王以诏令的形式宣布了希波之间的和约。所有小亚细亚城邦，连同塞浦路斯和克拉佐美奈岛均属波斯帝国。所有其他希腊城邦一律独立自由。只有利姆诺斯、伊姆布罗斯、斯基罗斯仍处在雅典统治下。凡不遵守该诏令者，将遭到波斯和其他城邦共同进攻。于是，波斯帝国利用希腊城邦的矛盾，没怎么费力又恢复了对爱琴海沿岸的统治权。

而希腊城邦只有无可奈何地接受这一现实。

但是,波斯帝国对希腊的胜利不是因为它强大,而是因为对方太软弱。波斯中央政府的削弱自然会让地方上有野心的人跃跃欲试。公元前405年,一直保持着权力的埃及王室后裔再次在尼罗河三角洲地带发动起义。起义者控制了下埃及,建立了新政权,史称埃及第二十八王朝。6年后,内法阿鲁德建立了埃及第二十九王朝。新王朝成功解放了埃及,不惜金钱和军队,全力支持波斯帝国内部的谋反和叛乱,并与塞浦路斯人、卡里亚人,甚至遥远的希腊人结为同盟。同时,埃及人也积极备战。他们和波斯人一样,认识到希腊军的高超作战技术和严明纪律,也大量招募希腊雇佣兵。

埃及人感到幸运的是,小亚细亚许多好战的部落也发动了叛乱。在土著王公埃瓦戈拉斯的领导下,塞浦路斯岛发动叛乱,得到了埃及人和希腊人的支持,成为反波斯帝国的中心。在某种程度上,塞浦路斯也成为尼罗河王国的外营。公元前390年和公元前386年,埃及两次击退波斯人进攻。埃及给塞浦路斯送去了大量谷物和金钱。在卡布里亚斯率领下,一支雅典大军也赶来支援。埃瓦戈拉斯在这些援助下,向亚洲大陆发动进攻,一度占领了推罗。

但是,希波之间停战改变了这一局面。塞浦路斯首当其冲,是波斯帝国最想要解决的问题。阿塔薛西斯二世重新纠集一支大军,准备再次征服埃及。埃瓦戈拉斯在波斯国王答应让其保留国王头衔后,宣布臣服。阿塔薛西斯二世开始专门对付埃及了。埃及国王竭尽全力迎战。他雇佣大量希腊军,任命希腊将领卡布里亚斯为指挥官。他命令埃及人加紧修筑防御工事,整个尼罗河三角洲成为一座固守兵营。

公元前374年春天,波斯军在最高指挥官法那巴佐斯的率领下再次出征埃及。这支大军有20万名亚细亚兵，20 000名希腊雇佣兵，300艘战船。雅典著名将领伊菲克拉特也随军出征。但在波斯帝国的压力下，身在埃及的希腊军队指挥官卡布里亚斯被召回，形势对埃及极为不利。

埃及培琉喜阿姆的防御工事由于洪水泛滥，难以攻取。在伊菲克拉特的建议下，一支波斯军队秘密在尼罗河一条支流的河口登陆，发动突然袭击，把埃及人的防线撕开了一个缺口。此时，如果乘胜追击，可以直下孟菲斯，拿下埃及。但在即将到来的胜利面前，年老谨慎的法那巴佐斯不敢冒这个险，贻误了战机。结果，埃及人反扑过来，重新巩固了防线。伊菲克拉特一气之下，返回希腊了。这时，尼罗河水上涨，不宜波斯军队作战。法那巴佐斯下令退兵，埃及再一次虎口逃生。

与此同时，卡都西亚人也发动了叛乱。阿塔薛西斯二世亲率一支军队前往镇压。这个部落定居在现今伊朗的吉兰省。这里稠密的森林、崎岖的山路、纵横交织的河流使波斯军队寸步难行。而卡都西亚人采用游击战术，切断波斯军队的供给线，弄得波斯军队狼狈不堪。然而，起义者发生内讧，最后和波斯军队妥协。波斯军队安全退回伊朗高原。

波斯远征埃及失败了，但相互嫉妒的希腊人还是同波斯帝国达成和解，消除了希腊人对波斯的敌意。此时波斯帝国非常衰弱，已对付不了各地叛乱，而希腊人接受它作为调解诸城邦之间纠纷的仲裁者。与处理希波关系形成鲜明对照，阿塔薛西斯二世在统治晚期面临着行省一个接一个地发动叛乱，要么行省总督害怕失宠，要么行省总督怀有个人野心。一时间，波斯帝国似乎顷刻间就会土崩瓦解了。但是，贿赂行为、叛逆和好运使阿塔薛西斯二世的敌人相互争斗,暂时挽救了这种局势。

公元前358年,阿塔薛西斯二世在位46年之后,以高龄病逝。总体来看,他是一个温和的君主,慷慨大方,宽宏大量。但他始终处于其母后帕尔萨斯强有力的影响下,甚至在王太后鸩杀了他心爱的王后之后,情况亦未改变。在王太后的坚持下,他娶了亲生女儿阿托萨,招致了后来的不幸之事。他嫔妃众多,生育了100多个儿子,但绝大部分在他去世前就死了。他的希腊妃子斯塔蒂拉所生的3个儿子——大流士、阿里阿斯皮斯、奥卡胡斯被视为合法,并有资格继承王位。长子大流士几年前被任命为王储。但是,王太后钟爱的王子奥卡胡斯企图取兄长而代之。在奥卡胡斯怂恿下,大流士试图刺杀父王,以便早日即位。落入圈套的大流士阴谋失败,结果被处死。奥卡胡斯乘机恐吓兄长阿里阿斯皮斯说,他已经掌握了这位王子参与阴谋的证据。这位不幸的王子为逃避耻辱而服毒自尽。奥卡胡斯的所有这些卑劣行动都得到了阿托萨的帮助。奥卡胡斯答应她,若他继位,就娶她为妻。而此时阿托萨既是国王的女儿,又是王后。阿塔薛西斯二世在这种家庭悲剧中走向了生命的尽头。奥卡胡斯如愿以偿地登上王位,史称阿塔薛西斯三世。他即位后所做的第一件事就是杀光自己所有的兄弟姐妹。

新君主的王位并未因此而牢固。先王再征埃及失利后,埃及变成了反波斯中心。各地反叛均得到那里的支持,各地的忠诚均受到埃及金钱收买的考验。显而易见,不制服埃及,新王不可能成功解决其他叛乱。但是,他第一次征埃及的尝试失败了。在希腊将领的指挥下,埃及军队沉重打击了入侵的波斯军队,迫使阿塔薛西斯仓皇逃出埃及。这次战事失利引发了一系列反应：叙利亚、小亚细亚、塞浦路斯，甚至腓尼基，全都发动了叛乱。西顿国王焚烧了位于黎巴嫩的王宫，并为埃及战士提供补给。小亚细亚、弗里吉亚省的叛乱得到雅典人和底比斯人的支持。在叙利亚，反叛的西顿王得到埃及的支持并取得了一次胜利。此时，波斯帝国狼烟四起，仿佛马上就要土崩瓦解了。

然而，奥卡胡斯比其父要坚强得多。他重新组织了一支大军，御驾亲征，先奔西顿。西顿有高墙深壕，尚可抵抗。但被吓破胆的西顿王企图背叛本国以自保，把西顿上层市民控制了起来，而从埃及来支援西顿的希腊雇佣军再次被波斯大流克金币收买。西顿5000名代表被波斯国王所杀，其后又是一场大屠杀，西顿成为一片废墟。西顿王被处死，其他城市相继屈服。

波斯军队在西顿稍做停留，便按传统路线再征埃及。在佩鲁希昂，波斯军队排干了护城河的水，而埃及人又加筑了第二道防线。进攻没有取得进展，波斯似乎又不得不因尼罗河泛滥而退兵了。但是，波斯军中有一位希腊将领冒险在埃及军后方通过运河杀开一条血路，突破了埃及军的防线。埃及王意识到退路受到威胁，便退守孟菲斯。佩鲁希昂要塞和其他军事要地以为它们被抛弃了，就向波斯有条件投降了。结果，公元前342年，埃及王逃到努比亚，宣布退位，埃及再次为波斯人所统治。奥卡胡斯对埃及采取了残暴的报复行动。他不但杀死了阿庇斯神牛，还在庆贺占领孟菲斯的宴会上大享美味。他摧毁城市，拆掉神庙，杀死了成千上万的埃及人。之后，他返回巴比伦。

奥卡胡斯在埃及取得辉煌胜利后，波斯帝国西部地区暂时平静下来。自立为王好几年的阿塔巴苏斯逃亡马其顿。其他地方王公急忙表示臣服奥卡胡斯。希腊人的敌对国为巴结波斯王,也迫不及待地执行他的命令,渴望得到赏赐。然而,各行省已今非昔比,远不能和大流士一世时期相提并论。里海诸行省保持着独立,印度旁遮普省早已放弃了波斯的宗主权。要维持这个庞大的帝国,加强对各地的有力控制极为必要。强有力的国王阿塔薛西斯三世在宦官巴戈亚斯的有力管理下,不仅提高了国家机构的效率,也挫败了正在崛起的敌对势力马其顿。这位有政治家风格的宦官因宫廷阴谋而颇感沮丧,最后问题竟变得如此严重,他被强迫服从国王。公元前338年,巴戈亚斯为避免被国王处死,先下手为强,刺杀了国王,扶持最小的王子即位。然后,他矫诏杀死了阿塔薛西斯三世绝大多数儿子。当幼小的新王表现出独立倾向时,这个残忍的宦官把新王也杀了。

这时,王室已无人可继承王位。巴戈亚斯便找来一个名叫科多曼努斯的王室旁支后裔为王,号称大流士三世。在此之前,大流士三世在镇压卡都西亚人的反叛时因作战勇敢而被任命为亚美尼亚行省总督。后来,巴戈亚斯又想杀害大流士三世,另立新王。这次大流士三世抢先下手,迫使巴戈亚斯饮鸩自尽,大流士三世不算昏庸无能,但他生不逢时,因为强大的敌人正向波斯帝国紧紧逼近。

(二)马其顿:帝国克星的崛起

马其顿地处希腊半岛东北边缘地带,西部山区称上马其顿,森林茂密,山岭纵横;东部地区依山临海,地势平缓而又肥沃,适于农业,被称为下马其顿。地理环境对早期人类活动的影响是巨大的,因为它直接影响、制约着人类交往的方式和频率。马其顿的地理环境不同于希腊半岛。希腊土地贫瘠,城邦林立,只能依靠海船向外发展以求生存。马其顿的肥沃土地足以供养众多人口，平缓的地势有利于人们频繁交往，这样的环境容易形成一个统一的王国。

马其顿人主要由两大支组成：一支是希腊人，他们占主导地位，主要是从阿戈斯移民而来；另一支是当地土著居民，他们被希腊人从肥沃的平原赶进了山区，部分土著居民和希腊人融合。马其顿人英勇果敢，雄浑豪迈，一个男子不杀死一个敌人就不能证明自己是男子汉，就要被迫在腰间系一条绳子。只有他亲手杀死一头野猪，他才能与其他男子汉坐在一起。豪放的马其顿人喜欢狂饮大嚼，个个海量，但一夫多妻制往往酿造不幸的家庭悲剧。

马其顿人从希腊迁到这个自成一体的环境时，并非野蛮人。马其顿王腓力、亚历山大热衷于文学艺术，使马其顿成为向亚洲传播希腊文明的光明使者。马其顿的早期历史大概与土著居民争夺肥沃的平原相随。实际上，在波斯人接受马其顿王阿敏塔斯降服之后，马其顿才见诸史册。希波战争期间，马其顿迫于形势，派兵加入波斯军入侵希腊。但是，马其顿人身在波斯，心向希腊，多次向希腊军通风报信。此后，马其顿在希腊诸邦之间游走。公元前455年至公元前413年，马其顿王佩尔狄卡斯在位。伯罗奔尼撒战争期间，他率军参战，以英勇能干、计谋多端而闻名。其后，阿尔塞塔斯即位。他是一个伟大的组织者，创建了一支优秀的军队，并欢迎希腊诗人和艺术家到他的宫廷去。不久，与西邻伊利里亚人的交战时，阿尔塞塔斯战死。公元前359年，其弟腓力成为马其顿王。

腓力上台后，马其顿逐渐强盛起来。腓力是位雄才大略的君主，即位后进行了一系列改革：在政治上，他削弱部落首领的军事力量，限制贵族会议的权力，把军政大权集中到自己手里。在经济上，他实行货币改革，兼用金币和银币。当时，希腊人用银币，波斯用金币。两种货币按固定价格兑换。货币改革促进了马其顿的商业发展，加强了国家的经济力量。腓力最有影响的改革是军事改革，即马其顿方阵的创建。马其顿方阵的基本单位叫作斯佩拉，由 256 人组成，队形一般是 8 排或 16 排，根据战场敌方阵式而变。阵内每个士兵手持一根长达 6.3 米的长矛。临战时，战士左手在前，握在矛身 1.8 米处，右手在后，握在长矛尾部。马其顿人的盾直径不过 0.6 米左右，用皮革套在左臂上。这就使步兵能够用两只手控制长矛，彼此的身体紧靠在一起。通常，方阵行列中每个战士有 1 米见方的空间来操作武器。马其顿人为进攻而选择装备。马其顿方阵比古希腊方阵易被攻破，但进攻威力远远凌厉于后者。

作战之时，前 5 排士兵平端长矛，依次贴着前边士兵的右侧伸向前方。这 5 列矛枪在交战中与敌军直接交锋。无数支长矛组成一堵墙，像鱼叉一样刺向敌人。中间和后面的士兵，暂将长矛竖起，举起盾来挡住射来的弓箭，并视前排战况依次将长矛端平，用肩膀向前推进到前排士兵阵中。为防止敌人冲击方阵，士兵还佩有短剑。后面的几列士兵则用枪托末端刺伤绕到方阵后方的敌人。

腓力重视骑兵，一般要用优势骑兵冲击敌阵两翼。重甲步兵方阵用于顶住中央敌人攻击，并冲垮敌阵。此外，腓力还为方阵配备了轻盾兵，他们紧靠方阵，占据军队的中心位置。他们通常是紧随于骑兵强攻之后的第一批步兵队伍，在骑兵进攻和接下来的方阵交战之间起着关键的纽带作用。职业化的轻装步兵、投石兵、弓箭手和投枪手使整个复合性军事团体配合完美，能够高效发动初步攻击，并在紧急时刻提供后备支援。

腓力的持矛方阵与各类部队实现了一体化，具有了更大威力，也比传统重甲步兵阵法灵活多变。新式马其顿方阵有相当的准确度和杀伤力。目标一旦被骑兵攻击或被辅助部队置于挨打境地，马上会遭到这种方阵的迎头痛击。正是依赖这支强大的军队，马其顿先平希腊，后灭波斯，无往而不胜。

经过几年的努力，腓力终于练就了一支纪律严明、能征善战的军队，一投入战斗便充分显示出它的威力来。腓力依靠精悍的兵力，在很短的时间内占领了马其顿、色雷斯的沿海地区，此后便把矛头直接指向希腊诸城邦。公元前353年，腓力拿下北希腊平原，次年更进逼中希腊咽喉温泉关，吓得雅典抢先派一支军队占据关口才化险为夷。现在诸城邦方才知道，希腊北方崛起了一个强敌。

腓力对希腊诸城邦一方面实行军事威胁，另一方面用外交手段和金钱收买拉拢诸城邦亲马其顿的政客。当时，诸城邦均存在亲马其顿派和反马其顿派，两派之间斗争激烈。在雅典，亲马其顿派代表大奴隶主利益，他们害怕内部奴隶和贫民的暴动，要求把希腊交由马其顿统治，以便建立起强大的政权，并对外进行扩张。反马其顿派代表工商业奴隶主的利益，他们的海外贸易与马其顿的扩张有矛盾，也害怕马其顿破坏希腊的民主传统。雅典反马其顿派的代表人物是著名政治家和演说家德谟斯提尼。早在马其顿初露锋芒时，他就提醒人们警惕北方的敌人。随着马其顿的扩张野心日益明显，德谟斯提尼在公民大会上多次慷慨陈词，揭露腓力的野心，抨击他的扩张行动。

公元前340年，腓力在巩固他对北希腊的统治后，便把势力伸向中希腊，着手拿下中希腊的门户温泉关。这时，把守温泉关的是希腊小邦福基斯的部队。福基斯财政困难，穷急了连德尔斐的阿波罗神庙都敢抢。腓力对症施方，用重金收买了把守关口的将领，刀不血刃就拿下了温泉关，轻取福基斯。雅典人大吃一惊，急忙八方联络，组成反马其顿同盟，暂时遏制了腓力南下的势头。腓力避实击虚，又把矛头指向了扼守黑海与地中海交通线的皮林塔斯和拜占庭。雅典又急忙率联合舰队赶去求援，以其海上优势大败马其顿海军，解了拜占庭之围，迫使腓力退回马其顿本土。这时，雅典成为希腊诸城邦反马其顿入侵的中坚力量。

公元前339年秋，腓力再次入关。雅典人急派德谟斯提尼率代表团赴底比斯，和往日宿敌结成军事同盟，共同对付马其顿。公元前338年8月，马其顿军进至喀罗尼亚平原，反马其顿联军在此迎击敌军，双方展开了一场激战。当时，两军基本势均力敌。联军左翼是雅典重装步兵，中军为诸城邦混成部队，右翼为底比斯方阵。马其顿军左翼由18岁的王子亚历山大指挥，配以重甲骑兵，对付劲敌底比斯；右翼则由腓力亲自统率，这完全是硬碰硬的部署。

战斗伊始，希腊城邦联军左翼的雅典将马其顿右翼压退，紧紧追击敌人，但右翼的底比斯方阵却被亚历山大的重装骑兵从侧面冲垮。底比斯军殊死搏斗，终究无法挽回败局。孤军深入的雅典军没有护翼和后卫的保护，大吃马其顿方阵的苦头。城邦联军全线崩溃，战死1000人，被俘2000人。底比斯几乎全军覆没。

随着喀罗尼亚会战失败，希腊的反马其顿同盟宣告瓦解。底比斯受到严厉惩处：其所辖的维奥蒂亚诸城邦的统治权被剥夺，民主政体被废除，马其顿进驻底比斯城。对于仍试图顽抗的雅典，腓力并未步步紧逼。双方实现了和平，雅典不仅保住了独立地位，还维持了大部分海外领地。腓力乘胜进攻伯罗奔尼撒，打败了独自抵抗的斯巴达，把斯巴达的大片土地分给附近的科林斯、麦西尼亚、忒格亚等城邦，只留下拉科尼亚地区归斯巴达所有。

公元前337年，腓力向全希腊诸城邦发出邀请，在科林斯召开会盟大会。除斯巴达外，诸城邦均派代表参加了此次大会。腓力在大会上向各邦代表倡议，希望成立一个新的希腊联盟。希腊内部实现和平，诸城邦实行自治，禁止相互付诸武力。腓力还提议诸城邦加入他领导的针对波斯的战争，以报复它先前对希腊的侵略。此时，希腊诸城邦对波斯国王并不怎么憎恨，而是多少还有点儿惧怕。但是，它们被迫选腓力为盟主。如果能把这股祸水引向东方，而不是引到希腊人身上，希腊诸城邦也乐见其成，无不举手赞成。腓力在大会上风头出尽，遂了心愿。对于希腊诸城邦，腓力满足于充当它们的领袖和仲裁者，并不想吞并它们。对于波斯，他对鼓吹希腊人联合起来，向东方人清算自特洛伊战争以来的旧账的论调颇为赞赏。公元前336年春，腓力向波斯帝国发出通牒，以希腊人盟主的名义，要求波斯允许小亚细亚的希腊人独立。波斯帝国当然不会答应，腓力借机向波斯宣战，发兵进攻波斯帝国。然而，马其顿军队刚踏上小亚细亚，未及拼杀，便突然中止了军事行动。马其顿王腓力在一次宫廷宴会上遇刺身亡了。

腓力遇刺与他骄傲自大、行为不检点有关系。据记载，腓力多次婚配，其中奥林匹亚丝是马其顿邻邦伊庇鲁斯的公主，美丽动人，热情奔放，但性格也异常火爆。奥林匹亚丝同腓力生下不凡的亚历山大王子。然而，时过境迁，从希腊回到马其顿后，腓力嫌弃奥林匹亚丝年老色衰，又爱上了部将阿塔鲁斯的侄女。在婚宴上，阿塔鲁斯借口质疑亚历山大作为王储的正统性，羞辱亚历山大。性情刚烈的亚历山大举起银杯,摔在了这位新皇戚脸上。面对这种尴尬局面,腓力感到大失脸面,加之多喝了几杯,便抽出剑来要刺死亚历山大。望着酒醉的父亲,亚历山大嘲笑了几句,便携母返回伊庇鲁斯的外公家。后来,亚历山大欲迎娶卡里亚行省总督的女儿,腓力闻听大怒,不仅拆散了这门婚事,还放逐了亚历山大的4个朋友。腓力认为,他们为亚历山大效力,而反对他本人。

政治形势越来越明朗了,腓力正在为远征波斯做着最后准备。公元前336年夏天,在女儿的盛大婚礼上,没有佩带武器的腓力国王通过礼堂入口时突然被一个名叫胞舍尼亚斯的人刺杀。此人也受到了阿塔鲁斯的无端侮辱,而腓力偏袒皇戚,拒绝为其申冤。尽管亚历山大当时不在国内,但仍有人猜测他和母后是幕后指使。事后,奥林匹亚丝将腓力的新妇及其幼子一并活活烧死。

(三)亚历山大:帝国的掘墓人

亚历山大顺理成章地登上王位。关于他的传说颇多。根据希腊最早的传说,亚历山大是埃及国王的儿子。在诗人伊斯坎达尔的诗作中,亚历山大被说成波斯王室的后裔。据他说,大流士与一个罗马女子结婚,后来又离婚了。这个女人后来成为亚历山大的母亲。波斯帝国末代国王大流士三世是亚历山大同母异父的兄弟,亚历山大东征被牵强附会为从同族者手中夺取王位。令人惊异的是,大部分波斯人坚信这一说法。这些浪漫的传说对欧洲人和亚洲人都有吸引力。它们被许多文学作品吸收,不仅有宗教的,还有世俗的。《古兰经》就采纳了这一说法。其实,这是文化交往的结果。对同一个历史人物、同一个历史事件,不同民族均从自身的文化背景、民族感情等角度出发,重新加以解读和再创造，才有了这些看似荒诞的传说。

亚历山大确实有天赋。它从小就受到古希腊知识最渊博的学者亚里士多德的教育。他说，他爱亚里士多德胜过爱腓力，因为父亲给了他生命，而老师则给了他高贵的生活。亚历山大一生勤奋，如饥似渴地汲取知识。他通常远离宫廷生活，力所能及地把精力投入学习和运动。年轻的王子在马其顿征服皮林塔斯的战争中第一次获得战争经验。

16岁那年，父王腓力远征反叛的密底人，亚历山大留守马其顿，代行国王职权，展示了主政才能。18岁那年，他参加了马其顿对希腊联军的喀罗尼亚大战，指挥左翼冲垮了敌人。他即位时，年仅20岁，但他已有丰富的军事、行政经验，绝不是不谙世事的毛头小子。

亚历山大颇有治国之才，但他从未被国内的敌对势力和国外的敌人所认识。于是，亚历山大便给了他们及时而必要的教训。继位后，他迅速平定了国内动乱。公元前336年秋，他进军温泉关，再次召开同盟大会，得到希腊重要城邦的再次公认。它们拥戴他为远征波斯的联军统帅，将他比作特洛伊战争时期的阿伽门农和阿喀琉斯，认为他是希腊人的骄傲。亚历山大对这次会盟感到满意，开始把注意力转向北方与之敌对的邻居。公元前335年，亚历山大率军进入色雷斯半岛，攻掠了伊利里亚，向与之作对的邻国展示了力量。他回到马其顿时，身后跟了一大批求和的使者。

希腊的某些城邦一直因受着这位年轻人的管制而颇感不快。波斯听到了马其顿的东侵风声，也积极展开外交活动，在希腊诸城邦花费大量钱财，企图瓦解反波联盟。这时，亚历山大出征北方战死的谣言传到希腊，人心浮动的底比斯未经证实就发起暴动，围攻驻扎在底比斯的马其顿军队。附近几个城邦也见机举事。有的城邦表示支持底比斯，赞助一些武器和钱粮。亚历山大闻风，火速进兵底比斯。底比斯起事仓促，没有来得及组织抵抗，就被亚历山大打败。结果，底比斯6000人被杀，30 000人被俘，这几乎是所有的底比斯男性。亚历山大决定杀鸡儆猴，夷平了底比斯城，把底比斯人一律卖为奴隶。这一残酷手段立即震住了其他城邦，它们纷纷遣使向亚历山大表示祝贺，再也不敢有其他想法。亚历山大见后方稳定下来，便返回马其顿，放心地准备远征波斯。

此时，波斯帝国早已今非昔比，它表面上还硬撑着大国的架子，其实早已腐朽不堪。几十年来，帝国内部宫廷政变连绵不断，起义、叛乱此起彼伏。刚上台的新君大流士三世国内虽无危险，但形势差强人意。尽管国库内财积如山，国土依然广阔，兵源依然雄厚，但再也组织不起以前那样能征善战的军队。除了几万希腊雇佣兵还有些战斗力外，波斯本国兵多而不精，中看不中用。亚历山大年轻而又富有活力，与腐朽的老帝国形成鲜明对比，他的年轻和对战斗的热切渴望，使他敢于冒最大的风险。衰老而又笨拙的波斯，反应迟钝，好像大胆冒险者的囊中之物。大流士三世也有一定的经验和勇敢的名声，能力不比前几任国王差，但其对手不再是四分五裂的希腊。波斯海军拥有400艘战船，势力远比马其顿强大得多。然而，亚历山大率军渡过赫勒斯滂时，波斯海军竟没有在此把守，白白丧失了一个阻击敌人的良机。波斯人其实没有把亚历山大放在眼里，因为他既年轻又没有什么名气。实际上，亚历山大如初生牛犊，有着勇往直前的锐气。他的部下也是久经沙场的老兵，行军打仗很在行。亚历山大此番出征把波斯帝国搅得天翻地覆，改写了世界历史。

（四）首次交锋：格拉尼库斯河战役

公元前334年初春，亚历山大把马其顿和希腊的事务安排完毕，亲率大军开始这次著名的远征。这支部队有步兵30 000多人，骑兵5000多人。远征军浩浩荡荡，顺利地通过赫勒斯滂，进入了亚洲的土地。为了纪念踏上亚洲的历史性时刻和这次远征，大军到达埃雷昂时，亚历山大亲自到普罗泰西劳斯的坟墓前祭奠凭吊。据说，此人是特洛伊战争中第一个踏上亚洲土地的希腊人。亚历山大此番凭吊，一是表明自己作为希腊人总代表的合法性，二是祈祷他此行比先人更为顺利。

大流士三世听到亚历山大已经渡过赫勒斯滂，一路杀来，命令小亚细亚总督门农为前线指挥。在军事会议上，门农建议不要冒险同马其顿人打仗，敌人的步兵比波斯的强得多，况且亚历山大御驾亲征，士气正旺。他建议波斯军队后撤以诱敌深入，然后坚壁清野，断绝敌人供给，使他们无法立足。赫勒斯滂地区的总督阿西提斯发言说，他绝不允许自己人的一间房子被烧，其他将军也不愿放弃他们在小亚细亚的地盘，纷纷表示赞同阿西提斯的意见，决定在格拉尼库斯河布阵迎敌。波斯方面约有20 000名骑兵、不到20 000名步兵和外籍雇佣兵。波斯骑兵沿河列队，形成了一个长长的方阵。骑兵后面排列着步兵和雇佣兵。

这时，亚历山大率领大军正向格拉尼库斯河挺进。马其顿骑兵部署在两翼，步兵方阵居于中央。方阵前面是侦察队、搜索班、探骑兵和500人的轻装部队。方阵后面跟着运输队。亚历山大推进到格拉尼库斯河不远处时，接到侦察兵的报告说，波斯军队已在河对岸摆好阵式，严阵以待。亚历山大一声令下，全军调动成战斗队形，准备投入战斗。这时，亚历山大手下部将帕曼纽进言说："陛下，我建议我军马上在河这边安营，等拂晓时再渡河，必无困难。我觉得，我军立即采取行动会冒极大风险。我军不能在这样一齐渡河。河道有不少地方水很深，河对岸也很高，有些地方简直是悬崖。如果渡河后，我军以最易受攻击的疏开队形出现在敌人面前，必将受到敌军骑兵密集队形的猛烈冲击。如果首战失利，后果必将十分严重，事关战争全局。"帕曼纽的建议全面周到，但亚历山大却说："这我知道。可我们轻易渡过了赫勒斯滂之后，如果让这条小河挡住去路，那就太可耻了。不论对于马其顿人的威望，还是我本人应付危险的能力，我认为都要马上渡河。波斯人可能以为他们是世界上最好的战士，会鼓起勇气抵抗我们，但这不过是他们还没领略马其顿人的厉害罢了。"亚历山大说完，当即下达命令，准备强渡格拉尼库斯河，与敌人开战。

部署完毕，两军隔河对峙，一时鸦雀无声，都密切注视着对方的一举一动。波斯军队做好了准备，如果马其顿人企图强行渡河，只要在河岸上一露头，他们就冲杀过去，一定把他们打回河里。表现马其顿人忠勇的时候到了，亚历山大命令阿敏塔斯和苏格拉底为前锋率部先攻，他自己亲举右翼各部，吹起进军号角，高喊着响彻云霄的战斗口号，奋勇冲入河中。马其顿军进攻的方向与水流的方向成斜角，这使波斯人不能在漫长的战线上一齐向他们冲击。而马其顿军尽可能地用密集的队形攻击波斯人，以便冲开一个缺口。

马其顿的先锋部队开始遭遇强有力的阻击。居高临下的波斯军先是放起密如雨点的排箭，而后是铺天盖地的标枪。在较平缓的地方，波斯骑兵已经冲到水边。波斯骑兵的精华部署在强渡地点，地势也有利,指挥官门农身先士卒,马其顿先锋部队首战失利,几乎全军覆没。这时,亚历山大率领的右翼部队已经冒着枪林箭雨登上河对岸,双方绞杀在一起,展开了猛烈厮杀。这时,马其顿部队已经一队一队陆续过河。前面的步兵和波斯骑兵拼命厮杀起来。这边马其顿要一股劲儿把波斯人从河岸推开,强行登岸;那边波斯军则竭力阻挡他们登岸,要把他们赶回河里,双方都施展力量,拼命搏斗。

然而,亚历山大所率右翼部队渐渐占据上风。在这种面对面的近距离作战中,马其顿方阵开始显示出巨大威力。他们不仅英勇顽强,纪律严明,手中的长矛左刺右扎,威力甚大。波斯人使用的短标枪在这种格斗中几乎派不上用场,未及交手,就被对方刺中。在混战中,亚历山大手握长矛,接连把波斯军中的几员大将挑落马下。长矛断了,再换一支。波斯人此时只剩招架之功,人脸马面都吃了敌人的长矛。先是亚历山大所进攻的波斯中军开始后撤,接着两翼的骑兵也被突破,波斯全军开始退却。兵败如山倒,一发而不可收。亚历山大没有对波斯逃兵穷追猛打,而是转向波斯的外籍雇佣军。马其顿方阵兵,连同骑兵从四面八方把波斯军最有战斗力的部分包围起来。一阵厮杀过后,波斯雇佣兵被生俘 2000 人,其余全部阵亡。是役,波斯军损失惨重,国王大流士三世的儿子、女婿、妻弟,以及数名督抚大员、高级将领,全部阵亡。

初战告捷,亚历山大先是隆重安葬阵亡者,并下令铸铜像以表纪念,同时下令对他们的父母子女一律免去地方税、财产税和一切劳役。而后,他亲自探视伤员,查看伤情,鼓励他们详叙自己的功劳,以便奖赏他们。被俘的希腊雇佣兵全部被戴上手铐,送回马其顿做苦工,因为他们违背了全希腊人的意愿,和东方的敌人一起攻打自己人。此后，他把 300 套波斯盔甲送到雅典，向雅典娜献礼。他的献词是："谨献上从亚洲波斯人手中俘获的这些战利品。腓力和全希腊人（斯巴达人除外）之子亚历山大敬献。"

此役胜利影响巨大，不少城市献城来降。亚历山大一面率主力部队继续前进，一面分遣将领带兵去接收归降城市，攻下仍臣服于波斯的城市。一旦得手，就下令摧毁寡头政权，建立民主政体。各地可以制定自己的法律，继续交纳和过去交给波斯同样数目的捐税。

在小亚细亚沿海城市米利都，马其顿海军与波斯海军相遇。当时，波斯军队有 400 艘战船，而马其顿只有 160 艘。尽管双方力量悬殊，部将帕曼纽还是向亚历山大提议发动进攻。因为人们看到一只鹰落在了亚历山大船后的海岸，他预测希腊必胜。帕曼纽分析说，如果这一仗打胜了，对整个远征有很大的好处。万一失败了，影响也不会太大，反正波斯海军本来就掌握着制海权。亚历山大再次指出帕曼纽的错误判断。他说，如果现在进攻，无疑以卵击石。马其顿水手连海上训练还没完成，而对方由塞浦路斯和腓尼基水手组成的海军久经训练，战技娴熟。这种情况下进攻，简直是发疯了。亚历山大说，在没有把握战胜的情况下，他不想拿马其顿人的生命和勇气冒险。万一战败，将是对他们过去作战威望的沉重打击；而且，某些不死心的希腊人，听到海军失利的风声，还有可能会发动暴乱。所以，此时海军作战很不适宜。对于预兆，亚历山大也有不同的解释：象征战神的鹰是站在他这一边的。但人们看见它时，它是落在陆地上的。他认为，马其顿军将在陆地上打败波斯军。由此看来，亚历山大并不是鲁莽的起起武夫。

于是，亚历山大集中兵力攻下了米利都城，对波斯海军的挑衅不予理睬。尽管波斯海军百般引诱马其顿海军出战,他们就是无动于衷。由于沿海地区为马其顿军占领,波斯海军必须到遥远的地方取得供给。回来后,他们又不敢靠岸作战。僵持一段时间之后,波斯海军无所作为,只得离开米利都城。这时,亚历山大决定遣散海军。一则海军开支很大,是一笔不小的负担;二则不能与波斯海军作战,留着无益;三则亚历山大认为,只要陆军控制了亚洲,占领了波斯海军基地,就等于打垮了他们的舰队。这样,波斯海军就无处取得给养,无处招募补充兵员,就会不战而溃。

然而,占据海军优势的波斯也有自己的打算。门农已被任命为海军和沿海军区的总司令。他打算利用海军优势,以围魏救赵的战术,攻打马其顿本土,把战争引到马其顿和希腊。在他的指挥下,波斯海军夺取了希俄斯岛。然后,波斯军又驶抵莱斯沃斯岛,把该岛首府米蒂利尼围了起来。在此关键时刻,波斯军队主帅门农病死,这对波斯是一记沉重打击。他死后,手下部将奉命继续封锁米蒂利尼,最后迫其投降。附近岛屿也被波斯军队征服。留守马其顿本土的安提帕特获悉敌人意图后,从埃维亚和伯罗奔尼撒搜罗了一批战船,用以守卫希腊本土。

亚历山大继续率军前进。一路上,势如破竹。大军到达弗里吉亚境内的戈迪安时,雅典派来代表求见亚历山大,乞求把被俘的雅典人放回去。亚历山大认为,对波斯战争尚在进行之际,保持对希腊人的威慑很有必要;否则,他们还有可能做出亲者痛、仇者快的叛乱事来。于是,亚历山大婉言推脱,说以后再议此事。

亚历山大离开戈迪安,一路收服了哈里斯河以西的卡帕多奇亚地区。波斯军闻风而逃,马其顿军队轻易取得西里西亚关口,直下西里西亚，占领了那里的城市塔苏斯。在那里，亚历山大突然病倒，险些丧命。原来，那里有流经城区的西德那斯河，河流平缓，河水清凉。又累又热的亚历山大，急于洗澡。他没想到，下水后身体受凉抽起筋来。随从人员将其救起，亚历山大随后高烧不止，失眠虚弱。所有医生诊断后都觉得他已经病入膏肓，不可救治了。只有一位名叫腓力的大夫坚持认为他还有救。他给亚历山大开了一副猛烈泻药，煎好送去。这时，有人送给亚历山大一张条子，上面写着："小心腓力！我听说他被大流士收买了，要害死你。"亚历山大把条子递给腓力，让他念出来；一手接过药杯，一饮而尽。腓力见亚历山大如此信任自己，越发感动，对他照顾得无微不至。不久，亚历山大恢复了健康。这是一件小事，但亚历山大用人不疑、英勇无畏的美谈佳话久久在军中流传。

（五）巅峰对决：伊苏斯决战

就在亚历山大节节进军之际，波斯国王大流士三世正率领一支大军在亚述境内的索契，坐等亚历山大到来。这是一块平坦的平原地带，利于浩荡的波斯大军作战及其骑兵调度。但亚历山大在塔苏斯卧病数日，又搞了些祭祀、阅兵之类的活动，大流士三世开始焦躁起来。大流士三世和远征希腊的薛西斯一样，没有自知之明，常有些不切实际的想法，加之身边一些奸佞贼臣一味吹捧，他难以做出正确判断。那些奸佞贼臣说，亚历山大一听到大流士大王御驾亲征，就动摇了。他们还说，只要大王出动骑兵，就可以把亚历山大全军置于死地。大流士三世飘飘然，听不进逆耳忠言，放弃了对其有利的平原地带，把军队带到了狭窄的沿海城市伊苏斯。在那里，骑兵不能发挥作用,大批标枪兵和弓箭手也丧失了用武之地,波斯军的数量优势完全丧失。

听到大流士三世已在跟前,亚历山大随即召开军事会议,借以鼓舞士气。他首先分析了己方的有利条件。战争尚未开始,败局已经落在大流士一边。他把波斯大军禁闭在狭窄的不利地形中,把后面的开阔地带留给了马其顿部队。这正好有利于马其顿方阵调度。波斯军人数多,但不见得强大。无论士兵还是士气,都无法和己方相比。波斯人长期以来沉浸在舒适享乐之中,而马其顿人则在长期的战争中得到锻炼。跟随大流士打仗的人为拿钱而卖命,而马其顿军队是为希腊而战的志愿军。波斯军队是亚洲最软弱无能的乌合之众。在战略上,亚历山大远胜过大流士。同时,亚历山大也指出了这场战斗的艰巨性:这次是波斯国王御驾亲征,所属军队也是波斯帝国的精华。这将是最后一场大战,成败在此一举。此外,亚历山大还以色诺芬率领10 000名希腊雇佣军战胜围追堵截的波斯军队,最终回到希腊为例,论证了波斯人多么无能。他们数量少,没有威望,没有骑兵,没有弓箭手,也没有投石手,但他们胜利了。最后,亚历山大一一列举每个人的英勇崇高的功绩,指出这场战役后,论功行赏。一席话说得将领们心潮澎湃,高声欢呼着,要他率领他们前进。

亚历山大命令将士们饱餐一顿,好好休息。第二天,亚历山大率军迎敌。马其顿军行进到开阔地带,立即摆好战斗队形:右翼前方部署了步兵精锐部队和近卫部队,由帕曼纽之子菲罗塔斯指挥。左翼有三个营,由帕曼纽任左翼总指挥。亚历山大命令,左翼在前进中不得离开海岸,以防波斯军队从侧翼包抄。

大流士三世知道亚历山大以战斗队形掩逼过来,先派30 000名骑兵和 20 000 名轻装步兵去皮纳罗河，然后从重装部队中抽出 30 000 名希腊雇佣兵部署在最前方，面对马其顿方阵。在两翼，他分别部署了 60 000 人的卡达克重装部队。在左翼面对亚历山大右翼的地方，他部署了 20 000 兵力。大流士三世所占阵地就这么大，只能部署这些。而且，除在前面的希腊雇佣军和波斯军方阵外，后面这些重装部队、轻装部队均按兵源地区部署，纵深太大，根本起不了什么作用。大流士三世的参战兵力据说约有 60 万。

亚历山大看到地形越来越开阔，就把他的骑兵和亲卫队全部调来，部署在右翼，由他亲自指挥。所有希腊联军都派往左翼，由帕曼纽指挥。

大流士三世把方阵部署完毕后，调回派到河边的骑兵，部署到海边的右翼，面对马其顿军左翼，地形有利于骑兵活动。大流士三世本人按波斯军队作战传统，居于大军中央。

亚历山大看到波斯骑兵全部调到了他的左翼，而己方与之对阵的只有希腊联军，命令右翼的骑兵火速支援。为避免被敌人发觉，亚历山大命令骑兵绕行他的方阵后方，迅速转移过去。这样，亚历山大的右翼就分成了两股：一股面对着河对面的波斯军队主力和大流士三世本人，另一股绕行后方支援左翼。

部队调度妥当，亚历山大整队前进。这时，大流士三世及波斯军队仍在对面河岸上保持着原来的阵势。临近了，亚历山大在阵前策马飞驰，号召将士们英勇作战。官兵们扯开嗓子向他呼应。马其顿军队起初缓慢而匀整地前进着，以保持队形。进入敌人的射程之后，亚历山大立即率部从右翼猛扑河边，一方面以雷霆万钧的攻势恫吓敌军，另一方面尽快进入混战状态以减少对方排箭造成的损失。

交战一开始,波斯军队左翼就顶不住对方的猛攻而开始后撤,亚历山大及其所部杀入敌阵。但是,亚历山大急冲过去,身后的方阵在右摆过程中出现了缺口,被波斯军队中的希腊雇佣兵发现,攻了进去。于是,亚历山大与波斯军队肉搏并将他们打退时,身后的马其顿方阵主力尚未投入战斗,就被希腊雇佣兵挡在河边。希腊雇佣军竭力要把马其顿部队推到河里,把己方退却一翼失去的胜利夺回来。马其顿军亲眼看到亚历山大已在前面取得胜利,决不甘心后退一步,使自身的威望和美名受损。于是,两军在河边激烈地厮杀起来。

马其顿右翼各营部队看到对面波斯军队左翼开始掉头后退,就朝斜前方波斯军队中部杀了过去。大流士三世看见自己的左翼被击破,已是惊恐万状,见敌人一齐杀奔中军,登时吓破了胆。他马上驱车逃跑,走在溃兵的最前头。平地上乘车跑,山路峡谷弃车奔。大流士三世丢掉了自己的盾牌、弓箭和斗篷,跃上一匹马,逃之夭夭。

马其顿军左翼和波斯军右翼的骑兵正打得难解难分。波斯军队起初作战也很英勇,寸步不让。但看到大流士三世逃跑,顿时军心动摇,拨马奔逃起来。

于是,波斯军队出现了大溃退。急于逃命的大队人马在拥挤的狭路上胡冲乱撞,被踩死者不计其数。波斯军队损失战将多员,战死士兵数千人。大流士三世的母亲、妻子、子女和随从全部成为亚历山大的俘虏。马其顿方面,阵亡将士不过数百人。星夜逃命的大流士三世,一路上纠集沿途的残兵败将,渡过幼发拉底河,企图与亚历山大形成隔河对峙的局面。

在马拉萨斯期间,大流士三世派使者携书信请求亚历山大把他的母亲、妻子和孩子放回给他。大流士三世在信中指出,亚历山大首启战端，率全军越界侵入亚洲，给波斯臣民造成极大危害，大流士三世迫不得已才为保卫国土与亚历山大作战。大流士三世作为国王，请求另一位国王放回被俘的母亲、妻子和孩子，并愿意和亚历山大修好结盟。亚历山大修书昭示他东征的理由：

> 我国从来未曾侵略过你们的祖先，但你们的祖先却侵略过马其顿和希腊其他地区，对我国为害极大。我已经正式被任命为全希腊总司令，目的是攻打波斯，报仇雪恨。

其实，希腊和波斯之间的相互征伐都是统治阶级的贪欲使然，是争夺利益和利益再分配的暴力形式。亚历山大在信中还要求大流士三世承认他为亚洲最高霸主，他们之间不能以平等地位相称，大流士三世要承认亚历山大是大流士三世的一切的主宰；否则，无论大流士三世逃到哪里，亚历山大都要将其捉拿到手。

得胜后，亚历山大没有向东追击大流士三世，而是向南进军。亚历山大认为，波斯海军还掌握着制海权，埃及和塞浦路斯仍在波斯手里，希腊的形势也是平静表面之下潜伏着危机。如果他冒险突入波斯本土追击大流士三世，波斯部队很可能再次占领沿海地区，切断马其顿大军的后路，并把战争推向希腊。一旦这种形势出现，斯巴达人和尚不敢轻举妄动的雅典人会乘机发动叛乱。到那时，马其顿就会陷入被动局面。所以，亚历山大决定先征服小亚细亚沿海地区、塞浦路斯和埃及，使大海与波斯完全隔绝。国内安全稳定之后，再远征巴比伦，便毫无后顾之忧了。

战略既定，亚历山大率军南征。大马士革、毕布罗斯、西顿等地不战而降。推罗城态度暧昧，被马其顿力克而下。亚历山大忙于围攻推罗之际，大流士三世再次派使者前来，提出他愿意出 10 000 塔兰特白银赎回家眷。他提出，波斯会把幼发拉底河以西直到爱琴海一带割让给亚历山大。他还请求亚历山大娶他女儿为妻，两国互相修好，以结盟邦。亚历山大在高级军事会议上宣读这封信之后，帕曼纽说，如果他是亚历山大，他就会同意这些条件，停止战争。然而，亚历山大回答，如果他是帕曼纽，他当然也会这么做。但是，他是与众不同的亚历山大。亚历山大这样答复大流士三世：他不需要大流士三世的钱，也不愿意得到他的一部分国土，而不是全部。因为大流士三世的全部财产和整个国家都将是他的。如果他愿意，他当然可以娶大流士三世的女儿。即使大流士三世不答应，他还是可以娶她的。大流士三世本人收到回信后，恼羞成怒。波斯尚有广阔疆土，千万子民，岂能轻易对亚历山大俯首称臣？大流士三世宣布，他向亚历山大提出的所有建议一律作废。同时，他在全国动员，准备再战。公元前332年11月，亚历山大兵不血刃就占领了小亚细亚、叙利亚、腓尼基、埃及等地，巩固了战略后方。然后，他回师两河流域，向波斯帝国腹地进发。

（六）最后一战：波斯帝国覆灭

公元前331年，亚历山大率军出西奈半岛，插入两河流域北部，沿底格里斯河东岸南下。这一年，大流士三世毫无动作，既未占领马其顿远征埃及时留下的空虚地带，也没有对军事要地严加设防，而是在亚述古都尼尼微附近的平原地带率大军等着亚历山大到来。因为有人建议说，伊苏斯战役之所以失败，是因为战场太狭窄，对波斯军队极为不利。大流士三世欣然同意。这时,大流士三世重新在东部行省征集了一支庞大的军队:骑兵40 000人、步兵几十万、滚刀战车200辆、战象15头。而亚历山大所部步兵,只有40 000人,骑兵也只有7000人。

亚历山大探知敌人就在前方,下令全军休整了4天。第五天,亚历山大以战斗队形,向前进发。严阵以待的敌人进入视野时,亚历山大命令全军停止前进。他亲自带着骑兵对未来的整个战场侦察了一遍。心中有数之后,他便回去召集将领开了一个简短的动员会,布置了作战任务。这时,帕曼纽私下找到亚历山大,建议他夜间偷袭敌人,出其不意,攻其不备,乱中取胜。亚历山大朗声回答他说(因为有人在场),偷袭取得的胜利是不光彩的。他要光明正大地夺取胜利,而不是借助奸诈手段。

第二天,会战开始。波斯军队部署仍墨守成规。国王大流士三世居中,周围是波斯贵族组成的亲卫队,两翼是希腊雇佣兵、印度兵和其他地区部队。面对马其顿军右翼的波斯军队左翼主要是斯基泰骑兵和巴克特里亚骑兵,前面配置100辆滚刀战车。右翼前方部署的是亚美尼亚、卡帕多奇亚骑兵和50辆滚刀战车。右翼后面是各地杂牌军。

马其顿军方面,精锐骑兵掌握右翼,中央是马其顿步兵方阵,左翼是帕曼纽率领的希腊联军骑兵。敌我力量对比悬殊,为防止敌人侧后包抄,加强方阵力量,亚历山大又部署了一条后防线,要他们或攻或守,见机行事。

两军渐近,亚历山大发现己方兵少,就带着部队向右移动,右边地势不利于波斯军队。对此,波斯军队采取相应行动,使他们的左翼远远伸展到希腊部队右翼之外,形成包抄之势。这时,波斯军队中的斯基泰骑兵已和亚历山大主力的前锋部队短兵相接了，亚历山大依然沉着地把部队向右翼伸展。大流士三世见状，深恐敌军开到不平整的地方，使他的战车失去作用，下令左翼部队包抄敌军右翼，阻止他们继续向右移动。于是，波斯军队左翼骑兵猛扑过来，以数量优势把马其顿军压了回去。这时，亚历山大命令己方骑兵进攻斯基泰骑兵，一场近距离骑兵会战展开了。波斯军队中的斯基泰骑兵数量众多，拥有较好的护甲，使马其顿军遭受了重大损失。即使如此，马其顿部队还是顽强地顶住了敌军的冲击。

同时，波斯军队中央前方的滚刀战车也冲向亚历山大，企图将其方阵冲破。然而，这些战车没有发挥应有的作用。马其顿先用排箭截击，待敌军到近前后，又冲过去抓住绳索，把车夫拖下来，围住拉车的牲口大砍大杀。个别冲进方阵的战车被事先受训的方阵步兵让开，然后由马其顿皇家卫队收拾了。

亚历山大派部将阿瑞提斯去阻击企图包抄己方右翼的波斯骑兵，他自己率方阵向前推进。得知马其顿骑兵已经在波斯骑兵阵线打开突破口后，亚历山大立即组建楔形突击队，亲自率领朝突破口快速冲击。转瞬之间，激烈的肉搏战开始了。马其顿方阵严整坚实，长矛如林，一路狠扎猛刺，步步紧逼。本已提心吊胆的大流士三世见险象环生，又故技重演，头一个拨转马头，溜之大吉。波斯中军顿时垮了下来。这时，波斯右翼骑兵本已大占上风，杀得敌方招架不住。帕曼纽向亚历山大请求支援。亚历山大闻讯，停止追击逃跑的大流士三世，赶去支持左翼。本已胜利在望的波斯骑兵听说大流士三世逃跑了，也无心恋战，拨转马头，落荒而逃。这场战役以波斯惨败而告终。本来，如此庞大的军队，如果有好的领导，好好训练，胜负实难预料，偏偏让一打就逃的大流士三世来指挥，波斯大军成为乌合之众。亚历山大凭着小小部队，借着精良的武器、卓越的战术和无比的勇气，竟使波斯大军化为乌有，真让后人大发感慨。是役，波斯军伤亡惨重，标志着其有生力量消亡，波斯帝国也即将灭亡。

　　胜利后，亚历山大没有穷追逃往伊朗高原的大流士三世，而是带兵直下西亚中心——千年古城巴比伦。城市贵族、祭司闻其要来，像当年迎接居鲁士大帝一样，开城投降。亚历山大年轻气盛，但他懂得恩威并施，收买人心。他修复了被波斯国王破坏的巴比伦神庙，向地方神祇献祭，对当地百姓也倍加保护。此后，亚历山大没费一兵一卒又取得波斯帝国首都之一——苏萨，获白银 50 000 塔兰特和大量王室珍宝。此后，亚历山大率军进入伊朗高原。他连续作战，进军神速，波斯首都波斯波利斯的守军未及抵抗就被歼灭。在那里，亚历山大打开波斯帝国国库，得银 120 000 塔兰特和无数其他珍宝。据说，亚历山大为了报复波斯人曾在希腊破坏田园、毁坏庙宇的罪行，一把火烧掉了无数能工巧匠建成的波斯王宫。公元前 330 年年初，亚历山大移师北上，占领四都之一——哈马丹。在那里，他遣散了随他远征的盟国军队。希腊士兵个个腰缠万贯，满载而归。此后，亚历山大不再是希腊的代表，而成为波斯帝国遗产的继承人了。

　　"宜将剩勇追穷寇，不可沽名学霸王。"为了防止波斯帝国死灰复燃，亚历山大决定继续追击大流士三世。另外，他虽然灭了波斯，他的征伐野心并未熄灭，而是愈发膨胀起来。大流士三世一直在逃，手下将领深以为耻。他们先是劫持了他，而后把他杀掉了。亚历山大继续进军，消灭了波斯帝国的残余势力，把大流士三世的尸体运回波斯王陵，以礼安葬。随着大流士三世死亡，波斯帝国寿终正寝，更为庞大而短命的亚历山大帝国取而代之。

波斯帝国退出了历史舞台。自公元前550年居鲁士灭米底建立新王朝，至公元前330年大流士三世败亡、王都失陷，波斯帝国历时200余年，前后经11个国王。回顾波斯的衰亡历程，不禁掩卷深思，感慨系之。

（七）传统与交往：帝国兴亡的反思

若以传统观点视之，波斯帝国的败亡有其政治、经济、民族、阶级等诸多因素，大可罗列出几条来。然而，这些因素不是独立的，而是相互联系、相互制约的。任何一个帝国的变化不仅是由其内部和外部的联系和运动共同促成的。

观诸波斯帝国的历史，印象最深刻的是频繁的战争交往。从帝国开创时获得独立，到帝国强盛时开拓疆土，再到帝国衰亡时节节败退，无不是刀光剑影的战争场面。战胜则兴，战败则亡。此间或胜或败，牵动着帝国的每一根神经。胜败之因，颇可玩味。

初兴之时，居鲁士推翻米底，灭亚述、巴比伦、吕底亚诸国，冈比西斯又灭埃及，攻无不克。极强之期，大流士远征斯基泰无功而返，远征希腊半途而废。薛西斯再征希腊，受阻于温泉关，再败于萨拉米斯。其后，希腊、波斯互有胜负。及其衰亡，波斯帝国百万之师不抵区区马其顿军。原因何在？

笔者以为，决定战争胜负的因素有二：第一，历时性传统因素。它应当包括物质、精神、制度等方面的传承和积淀，也可以表述为生产力发展水平、生产关系的发展程度和状况、人民的精神风貌等。第二，共时性交往状况。帝国初兴，波斯人拥有勤俭、尚武、勇敢、团结等优良传统。为获得自由，波斯人同心同德，同仇敌忾，内部交往状况极佳，屡战屡胜。远征希腊时，波斯帝国极盛，疆域辽阔，但内部交往状况大不如前：士兵来自不同的地区和民族，装束、武器、语言、技术各不相同，缺乏必要的时间加以训练和整合。同属波斯军队，但他们号令不一，指挥不一，如水之于油。这种状况，一直延续到帝国灭亡。无论希腊，还是后来的马其顿，在军事传统方面，均不亚于波斯人。希腊城邦盟军语言相同，利益相关，交往状况自然优于波斯，所以能战胜貌似强大的波斯人。交往状况决定着军队内部的整合状态和战斗力，是动态变化的；传统因素决定着军队的物质条件和基本素质，是静态的。帝国后期，波斯军队的优良传统基本上完全丧失。将官作战时，携带着妻妾仆从以及奢侈品，打得赢就打，战况不妙就跑，全然没有不怕牺牲、浴血奋战的精神。马其顿人远征东方时担忧的不是波斯人，而是从他们自己招来的雇佣军。公元前376年，一位返回希腊城邦的使者嘲笑说，他看到了波斯国王的面包师、厨师、调酒师，以及众多看门人。但能与希腊人作战的典型男人，他仔细找过了，一个也找不到。

对外交往不只是暴力的战争形式。希波战争后，波斯帝国一直走下坡路，但依仗雄厚的经济实力施展金钱外交，收买瓦解敌人，成效颇丰。同样，波斯帝国又以大把金钱收买了游离于母邦之外的希腊人为雇佣军。这些希腊雇佣军帮了波斯人大忙。关键时刻，他们毫不留情地同母邦人作战。政治、经济、军事等方面的交往交织在一起，决定了波斯帝国的对外交往，并影响了其内部交往。这使本已风雨飘摇的帝国又支撑几十年，不是因为它强大，而是因为对手太弱小了。一旦跳出一个马其顿这样的黑马，波斯帝国仿佛用手一推便倒了。

各民族、各帝国之间的相互关系，取决于每一个民族、每一个帝国的生产力、分工和内部交往发展程度。这是对事物发展内外因的阐释：内因是根据，外因是条件，外因通过内因起作用。生于忧患，死于安乐。波斯帝国与其他帝国一样，兴起时兢兢业业；一旦建国，一代代君王只知贪图享乐，争权夺利，优良传统逐渐丧失。波斯帝国全凭武力兴起，也全凭武力维持。一旦武力衰颓，帝国便趋于瓦解。开国诸王多为军人领袖。后来嗣君生于深宫，疏远于武力，一代不如一代。帝国以武力征服而成，各地被征服者时刻有恢复自由的渴望。帝国武力鼎盛之际，他们尚俯首听命，不做异想。一旦中央武力衰落，地方势力随之坐大。有野心的地方势力便揭竿而起，对抗中央，欲图独立。征服再征服，镇压再镇压，使帝国元气大伤，给敌人以可乘之机。最后，亚历山大率数万之众，突入帝国，如入无人之境。

波斯帝国灭亡了，但其创造的辉煌文明成就被传承了下来。且不说亚历山大如何采用波斯的服饰、礼仪，如何力图融入波斯人和希腊人，帝国建立的政治、经济、文化等制度在西亚地区延续了1000余年，为后世诸帝国所继承。袄教文化更是影响了后世诸大宗教，至今仍直接或间接地影响人类的精神生活。

参考文献

1. 阿里安.亚历山大远征记[M].罗布逊,李活,译.北京:商务印书馆,1979.

2. 崔连仲.世界通史:古代卷[M].北京:人民出版社,1996.

3. 费舍尔.伊朗[M].北京大学地质地理系经济地理专业,译.北京:人民出版社,1977.

4. 格鲁塞.草原帝国[M].魏英邦,译.西宁:青海人民出版社,1991.

5. 龚方震,晏可佳.祆教史[M].上海:上海社会科学院出版社,1998.

6. 郭圣铭.世界文明史纲要:古代部分[M].上海:上海译文出版社,1989.

7. 李铁匠.古代伊朗史料选辑[M].北京:商务印书馆,1992.

8. 李铁匠.伊朗古代历史与文化[M].南昌:江西人民出版社,1993.

9. 李铁匠.长河落日——巴比伦文明探秘[M].昆明:云南人民出版社,1999.

10. 刘文鹏.古代西亚北非文明[M].北京:中国社会科学出版社,1999.

11. 卢苇.波斯帝国[M].北京:商务印书馆,1985.

12. 麦高文.中亚古国史[M].章巽,译.北京:中华书局,1958.

13. 帕克,等.剑桥战争史[M].傅景川,等译.长春:吉林人民出版社,1997.

14. 彭树智. 阿富汗史 [M]. 西安：陕西旅游出版社，1993.

15. 彭树智. 文明交往论. 西安：陕西人民出版社，2002.

16. 任凤阁，张殿吉. 希波战争 [M]. 北京：商务印书馆，1963.

17. 色诺芬. 长征记 [M]. 崔金戎，译. 北京：商务印书馆，1985.

18. 王钺，李兰军，张稳刚. 亚欧大陆交流史 [M]. 兰州：兰州大学出版社，2000.

19. 希罗多德. 历史（上下册）[M]. 王以铸，译. 北京：商务印书馆，1997.

20. 伊凡诺夫. 伊朗史纲 [M]. 李希泌，等译. 北京：生活·读书·新知三联书店，1973.

21. 元文琪. 二元神论——古波斯宗教神话研究 [M]. 北京：中国社会科学出版社，1997.

22. GERSHEVITCH I. The Cambridge History of Iran（Vol. 2）[M]. Cambridge: Cambridge University Press, 1985.

23. OMSTEAD A T. History of the Persian Empire [M]. Chicago: University of Chicago Press, 1959.

24. SYKES P. A History of Persia [M]. London: Macmillan & Co., Ltd., 1930.

波斯帝国诸王列表

阿契美尼斯，约公元前 700 年至公元前 675 年在位

泰斯帕斯，阿契美尼斯之子，约公元前 675 年至公元前 640 年在位

居鲁士一世，泰斯帕斯之子，约公元前 640 年至公元前 600 年在位

冈比西斯一世，居鲁士一世之子，约公元前 600 年至公元前 559 年在位

居鲁士二世（大帝），冈比西斯一世之子，约公元前 550 年至公元前 530 年在位

冈比西斯二世，居鲁士大帝之子，公元前 530 年至公元前 522 年在位

高墨塔，据传是居鲁士大帝之子，公元前 522 年在位（可能是篡位者）

大流士一世（大帝），冈比西斯二世的堂侄，公元前 522 年至公元前 486 年在位

薛西斯一世，大流士一世之子，公元前 485 年至公元前 465 年在位

阿塔薛西斯一世，薛西斯一世之子，公元前 465 年至公元前 424 年在位

薛西斯二世，阿塔薛西斯一世之子，公元前 425 年在位

塞基狄亚努斯，阿塔薛西斯一世之子，公元前 425 年至公元前 423

年在位

大流士二世，阿塔薛西斯一世之子，公元前423年至公元前404年在位

阿塔薛西斯二世，大流士二世之子，公元前404年至公元前359年在位

阿塔薛西斯三世，阿塔薛西斯二世之子，公元前358年至公元前338年在位

阿塔薛西斯四世，阿塔薛西斯三世之子，公元前338年至公元前336年在位

大流士三世，大流士二世之曾孙，公元前336年至公元前331年在位

图书在版编目（CIP）数据

波斯帝国：伊朗高原的文明之巅 / 于卫青著. —北京：中国国际广播出版社，2021.12
（世界帝国史话）
ISBN 978-7-5078-4991-2

Ⅰ.①波⋯　Ⅱ.①于⋯　Ⅲ.①波斯帝国-历史　Ⅳ.①K124.4

中国版本图书馆CIP数据核字（2021）第185641号

波斯帝国：伊朗高原的文明之巅

著　　者	于卫青
责任编辑	林钰鑫
校　　对	张　娜
设　　计	国广设计室

出版发行	中国国际广播出版社有限公司　[010-89508207（传真）]
社　　址	北京市丰台区榴乡路88号石榴中心2号楼1701
	邮编：100079
印　　刷	北京九天鸿程印刷有限责任公司

开　　本	710×1000　1/16
字　　数	260千字
印　　张	22
版　　次	2021年12月　北京第一版
印　　次	2021年12月　第一次印刷
定　　价	48.00元

版权所有　盗版必究